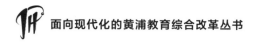面向现代化的黄浦教育综合改革丛书

教育现代化的改革实践

本册主编 / 姚晓红

副主编 / 奚晓晶　魏耀发

上海教育出版社
SHANGHAI EDUCATIONAL
PUBLISHING HOUSE

图书在版编目（CIP）数据

教育现代化的改革实践 / 姚晓红主编. — 上海：上海教育出版社，2020.12
（面向现代化的黄浦教育综合改革丛书 / 姚晓红主编）
ISBN 978-7-5720-0480-3

Ⅰ.①教… Ⅱ.①姚… Ⅲ.①教育改革－研究－黄浦区 Ⅳ.①G527.513

中国版本图书馆CIP数据核字(2020)第263662号

策划编辑　邹　楠
责任编辑　邹　楠　戴燕玲　李　玮　张璟雯
封面设计　郑　艺

面向现代化的黄浦教育综合改革丛书
姚晓红　主编
教育现代化的改革实践
姚晓红　主编

出版发行　上海教育出版社有限公司
官　　网　www.seph.com.cn
地　　址　上海市永福路123号
邮　　编　200031
印　　刷　启东市人民印刷有限公司
开　　本　700×1000　1/16　印张 140.25
字　　数　2356 千字
版　　次　2021年3月第1版
印　　次　2021年3月第1次印刷
书　　号　ISBN 978-7-5720-0480-3/G·0349
定　　价　418.00 元

如发现质量问题，读者可向本社调换　电话：021-64377165

序 一

上海是现代化国际大都市,黄浦区是上海开埠以来最核心的区域。在这20余平方公里的地域里,有着很多全国乃至世界闻名的标志性建筑和商业、文化产物:南京路、淮海路——中国最繁华的商业街;市百一店——中国最大的百货商场;国际饭店——改革开放前中国最高的大厦;江南造船厂——中国历史最悠久的近代造船企业。此外,还有着上海最早的江南园林——豫园,有万国建筑博览群之称的外滩,以及在改革开放年代建起来的上海博物馆、上海大剧院……这些都集中反映了上海海纳百川的开放胸怀和海派精神。从城市发展的角度看,上海在不太长的时间里就成为国际性大都市,这种发展模式和开放氛围在中国是特有的。而黄浦区就是典型的代表,由此它也成为上海的商业中心、金融中心和文化中心。可以说,在对国家作出贡献和推进上海社会经济发展方面,黄浦区都体现了特殊的地位与价值,发挥了独有的示范引领作用。

这种特殊的地位与价值同样反映在教育方面。黄浦区有全市历史最悠久的中学、第一所现代学制的小学、第一所教会女子中学,最早中外合作传授现代科学知识的中学和近代第一所职业学校。这种深厚的历史底蕴和文化积淀为黄浦区教育事业的发展奠定了坚实的基础。作为上海市整体教育综合改革实验区和全市唯一整体推进课程领导力实验项目的区域,多项全市性的教育改革在黄浦先行先试,为在更大范围内推广提供了成功的经验。在改革的进程中,黄浦区十分重视处理好历史传承和创新发展的关系,使老校焕发活力、新校崭露头角,达到了传统与现代的完美结合。

在改革早期,办学条件的改善、各项保障教育发展措施的落实是亟待解决的难题。黄浦区以敢为人先的改革精神成功地破解了这些难题。由于黄浦区位于市中心,又有成片的老城区,人口密度高,学校的场地面积可以说是寸土寸金,所谓"大楼中学""弄堂小学""石库门幼儿园"就是对该区学校办学条件的生动写照。在这种区位条件十分艰苦的情况下,区委、区政府和区教育行政部门充分利用国家关于土地批租的有关政策,在全面规划的基础上,把土地予以系统、有序的批租和置换,对学校进行了连锁改造,使学校面貌发生了翻天覆地的变化,在硬件改造方面提交了一份让老百姓满意的答卷。由此形成了黄浦区通过盘活现存资源、有效改善办学条件的改革经验,原国家教委还将这些经验向全国推广。

特别值得一提的是,黄浦区的改革精神和创新意识还突出表现在促进教育的内涵发展上,即用"打造一流教育"的标准去发现问题,用科学务实的态度去研究问题,用教师、校长共同的智慧去解决问题,形成了一些在全市领先的区域品牌和学校特色。

三十多年前,黄浦区就开始了对学生学习指导和非智力因素培养的研究,形成了一系列的研究成果,至今仍在深化,并在相当大的范围进行推广,这在全国产生了良好的影响。这一研究一开始就提出要关注学生的"学",立意开发学习潜能,培养学生健康心理,促进学生自主发展以及用脑科学研究有关成果指导教与学,这完全符合当今的教育理念和核心素养培育的基本要求。

在弘扬传统和改革创新中涌现出一批特色鲜明的学校,如格致中学的科学教育,其严谨求实的校风培养出一大批理科见长的优秀学子;大同中学的课程改革,尤其是活动课程的设置与实施,得到普遍赞誉;向明中学的创造教育,通过创造实验、自主管理、社会实践、主题活动来培养学生创造性人格;大境中学的体育特色,体现了"螺蛳壳里龙腾虎跃"的艰苦奋斗、勇创一流的体育精神;北京东路小学的小班化教育,在生源高峰回落、资源相对宽松的情况下给予学生更充分的教育;还有商职校、旅职校为顺应经济发展的需要在办学方面进行的卓有成效的探索等,当时这些改革举措在上海和全国都产生了很大的影响。

进入 21 世纪,在课程教材改革、教学方式转变、学生心理辅导和信息技术应用等方面，更多学校呈现出自己的亮点，如卢湾高级中学的人工智能，光明中学的法语教育，市八中学的男生班实验，同济黄浦设计创意中学的新型办学模式，上海市实验小学的开放教育，蓬莱路二小的"蓬莱小镇"系列课程，卢湾一中心小学的"云课堂"，思南路幼儿园鼓励幼儿自主探究、创意发现的启蒙教育，荷花池幼儿园倡导多元融合、师幼共生、创意表达的艺术教育，等等。

十年前，黄浦区提出"办学生喜欢的学校"，强调学校要倾听学生的呼声，关注学生的需求，努力顺应和鼓励学生追求快乐的天性，让校园生活时时处处都充满快乐的元素，让学生在成长中享受追求快乐的权利，使学校生活成为学生美好难忘的人生回忆。全区所有的中小学、幼儿园都参与了研究和实验，广大教师真正树立起了"以学生为本"的理念，把丰富学生的情感体验、促进学生健康快乐成长作为追求的目标。这样就把区域教育内涵发展提升到新的高度。

当然，黄浦区在教育改革与创新中的特色和亮点还有许多，不再一一赘述。

综上所述，黄浦区教育改革不断深化的脉络十分清晰：从历史传承到创新发展；从硬件的改善到对软件的变革；从教学外围的改革直指教学主阵地的改革；从对教师"教"的研究转到更加关注学生"学"的研究；从重视学生知识习得、方法应用等显性变化转向更加重视学生脑的开发，情感、态度、价值观的变化和学生内心成长等精神层面的发展。这种发展、变化的过程，说明黄浦区广大教师和校长对教育规律的认识在不断深化，关注学生情感、尊重学生生命的意识也在不断增强。由此，我认为黄浦区在整个区域教育改革中体现出来的特征也是明显的：其一，它始终以改革来推动教育的发展。从上海开埠以来，黄浦区就是在不断进取和改革中发展起来的，而改革又是站在研究的基础上进行。其二，学校校长和教师是改革与研究的主力军。研究不是请外来的专家"代劳"，而是依靠校长和广大教师在实践中发现问题，解决问题，然后又在新的高度提出新的问题，以此持续不断地推动改革的深入。这正是黄浦教育发展的不竭动力。其三，创新精神贯穿于改革的全过程。黄浦区善于从国际视野以及教育未来发展的高度来定位改革方向，因而能抓住教育本质，直指改革核心，使许多工作始终在上海处于领先定位。

我高兴地看到，黄浦区《面向现代化的黄浦教育综合改革》丛书正式出版了！在此表示祝贺！这是全区教师多年来围绕教育综合改革和创新教育开展实践与研究的智慧结晶。相信这套丛书能在更大的范围发挥其借鉴和指导作用。今天已进入新时代，教育正处于全面深化改革的关键期。党的十九大报告指出，"建设教育强国是中华民族伟大复兴的基础工程"。希望黄浦区的广大教师、校长秉承以往一贯的改革创新精神，继续在改革的深度、广度上攻坚克难，不懈探索，以自己的智慧和勇气为加快推进教育现代化作出更大的贡献！

序 二

党的十八大以后,以习近平同志为核心的党中央坚持把教育摆在优先发展的战略位置,全面深化教育领域综合改革,一批标志性、引领性的改革在全国范围深入展开。因为教育改革点多、面广、线长,需要做的事情很多,而且教育问题在各地的反映既有共性又有个性,往往呈现出不同的特点。因此要解决好这些问题,需要按照中央的总体部署和指导原则,在一些承担教育综合改革的区域,按照中央指明的方向,率先大力推进教育体制改革创新,在注重教育改革的系统性、整体性、协同性,以及教育改革发展的重大问题和群众关心的热点问题解决上,提供可复制的经验。特别强调以改革激活力、增动力。

我们经常说的一句话是:改革进入了深水区。究竟深在哪里?深在如何在制约教育发展的落后规则体系上打开缺口;深在如何在以改革激活力、增动力,释放基层与个体的活力和创造力上找到突破;深在如何在构建新的教育质量观的基础上,重新思考人才培养、办学质量这些根本性问题上有新的布局;深在如何在重新思考区域教育发展战略规划,创新区域学校课程与教学上创造新局面。总之,要寻找区域教育新的增值点,凸显区域教育改革的新方向、新举措、新成果。这是对区域教育发展的一次重新检验。

令人高兴的是,黄浦区在综合改革的实践中交出了一份漂亮的答卷。从中我们可以看到,黄浦区教育综合改革的几个鲜明的特征:

第一,注重教育思想领导,突出价值引领。教育思想的现代化是提升教育现代治理能力的重要前提。对区域教育的领导首先是教育思想领导。确立区域教育发展理念,坚持育人为本、五育融合、全面发展,引领区域教育高质量发展。在总结、凝练、提升区域教育发展理念过程中,黄浦区注重结合地域历史、文化特色,继承区域教育的优良传统;注重坚守教育的本质,紧扣国内外教育发展的趋势和方向;注重以人民群众向往的美好教育为行动准则,赋予区域教育发展以特定的内涵。

第二,认真做好顶层设计,绘就远景蓝图。黄浦区一直重视凝聚全区心力,绘就未来发展的共同愿景。共同愿景是对长远战略目标所描绘的纲领性蓝图,是全区干部和教育系统心目中教育发展的理想目标和追求,也是发自内心深处的真实愿望和教育理想。通过建立共同愿景争得全社会的广泛支持,多方形成合力,凝聚人心,为共同愿景的实现而努力拼搏。

第三,坚持创新、创造,打造现代教育的区域特色。黄浦区把创新教育定位在培养中小学生的创新精神和创新能力。他们认为,创新教育是以培养创新精神和创新能力为根本目的的教学活动,是着重解决在基础教育领域如何培养中小学生的创新意识、创新思维、创新能力问题的必由之路。社会要求我们创新,创新的社会才能不断进步;时代要求我们创新,不创新就会落后,就会失去进取的动力。创新教育,不仅是对教学方法的改革或者教学内容的改变,而且是重新审视教学的根本目的,对教育的功能有更全面的认知和定位,是带有全局性、结构性的教育革新和教育发展的价值追求,是新时代背景下教育的发展方向。正因为全区各级各类学校和机构长期坚持不懈的实践和努力,创新、创造已经成为区域教育的一大特色。

第四,发挥基层首创精神,激发学校办学内生动力。黄浦区历史名校众多、传统资源丰富。全区注重鼓励广大学校凝聚师生的价值追求,培育多样化的校园文化,注重拓展社会资源,打造社会实践大课堂,以多样化的校园活动,提高育人质量。全区积极创新学校人事、职称等评价制度,注重从精神荣誉、专业发展、岗位晋升、绩效工资、关心爱护五个方面对教师进行激励。积极鼓励学校坚持依法办学,营造风清气正的氛围,推动学校健康发展,为广大教师静心专业发展、潜心立德树人创造更好条件,充分激发广大教师教书育人的主动性、积极性、创造性,全心全意为国家育才、为民族铸魂。当前已进入全面提高基础教育质量的新阶段,黄浦区的广大学校工作重心集中在提高质量上,教学改革和探索真正成了学校的主责主业,在大力推广优秀教学成果、深化课堂教学改革、创新教育教学方法、不断提高育人质量和水平方面都有布局和深耕。

　　在全国教育大会上，习近平总书记着眼我国教育事业的长远发展，对深化教育体制改革作出了重点部署，为坚决破除制约教育事业发展的体制机制障碍指明了方向和路径，对于加快推进教育现代化、建设教育强国、办好人民满意的教育具有重大意义。今天在总结"十三五"、迎接"十四五"的时刻，我们完全有理由相信黄浦作为区域教育综合改革的实验区，一定会以新的气象、新的举措，创造出更美好的教育，为发展具有中国特色、世界水平的现代教育提供区域的经验和典范。

CONTENTS | 目录

前　言

黄浦，是中国共产党的诞生地所在区、海派文化的发源地、近代民族工业的发祥地，上海解放后第一面红旗曾在这里升起。位于上海市中心的黄浦区，全区面积20.52平方公里，下辖10个街道，常住人口65.08万人，是上海的经济、行政和文化中心所在地，被誉为上海的"心脏""窗口""名片"，在全市发展大局中具有重要地位。

黄浦是本市中心城区城市化发展的缩影，上海的城市之"根"在这里发端，上海国际大都市的发展从这里起步，悠久的岁月积淀了以豫园为代表的老城厢文化、以江南造船厂为代表的近现代工业文化、以外滩万国建筑和上海石库门经典建筑为代表的建筑文化、以中共"一大"会址为代表的红色文化。上海开埠以来形成的深厚文化积淀和鲜明文化特色在这里有显著体现。

进入新时代，黄浦区始终坚持打造"四个标杆"、实现"四个前列"、推进"四个进一步"，坚持把发展作为第一要务，打造高质量发展的标杆；坚持把群众放在最高位置，打造高品质生活的标杆，不断提升城区能级和核心竞争力，加快建设最具影响力的国际大都市中心城区核心区。区委、区政府大力支持教育事业发展，将教育作为"创造高品质生活"的幸福指数和"实现高质量发展"的重要支撑，引领、保障教育优先发展、优质发展，以打造一流的现代教育为黄浦加快建设世界最具影响力的国际大都市中心城区提供坚实保障。

截止到2020年底，全区教育系统共有事业单位112个，其中公办中学28所、小学29所、幼儿园29所、早期教育机构2所、职校3所、特殊教育学校4所、教育学院1所、业余大学1所，其他教育机构15个。民办中小学5所，民办托幼机构16所，民办非学历培训机构150余家。海派文化的开放、多元、创造的特征为黄浦教育注入了源源不断的活力，黄浦成为教育改革的一片热土、教育发展的一方沃土。

黄浦教育事业源远流长,有 27 所百年老校名校,全市历史最悠久的中学、第一所现代学制的小学、第一所教会女子中学、最早中外合作传授现代科学知识的中学、近代第一所职校都诞生在本区。黄浦教育优质资源丰厚,区内有市实验性示范性高中 7 所、市示范性幼儿园 6 所,有一批优质的小学,上海市学前教育研究所、上海市早期教育指导中心驻地黄浦,形成了黄浦教育独特的优势。

2015 年 5 月,黄浦区被批准为上海市整体教育综合改革实验区,也是上海市唯一一个整体推进课程领导力实验项目的区域。基于课程标准教学零起点等第制探索、小学低年级主题式综合活动课程、3 岁以下托育服务、学习基础素养、信息化标杆学校等多项全市教育改革在黄浦先行先试;黄浦先后与同济大学合作创办同济黄浦设计创意中学,与中国教育学会合作共建中国科创教育发展中心等,在深化教育改革中积极贡献"黄浦样本"。同时,黄浦教育综合改革坚持遵循教育教学规律和学生成长规律,注重系统性、整体性、协调性,坚持四个原则,围绕"形成四方面特色、实现四个发展、完善四个机制"的目标,确立 12 项重点任务和 51 个改革项目,稳步有序、上下联动、主动作为、创新探索,推进教育综合改革落地生根,开花结果。

当前已进入了教育综合改革和"十三五"规划收官之际,同时也是酝酿编制"十四五"规划的重要时机和加快推进黄浦教育更高质量现代化的关键阶段,全面总结综合改革成果,反思凝练成功经验,显得尤为重要,将为黄浦教育新一轮的发展奠定基础和明晰方向。未来,黄浦教育将进一步坚定追求卓越的发展取向和富于创造的实践要求,站在更高的起点再出发,以更加充满激情、富于创造、勇于担当的精气神,努力在新时代上海教育改革发展中争当标杆、走在前列,让国际大都市中心城区一流的现代教育真正成为黄浦卓越城市核心区的一张闪亮名牌。

第一章

树立现代教育理念

理念是行动的先导,推进教育现代化,就必须以新的发展理念和教育思想为指导。2019 年 2 月,中共中央、国务院印发了《中国教育现代化 2035》,其中特别提出了未来中国教育发展的八大基本理念,即:以德为先、全面发展、面向人人、终身学习、因材施教、知行合一、融合发展和共建共享。

黄浦区积极回应国家教育现代化的理念要求,聚焦区域教育发展的突出问题和薄弱环节,以"办人民满意的教育、办学生喜欢的学校"为根本追求,以"深入五育并举,聚力创新教育"为育人目标,把教育改革引领区、创新教育先行区和教育发展精品区作为区域教育的发展定位,力争把黄浦教育打造为国际大都市中心城区一流的现代教育。

第一节　打造国际大都市中心城区一流的现代教育

得名于穿城而过的江水，承载历史与现代的底气，黄浦区作为上海城市的原点，是海派文化的发源地、近代民族工业的发祥地、中国共产党的诞生地，现代化进程中形成的创新风潮、里弄城厢自带的传统气场在这里交融，上海的城市之"根"在这里发端，上海国际大都市的发展从这里起步。

回顾历史，黄浦印刻着中国近代教育发展的轨迹，全市历史最悠久的中学、第一所现代学制的小学、第一所教会女子中学、近代第一所职校在这里诞生，26所百年老校、经典名校在这里集聚，黄浦教育底蕴深厚。

把握当下，黄浦引领着上海教育现代化的探索，上海基础教育课程改革在这里率先起步，上海市教育综合改革、提升课程领导力、"零起点"基于课程标准的教学与评价等一系列重大改革项目在这里整体推进，黄浦教育奋楫争先。

面向未来，黄浦担当着率先高品质实现教育现代化的使命，努力打造国际大都市中心城区一流的现代教育，为黄浦加快建设世界最具影响力的国际大都市中心城区提供人才支撑和知识服务。

一、对国际大都市中心城区一流现代教育的理性思考

（一）从建设现代化教育强国的愿景蓝图出发

教育现代化是指与教育形态变迁相伴的教育现代性不断增长和实现的过程①。现代性是现代教育一些特征的集中反映，顾明远教授就从现代性的角度将

---

① 褚宏启.教育现代化的本质与评价——我们需要什么样的教育现代化[J].教育研究,2013(11).

现代教育的特征概括为：受教育者的民主性和公平性，教育的终身性和全时空性，教育的生产性和社会性，教育的个性化和创造性，教育的多样性和差异性，教育的信息化和创新性，教育的国际性和开放性，教育的科学性和法制性。①我们对现代教育的探讨必须基于教育现代化的内涵，首先，现代教育不是时代发展的理所当然，也不只是外部形态的一目了然，现代教育还是必须从内在的本质和精神去赋予教育的现代性。在此基础上，现代教育也不是业已完成的状态，而是向未来伸展、动态发展、不断演进的长期过程。

从我国的推进进程来看，1983 年，邓小平为北京景山学校题词时提出"三个面向"，即"教育要面向现代化，面向世界，面向未来"，"教育现代化"的概念在这里被首次提出。2010 年颁布的《国家中长期教育改革和发展规划纲要（2010—2020年）》明确要求将"基本实现教育现代化"确定为 2020 年我国教育发展的首要战略目标。从此，"教育现代化"由学术话语上升至国家宏观战略层面，成为当前教育发展的主旋律。

党的十九大报告明确指出，建设教育强国是中华民族伟大复兴的基础工程，必须把教育事业放在优先位置，加快推进教育现代化，办好人民满意的教育。② 2018年 9 月 10 日，习近平总书记在全国教育大会上强调，"要抓住机遇、超前布局，以更高远的历史站位、更宽广的国际视野、更深邃的战略眼光，对加快推进教育现代化、建设教育强国作出总体部署和战略设计"③，进一步吹响了加快推进教育现代化、建设教育强国的奋进号角。2019 年 2 月，中共中央、国务院印发《中国教育现代化2035》和《加快推进教育现代化实施方案（2018—2022 年）》两个文件，前者是教育现代化的顶层设计，后者是教育现代化的行动方案。《中国教育现代化 2035》是我国第一个以教育现代化为主题的中长期教育发展战略规划，是新时代推进教育现代化、建设教育强国的纲领性文件。该文件的出台，是实现两个一百年奋斗目标的有力保障，是加快教育现代化、建设教育强国的需要，也是满足人民群众接受更加公平而有质量教育的需要。

---

① 顾明远，马忠虎.教育现代化：中国教育改革和发展的路径与愿景——顾明远教授专访[J].苏州大学学报教育科学版,2014(1).
② 王丽，罗洪铁.试析习近平关于新时代人才问题的重要论述[J].思想理论教育导刊,2019(1).
③ 习近平.坚持中国特色社会主义教育发展道路　培养德智体美劳全面发展的社会主义建设者和接班人[J].教育科学论坛,2018(10).

教育现代化作为教育获得现代性的过程,其基本任务是解决教育在发展中遇到的问题,包括教育自身弊端以及教育与社会发展不协调等问题。在每个历史阶段,随着教育目标与任务的调整,现代教育的发展重心也会相应作出变化,我国建设现代化教育强国的任务内涵也随着时代的发展而不断演变:20世纪80年代,主要任务是采用先进的硬件设施,改善资源设备条件,提升教育技术水平;自20世纪90年代到进入新世纪的"互联网+"时代,教育现代化一度被理解为将以信息技术为中心的新理念、新思想、新技术有效运用到教育教学之中的过程。

当前,我国正逐步从教育大国迈向教育强国。新时代的教育现代化不仅包含更新教育理念、改善教学设备、提高教育质量,更加值得关注强调的是,教育的本质在于育人,现代化的教育核心与归宿更本质的是实现人的现代化。人的现代化就是促成传统人向现代人转变,使人具有国际化视野、现代化思维,成为拥有自由意识、富有主体精神和开放创新的人。在2018年全国教育大会上,习近平总书记再次强调要培养一代又一代拥护中国共产党领导和我国社会主义制度、立志为中国特色社会主义奋斗终身的有用人才。这是教育工作的根本任务,也是我国教育现代化的根本方向和目标。

因此,我们追求的现代教育,首先,是要为社会主义现代化建设服务,要适应城区经济社会发展的基本要求,培养更多更有用的社会主义建设人才;其次,教育现代化要求教育自身要现代化,即教育理念、教育制度、教育治理、教育内容、教育手段、教育方法、教育评价等现代化,在国际上要居于领先地位。

(二)从上海国际大都市的发展战略出发

国际大都市最初是由苏格兰城市规划师格迪斯于1915年提出来的,目前关于国际大都市学术界虽然还没有形成一个公认的定义,按照国际上的通行概念来看,基本认为:国际大都市是指国际性非政府机构和跨国公司总部的集聚地,世界金融、贸易、交通、运输、信息和文化中心。国际大都市基本具有以下一些特征:经济实力雄厚;众多的跨国公司和财团总部的集中地,其决策辐射面能超越国界;完善的市场经济体系,高度发达的第三产业和综合服务功能,建有设施现代化的中心商务区;拥有世界一流的现代化城市基础设施和综合服务网络体系,对外交流广泛、便捷;城市的科技、教育、文化、卫生等发展处于国际先进水平;国际性新思想、新技术、新体制的创新基地;拥有一定的人口规模和一定比例的外籍居民,具有高质量的工作和生活条件。

2018 年公布的《上海市城市总体规划（2017—2035 年）》提出了上海城市发展的目标愿景：2020 年，建成具有全球影响力的科技创新中心基本框架，基本建成国际经济、金融、贸易、航运中心和社会主义现代化国际大都市；2035 年，基本建成卓越的全球城市，令人向往的创新之城、人文之城、生态之城，具有世界影响力的社会主义现代化国际大都市。根据国际权威的英国拉夫堡大学世界城市研究小组（GAWC）世界城市等级体系的研究，上海已跻身仅次于纽约和伦敦的国际大都市第二梯队。综上所述，"教育高地"本身就是国际大都市的核心指标之一，同时教育的发展又是"创新基地""品质生活"这些核心指标的重要支撑。一流的城市孕育一流的教育，一流的教育成就一流的城市。为此，上海教育必须紧跟城市发展的目标愿景并成为重要的组成部分和助推力量。

"十三五"上海教育的发展目标是，到 2020 年，率先实现教育现代化，率先基本建成学习型社会，人力资源开发水平迈入世界先进行列，建成与社会主义现代化国际大都市相匹配的一流教育。国际大都市现代的一流教育应包括以下几个特征：一是教育基本公共服务优质均衡发展，教育事业发展主要指标达到全球先进水平，与上海城市发展定位相匹配；二是育人质量和保障水平全面提高，着力培养红色基因、全球视野和创新思维，与人的全面发展需求相契合；三是服务区域、国家和全球的能力显著提升，人力资源开发水平进入国际大都市先进行列，社会贡献度和国际竞争力不断增强，与社会发展大趋势相顺应；四是具有本土特色和国际包容的现代化教育治理体系基本形成，教育现代化标准符合乃至引领国际标准，教育治理参与全球治理，教育评估融入国际评估，与现代化教育制度体系相适应。

（三）从黄浦中心城区核心区域的独特地位出发

黄浦区位于上海中心城区核心区域，被公认是上海的窗口、名片和心脏，对上海建设成为现代化国际大都市具有举足轻重的作用，为此黄浦区提出"建设世界最具影响力的国际大都市中心城区"的发展定位，具体包括：主动服务上海发展大局，努力建设成为上海国际金融中心、国际贸易中心的核心功能区，上海科技创新中心建设的重要服务区，上海国际文化大都市的核心引领区，宜商宜居宜业的精品城区，社会主义现代化国际大都市的核心标志区，形成世界最具影响力的国际大都市中心城区基本框架，为建设卓越的全球城市核心区奠定坚实基础。黄浦作为国际大都市中心城区，其城区发展定位可以从三个层面予以解读：一是享誉国际的引领区，二是持续发展的创新区，三是宜商宜业宜居的精品区。

对于正在打造国际大都市中心城区的黄浦区而言,"教育高地"就是要发挥教育发展与改革在国内外的交流、示范、辐射作用,既需要国内领先甚至是具有国际影响力的先进元素,也需要富有自身特色的核心竞争力。

二、国际大都市中心城区一流现代教育的目标定位

黄浦教育坚持以"办人民满意的教育、办学生喜欢的学校"为根本追求,以"深入五育并举、聚力创新教育"为育人目标,作为上海中心城区的黄浦教育,坚定追求卓越发展取向,瞄准最高标准、最好水平,争当教育标杆,走在全市前列。在率先实现教育现代化的进程中,我们将围绕"高、先、精",明确提出教育改革引领区、创新教育先行区和教育发展精品区的发展定位。

教育改革引领区。继续全面深化区域教育综合改革,积极承担市级教育改革新任务,迎难而上、迎接挑战,为未来教育改革发展努力当好探路者、领跑者,创造更多可复制、可借鉴的工作经验和教育成果。

创新教育先行区。进一步凸显对创新素养培育的追求,探索创新人才培养规律与路径,把创新教育贯穿教育教学全过程,创新教育体系更加健全,师生创新素养全面提升,以创新教育整体带动黄浦教育现代化的加速推进。

教育发展精品区。黄浦区学校规模、场地资源有限,但精进的工作态度、精细的学校管理、精研的课堂教学、精彩的学校课程、精湛的教育质量是黄浦教育内涵发展的优势,努力打造最具海派文化的精品教育。

三、国际大都市中心城区一流现代教育的价值追求

为深入贯彻全国、上海市教育大会精神,进一步提高黄浦教育现代化水平,黄浦区制订了"一个实施方案,两个行动计划",即《黄浦区面向 2020 年加快推进教育现代化实施方案》,并配套制订《黄浦区推进创新教育三年行动计划(2019—2021年)》和《黄浦区教育人才培养和激励行动计划》。"开放、个性、创新、卓越"将成为黄浦教育走向未来的重要特质。

(一)凸显开放

发展具有中国特色、世界水平的现代教育,要扎根中国、融通中外、立足时代、

面向未来。黄浦现代化教育,构筑"大格局",树立科学、全面大教育观,系统推进立德树人落地生根,构筑全员、全程、全方位育人格局,深入推进"学校—家庭—社会"三位一体多方参与支持的教育治理现代化体系;开拓"大视野",服务国家战略中培养高素质人才,扎实推进德智体美劳五育并举育人,高位推进学校优质均衡、内涵发展,深化学生发展核心素养培育,开展多层次、宽领域的国内外教育交流与合作;探索"大课堂",深化推进教育关键领域改革,打破学校边界,拓展学习实践平台,加强课程开发和统整,开展线上线下、正式和非正式学习融通,促进课堂教学转型。

(二)注重个性

为每个学生提供适合的教育是教育公平而有质量的应有之义。从教育机会来看,满足个体需要,尊重个性差异,积极通过100%家门口优质园争创计划、初中强校工程、特色高中项目、紧密型学区集团内涵建设等一系列举措,让每一所学校办出水平、彰显特色。持续关注特殊群体,为"最弱"特殊孩子和"最柔"入托幼儿实现专业化、公益性的教育服务。就教育过程而言,增加学校课程选择,关注学生学习潜能,让技术赋能个性化学习,实现以学定教、因材施教,努力使不同性格禀赋、不同兴趣特长、不同素质潜力的学生都能接受符合自己成长需要的教育。

(三)聚力创新

黄浦教育以《创新教育三年行动计划》为突破,对区域创新教育实施路径进行顶层设计与系统规划。在育人目标上,我们将在深化五育并举的同时更凸显对创新精神、创新思维、创新能力和创新人格的价值追求;在实施路径上,从课程构建、学习方式、评价改革、资源支撑、政策机制等入手,营造创新学习场,注重激发学生好奇心、想象力培养,开展探究性、项目化学习,筹建区域"创新教育发展研究中心",开展创新教育标杆学校、联盟学校、项目学校创建,实施"黄浦青少年创新英才"计划,搭建"奇思妙想"创意秀等区域创新活动实践平台等;在行动策略上,坚持区域系统推进与发挥学校"策源地"相结合,将继续鼓励支持大同课程改革、格致创客学习、向明创造教育、卢高科学教育、区青少年科技中心创新实践、职业学校创业计划等,持续激发学校创新活力。

(四)追求卓越

教师队伍建设是教育事业改革发展的重中之重,黄浦区制订了《黄浦区教育人才培养和激励行动计划》,从"提升专业素质能力,培养优秀教师"和"积极探索激励机制,服务教育人才"两方面提出多项举措,致力于打造一支师德品行高、专业底蕴深、教学能力强、教育视野宽、工作干劲足的高素质教师群体,开展名师工作室、讲台上的名师、新秀教师在课堂等活动,培育一批有影响力的海派名师名校长,让卓越的教师共建共享卓越的黄浦教育。

四、国际大都市中心城区一流现代教育的推进路径

近年来,在市教卫工作党委、市教委的关心支持和全区上下的共同努力下,黄浦教育正朝着高位优质均衡的方向加速迈进,在许多方面进行了有益的探索,也取得了不错的成绩。但我们更要敏锐地认识到当前教育的内外环境、资源条件、社会期待等都发生了重要而深刻的变化。比如,教育对城市核心竞争力的支撑作用越来越重要,社会发展对科技和人才的需要越来越强烈;群众对教育的需求更为多样,对更高质量、更加公平、更具个性的教育需求更为迫切;信息科技的飞速发展对教育的冲击更为猛烈,正在不断重塑教育形态。我们还要清醒地认识到黄浦教育对照现代化指标还有不少差距。比如,"五育并举"的全面发展还需探索,创新人才培养还需深化;区域教育资源布局亟待优化,优质教育资源尚不能满足持续增长的需求;面向未来的个性化学习仍需加强,信息技术与全面育人的深度融合尚未实现;教育特色品牌与经验成效尚未充分辐射,在全市的影响力和引领力不够明显。

面对这些新形势、新挑战,我们要着眼长远,追求卓越,提升竞争力;也要聚焦重点,深化改革,增强创新力;更要统筹推进,强化协同,凝聚向心力。围绕黄浦提升城区能级和核心竞争力、加快建设世界最具影响力的国际大都市中心城区的改革发展大局,突出教育优先发展战略,统筹协调各方力量,按照"拉长板、补短板、固底板"的思路,聚焦教育现代化发展中的突出问题和薄弱环节,深化教育综合改革,完善区域教育治理体系,提升教育资源配置和保障水平,巩固黄浦教育高位发展的优势与积淀,擦亮黄浦"创新教育"品牌。

(一)落实立德树人关键任务,完善五育并举培养体系,系统推进创新教育行动计划

建立健全立德树人系统化落实机制,实施黄浦思政课"五项行动",上好立德树人关键一课;系统建设体现黄浦地域特点、区内校际共享的德育特色课程序列,实现中小幼德育一体化螺旋式衔接;依托"多彩学习圈"版图,将社会资源与学校思想

道德教育深度融合,实现校内外育人资源的"和谐共振"。

深化五育并举实施创新教育行动计划。黄浦教育将继续坚持五育并举的培养宗旨:以德为先铸魂树人,重知行合一;以智为本减负增效,重创新素养;以体为基强健体魄,重习惯兴趣;以美为神温润心灵,重文化传承;以劳为重自立自强,重融入生活。同时,黄浦教育将进一步关注创新精神、创新能力和创新人格的培养,下发《黄浦区创新教育三年行动计划》,对办学理念、课程教学、学习方式、综合评价、资源整合等教育教学全要素、各学段教育全过程的创新教育进行顶层设计、系统集成;启动"创新学校"创建,构建线上线下结合的区域创新教育学习实践平台,鼓励支持向明创造教育、格致 FabLab 创新实验室、卢高人工智能教育、同济黄浦设计创意中学、中国教育学会科创教育发展中心合作项目等特色举措,做强做优、迭代升级,在聚力创新教育、培育创新人才上进行由点及面的深入探索。

(二)实现基础教育优质均衡关键目标,办好家门口每一所学校,破解教育民生领域突出问题

坚持将基础教育优质均衡发展作为政府公共服务重要职能持续推进。加快推动区域教育资源布局优化,继续实施硬件达标工程和空间环境创意设计项目,使学校办学条件和文化品位同步提升。有序推进"三纵—五横—四区—四主题"①学区化集团化紧密型、内涵式建设,新优质学校集群式发展,初中强校工程建设等项目,实现区内各级各类教育优质均衡协调发展。

破解教育民生领域突出问题,进一步提升人民群众获得感。聚焦最基础的群体,坚持用人民性和科学性跑赢功利性,切实减轻过重学业负担,优化教育生态,缓减社会焦虑,守护学生身心健康成长;聚焦最柔软的群体,实现公益性托育服务点街道全覆盖,构建重公益、有质量的托育服务体系;聚焦最特殊的群体,发展更高水平的特殊教育。

---

① 三纵:格致教育集团、大同教育集团、向明教育集团;五横:以上海市实验小学、卢湾二中心小学、上海师范大学附属卢湾实验小学、黄浦一中心小学、曹光彪小学为牵头学校,全区所有小学参与的五大小学学段教育集团(协作块);四区:整合全区市实验性示范性高中学校的力量,以区域就近方式推进建立豫园学区、卢湾学区、世博学区和外滩学区(即东、南、西、北片区);四主题:学前教育以幼儿教育基本手段和主要形式为主题,以市示范性幼儿园为龙头,组建了"荷花池"艺术教育集团、"思优"个别化教育集团、"瑞一"健康运动集团和"蓬幼"游戏化教育集团。

（三）深化课程教学评价关键改革，让学习更加个性、开放，创造适合每个学生发展的教育

以立德树人为深化课程与教学改革主线，推进课堂转型，促进教学方式转变，承担新一轮课程领导力区域整体推进项目，以坚持探索课改30年的大同中学等基地学校为引领，开展小学低年级主题式综合实践活动课程等试点等，进一步提升各级各类学校课程领导力，完善课程体系建设，坚持以开放理念促改革、促发展，优化评价引导，探索育人方式创新。

以创新引领为助推课程与教学改革引擎：一是拓展学习空间，校内空间创意设计，校外空间充分挖掘，打造无边界学习空间，满足学生主动学习的需求；二是加强信息化建设，实现线上线下结合、正式学习与非正式学习联动，深入对有助于个性化学习的数字画像、智能推送等项目的研究实践，更全面地了解学生的现状和需求，更清晰地洞察学生学习过程的得失，更科学地评价学生的发展水平和个性特征，实现信息技术与学校教育教学的深度融合；三是推进教育国际化，继续深化跨文化国际理解教育，开展多层次、宽领域的教育交流与合作。

（四）着眼教师队伍关键支撑，打造海派名师名校长队伍，实施教育人才激励专项计划

打造有影响力的海派名师名校长队伍。强化师德师风建设，积极传播重振师道尊严的正能量。进一步建设好19个特级教师、特级校长主持的名师名校长工作室、学科带头人、骨干教师引领的研修团队，切实发挥"黄浦区特级教师特级校长研究发展中心"引领辐射作用，为不同发展阶段的教师搭建专业发展平台。打造"定制、跨界、优质"的教师教育课程，实现教师专业发展减负增效和教师能力素质持续提升。

实施教育人才激励专项计划。实施以"登峰计划""强基计划""固原计划""蓄水计划"为系列的教育系统干部队伍梯队建设，实现高水平专业化可持续发展。建立教育人才专业化发展保障机制、部门联动优化师资编制管理机制、绩效工资稳定增长机制，建立健全学历提升激励制度、学术休假制度、人才公寓申请制度等。

（五）加强党对教育全面领导的关键保障，优化综合配套与统筹协同机制，构建现代化的教育治理体系

完善教育工作领导体制，加强党对教育工作的全面领导。切实发挥区教育工

作领导小组的掌舵、统领作用,建立健全坚持加强党的领导的组织体系、制度体系、工作机制,形成落实党的领导全方位、全覆盖的工作格局,凝聚各部门优先发展、重点发展教育的共识和协同推进实现教育现代化的合力。

健全教育事业统筹领导和协调机制,构建现代化教育治理体系。加强科学决策、顶层设计、部门协同,使区域教育现代化在规划引领、投入保障、正确评价的宏观环境下扎实推进。明晰政府职能边界,建构各类教育主体各司其职、合力推进改革发展的"管办评"制度体系,形成有效的内外呼应、上下联动、点面结合的教育治理现代化体系。

打造国际大都市中心城区一流现代教育的新时代号角已经吹响,黄浦教育改革发展的新征程任务更艰巨、挑战更严峻、使命更光荣,黄浦教育将积极构建政府、学校、家庭、社会协同推进的工作机制,形成齐心协力、良性互动、共建共享的工作格局,全力推进黄浦教育现代化各项工作,奋力书写更加开放、更具特色、更加创新、更加卓越的区域教育改革发展新篇章。

(上海市黄浦区教育局 姚晓红)

第二节 树立适合学生发展的核心理念

《国家中长期教育改革和发展规划纲要(2010—2020年)》提出,"关心每个学生,促进每个学生主动地、生动活泼地发展;尊重教育规律和学生身心发展规律,为每个学生提供适合的教育"。为每个学生提供适合的教育是教育应有之义,教育的本真是"适合",适合的教育才是最好的教育,把"为每个学生全面而有个性的成长,创造适合学生发展的教育"作为黄浦教育的核心理念,也是黄浦教育的价值选择,让教育更关切、关照、关怀不同孩子的成长发展。

多年来,黄浦教育坚持立德树人,推进课程改革,深化内涵发展,提升教育品质,为了全面深化教育综合改革,推进教育改革和发展"十三五"规划实施,坚持"育人为本,关注差异,改革创新,内涵发展,追求卓越,提升品质"的工作方针。

育人为本——坚持以学生发展为本,树立科学全面的育人观,尊重人的生命成长规律,尊重教育教学规律,把促进学生身心健康发展作为教育各项工作的出发点和落脚点。

关注差异——要突破标准化塑造学生的培养模式，尊重学生的个体差异，开展差异化、个别化教学实施、课程设置和学习评价，满足学生个性化成长和发展需要，为每个学生提供适合的教育。

改革创新——教育要发展，根本靠改革。黄浦教育努力攻坚克难、开拓创新，推进教育综合改革，深化课程、教学、评价研究，创新人才培养模式，探索教育治理方式，寻求教育发展突破。

内涵发展——走多样化、特色化的内涵发展之路，紧紧围绕人的终身发展，整体设计各级各类教育的目标要求，增强改革发展的系统性和衔接性。

追求卓越——确立现代教育理念，提高培养创新型人才的能力，提升教师队伍建设水平，推动区域各级各类教育办出特色、争创一流，提高区域整体教育质量和办学水平。

提升品质——进一步促进黄浦教育高位均衡发展，实现学前教育优质科学、义务教育高位均衡、高中教育特色多样、职业教育内涵发展、国民教育和终身教育融合优质发展新格局。

一、我们的认识

（一）坚持学生发展为本

寻求适合学生发展的教育，就是要站在学生的立场上，进一步明确每个学生的主体地位，为每个不同智力、个性、特长、志向的学生提供适合的学习和成才机会。学校教育要更加尊重学生个体的独特性，更加关注学生个体的差异性，要更全面地认识每个学生不同的学习需求、学习特质，更了解学生的知识水平、心理水平和素养水平，更深入了解学生的思维特点和精神世界，在充分认识学生的基础上，努力实现每个学生自身的潜能得到最大限度的开发、最大程度的发展。

（二）变革人才培养方式

要突破以高度统一的标准化来塑造学生的培养模式，深入开展个性化学习、个别化教育的实践研究。要用适宜、适当的教育教学方式实现适切、适量的教育教学目标，关注不同学生独特的学习方式，满足不同学生多样化的学习需求，开展差异化、个别化教学，按照不同学生的学习偏好、学习需求、学习发展来定制教学，以多样适切的教学方式、教学手段，实现真正意义上的以学定教、因材施教。

（三）增加课程学习选择

学校要积极开展校本化、个性化、多样化课程开发与建设。对学校的课程计划、课程开发、课程资源的整合利用以及特色课程的共建共享、教师课程意识和水平、学校课程领导力提升等方面开展了积极探索，从教育价值选择到课程组织形态变化、从学校课程设计到课程管理流程再造、从课程教学实施到学校课程文化建设和课程学习评价等进行全方位转变，给学生以更多适合其自身发展需要的课程学习选择，深入学校课程改革，努力创建个性化的育人新模式。

（四）促进各类学校发展

满足不同学生发展需要有高水平、更优质的教育资源。黄浦教育在办学形态上，逐步实现全区学校占地适当、规模适度、设施先进、师资精良、管理科学、质量上乘、环境优美的精品教育。在内涵提升上，逐步实现高质量现代化、高水平均衡化、高起点信息化、高层次国际化的区域教育品质。在发展水平上，逐步优化教育发展结构，实现各级各类教育协调发展，让学前教育幼儿都能进入"优质园"，让更多义务教育阶段学生"上好学"，让高中阶段学生有符合个性特长的生涯发展通道，构建适合区域学生健康成长的良好教育生态系统。

二、我们的实践

（一）倾听孩子的声音

罗斯里·马拉古奇的一首小诗《儿童的一百种语言》这样说："孩子，是由一百种组成的。孩子有一百种语言，一百只手，一百个想法，一百种思考、游戏、说话的方式，一百种，总是一百种倾听、惊奇和爱的方式，一百种歌唱与了解的喜悦。"一百种世界，等着孩子们去发掘；一百种世界，等着孩子们去创造；一百种世界，等着孩子们去梦想。每个孩子都是独一无二的，作为学校老师和学生家长，我们要多观察孩子、了解孩子、发现孩子，不仅了解孩子外在的行为表现，也要了解孩子内心世界的真实想法，了解孩子的优势和不足，要适时做出鼓励和引导。

德国教育学家卡尔·威特说："我认为倾听是一种非常好的教育方式。因为倾听对孩子来说，是在表示尊敬，表达关心，也促使孩子去认识自己的能力。如果孩子感到，他能自由地对任何事情提出自己的意见，而他的认识又没有受到轻视和奚落，他就变得毫不迟疑、无所顾忌地发表自己的意见，先是在家里，然后是学校，将来就可以在工作上，自信勇敢地正视和处理问题。"倾听是一门艺术，教师和家长要与孩子有充足的时间沟通，耐心地去倾听他们的声音并有效沟通交流，站在孩子的角度看问题，尊重孩子的想法，用心去体察孩子的真实感受。有一位优秀班主任就坚持做到每天给每个孩子一个微笑、与每个孩子讲一次鼓励话、发现每个孩子一个优点，每周坚持以周记、随笔的形式给孩子以评语，关注建立平等、民主、关爱的师生关系。倾听、交流、沟通是桥梁，是纽带，是教育的契机。

黄浦区星光幼儿园以培养"具有社会责任感的自信儿童"为目标。幼儿园多年来以"幼儿社会性发展"为办园特色，努力营造自然、开放、互动的环境，注重倾听幼儿心声、了解幼儿需求，尽量让幼儿自己做决定，鼓励孩子积极参与幼儿园活动计划，让幼儿园成为孩子们成长的乐园。幼儿园多年坚持组织召开"幼代会"，让孩子们收集自己的议题，按不同年段开展议题分组讨论，围绕议题收集提案，让孩子们在大会上以自己的独特方式（语言表达、图画示意、角色扮演等）充分、自主地表达需求、观点、建议，园长、教师、家长积极回应，让幼儿成为幼儿园真正的小主人。

（二）激发孩子的潜能

孩子的潜力无限，给孩子一个舞台，他（她）会给你一个精彩。人的潜力就如同冰山，冰山下蕴含的潜能无限，它是可以通过外力的开发激活的一种能力。"冰山模型"是美国著名心理学家麦克利兰于 1973 年提出了一个著名的模型，就是将人员个体素质的不同表现形式划分为表面的"冰山以上部分"和深藏的"冰山以下部分"。其中，"冰山以上部分"包括基本知识、基本技能，是外在表现，是容易了解与测量的部分，相对而言，也比较容易通过培训来改变和发展；而"冰山以下部分"则包括社会角色、自我形象、特质和动机，是人内在的、难以测量的部分，它们不太容易通过外界的影响而得到改变，却对人员的行为与表现起着关键性的作用。作为教师和家长，我们要了解学生冰山上的特质，更要想办法去开发冰山下的潜能。

上海市黄浦区卢湾一中心小学信息化标杆培育校的探索与实践，基于数据驱动，探索大规模因材施教，倡导减负增效，为每个学生提供适合的教育。卢湾一中心小学的"数字画像"利用"云、大、物、智"①，采用新的采集方式（全态势、全要素、全时空），运用新的分析模式（教育学、心理学、神经科学、生理学、运动科学等），清晰地了解学生的学习特性、学习状态与成长特点，勾勒出详尽、真实的个人数字画

---

① 此处指：云计算、大数据、物联网、人工智能。

像。初步架构了数字画像的指标体系,围绕德智体美劳,设定一级指标 5 项,二级指标 15 项,三级指标 126 项。大数据平台,汇聚了学生的基础数据、学业数据、学习过程数据、社会实践和生活数据等各个层面的大数据,让我们了解每一个孩子的兴趣所在、潜力所在,也让我们越来越多的教师开始合作,尝试学科融合后再来观察孩子。数字画像让我们更全面地看待每一个孩子的发展,相信每个孩子都有不一样的精彩。通过数据,我们可以发掘可能连孩子自己都不知道的潜能,"给喜欢美术的孩子一支画笔,给有音乐天赋的孩子一把琴",给孩子提升学习效能的建议,以"发掘潜质,激发兴趣,指导学习,成就价值"为目标,让大规模实施因材施教成为可能,有效地促进师生教学模式和学习方式的不断创新融合,从而真正实现信息技术与学校教育的深度融合。

（三）鼓励孩子的选择

21 世纪是"自主选择"的世纪。著名的管理学家彼得·德鲁克指出:"未来的历史学家会说,这个世纪最重要的事情不是技术或网络的革新,而是人类生存状况的重大改变。在这个世纪里人将拥有更多的选择,他们必须积极地管理自己。"[①]未来,每个孩子都将面临各种各样的选择,需要很强的独立性、责任心、选择能力、判断力来应对,这些意识和能力都需要从小培养。学校和家庭都要通过为孩子提供选择、让孩子参与选择、引导孩子为选择负责,让孩子从被动接受到主动创造,从消极等待到积极追求,从而找到真正的"自我",在瞬息万变的竞争环境中从良好适应到实现自我。

蓬莱路第二小学的"蓬莱小镇"课程,在校园内部打造了一个"小社会"——蓬莱小镇。每到周五下午,学生们变身"镇民",体验成人社会中各种各样的职业角色,这里有邮递员、消防员、作家、医生、警察等。学校专门设置了一个"小镇工作委员会",委员会里有"镇长",下设四个部门,"部长""委员"都由学生来担任。每年他们都会举行很隆重的选举活动,每个孩子都可以来参加竞选岗位,现场辩论、即兴表演、团队合作等。很多小朋友创意的火花,就在这个过程中闪亮,他们得到了综合锻炼。小镇设置了 5 个社区。每个社区里面都有各种各样的社会场所,比如一年级有邮局、菜场、消防队,二年级有医院等。每个社区 8 个场所,共 40 个课程。目前已经增加到 6 个社区,42 个课程。每一个镇民都有小镇的护照、货币(教师对

---

① 李开复.选择的智慧[J].名人传记月刊,2008(05).

学生评价用)。当周五镇歌放起,学生就会自觉地进入镇民的角色。这让学生有更多适合其自身发展需要的课程选择。

黄浦区劳技中心构建了数字传媒、工程结构、创意设计、智能控制和传统工艺为特色的 DECIT 劳动技术课程,有机械手臂、遥控技术、智能家居、布艺制作等一门门特色课,激发创新意识,培养劳动技能,提高技术素养。

同济黄浦设计创意中学以培养学生的"创新人格、创新思维、创新技能"为目标,开发以"设计思维"(Design Thinking)为核心的跨学科学校课程,探索创新人才中学—大学一体化培养模式,努力打造上海乃至国内外有影响力的科创特色名校。

上海师范大学附属卢湾实验小学将 DI(Destination Imagination)创新思维从一项比赛活动扩展成一门课程,面向三至五年级开设,并进行了校本教材的开发,实现分模块、螺旋上升式的整体设计。

黄浦区学生对课程与教学的满意度逐年提升,2018 年的调研结果表明,我区课程丰富性的满意度已达 91.9%,课程可选择的满意度为 80.6%,学生对教师教学能力的满意度以及课堂上自主学习的满意度呈现上升的趋势。2018 年,这两项调研的结果均为历年来最高值。学校鼓励学生独立思考、积极探索,提出独到的见解、设想与独特的做法,参加更多创造性探究活动体验。学生学习上的开放对创新尤为关键,应当引导和鼓励学生突破课堂教学的局限,扩大视野,开阔思路,重组经验,发挥出创造的潜能。

三、我们的思考

一流的城市孕育一流的教育,一流的教育成就一流的城市。作为上海中心城区的黄浦区,有着悠久的办学底蕴,也是上海教育资源最丰富、最集聚的区域。努力满足不同学生的发展,需要有高水平、更优质的教育,让学前教育"高品质,科学化",义务教育"高质量,均衡化",高中阶段教育"高水平,特色化",家校协同,在全面育人上形成合力,构建适合区域学生健康成长的良好教育生态。

陶行知先生早在半个世纪之前就深刻地指出,教育孩子的全部奥秘在于"相信孩子,解放孩子"。当然,孩子毕竟还未成熟,老师、家长的教育、引导必不可少。要克服焦虑、克服功利、克服急躁,多把尺子量孩子,多个角度看孩子,多发现孩子的闪光点、独特处,探索适合每一个孩子成长发展的教育,不仅是教育的理念和追求,更是教育的责任和行动。

"适合的教育"是以学生为本、尊重差异、符合教育规律的教育。

"适合的教育"是适应社会需要、满足人才多样化发展的教育。

"适合的教育"是教育理念、教育方式变革,需要全社会共同参与的教育。

作为教育行政管理部门,要落实好教育优先发展战略,进一步优化教育布局,提供丰富和多样化的教育资源,推动各级各类教育平衡充分发展,坚持将基础教育优质均衡发展作为政府公共服务重要职能持续推进。积极实施教育优先发展战略,加快实施区域教育资源布局优化,继续实施硬件达标工程和空间环境创意设计项目,使学校办学条件和文化品位同步提升。实现区内各级各类教育优质协调发展,有序推进"三纵五横四主题"学区化集团化紧密型、内涵式建设,新优质学校集群式发展,初中强校工程建设,优质园特色园争创计划等项目,实现学前教育公共服务体系整体建成,义务教育优质均衡水平显著提升,高中教育实现特色多样化发展,职业教育构建开发融合现代职教体系,终身教育多元参与、灵活便利、泛在可选。办好每一所学校,成就每一位学生。

作为学校教育,要积极探索富有特色和符合规律的办学之路,建立以学生为本的新型教学关系,更加注重多样化发展,通过科学化、个性化的课程体系,多元化、系统化的评价方式,围绕"精益求精、打造经典"的思路,将教育发展作为黄浦区高质量发展的核心竞争力和高品质生活的关键体验度。进一步支持教育事业优先发展,精准施策、精准服务,关注每一个孩子,聚焦每一个教育环节,以精进的工作态度、精细的学校管理把精研的课堂教学、精彩的学校课程、精湛的教育质量奉献给社会。

家长要积极参与和支持"适合的教育",克服焦虑心态和功利思想,与子女构建有温度的伙伴关系,从子女的兴趣、特长出发,引导和尊重其选择,营造良好的家庭环境。不唯分数,不唯名校,不唯学历,为学生提供人人能成才、人人有平台的环境和氛围。

美国教育家布卢姆说过:"教育者的基本态度是选择适合儿童的教育,而不是选择适合教育的儿童。"探索适合每一位学生发展的教育,不仅是教育的理念和追求,更是教育的责任和行动。在"适合的教育"中,学生将创造精彩的人生,教育也将迎来更加美好的未来,人民对于更好教育的需求才能得到满足。

(上海市黄浦区教育局　姚晓红)

第三节　"办学生喜欢的学校"——黄浦教育的根本追求

　　教育是为了人的发展而存在的——既要促进人的当前发展,也要为人的长远发展奠定基础。创设"让学生在成长中感受快乐,在快乐中得到成长"的育人环境,这是达到"教育促进人的发展"这一目标的有效途径,也是让教育回归本真的具体举措。为此,黄浦区教育局在反复论证和调研的基础上,2009 年提出了"办学生喜欢的学校"。这是从"以学生发展为本"引申出来的一种办学理念,同时它又是围绕"办人民满意的教育"而提出的一个指向性较强的办学目标。

　　"将办学生喜欢的学校定位为办学的追求目标,不仅反映了教育本质——以学生为本,以促进学生的发展为本,更是以非凡的勇气切中时弊,掸除遮蒙在教育领域的浓厚的功利色彩。"①十年来,它作为黄浦教育的根本追求,引领着全区教师秉持先进的教育理念,探索适合学生的教育教学方法,努力创设学生喜欢的学习环境,在推动区域教育改革深入发展、促进学生健康快乐成长方面积累了大量成功经验。

一、"办学生喜欢的学校"的意义

　　长期以来,总有一些问题让我们感到困惑和忧虑:为什么现在的学生普遍有厌学情绪? 为什么学生课业负担过重的现象屡禁不止? 为什么教师付出的努力不能取得应有的效果? ……提出"办学生喜欢的学校",就是寻求破解之道的积极探索。

　　(一)是对孩子天性的顺应和尊重

　　追求快乐是每个孩子的天性,这种天性是其健康成长所必需的。然而令人担忧的是,现在的孩子最缺少的恰恰是"快乐"二字。他们背负着来自成人的期待与厚望,日复一日地做着自己不喜欢、不理解但又不得不做的事情,使"快乐"成为他们的一种渴望和奢侈享受。而成人则往往把孩子对快乐的追求看作是无知甚至过错,习惯于将自己的看法和要求强加于他们,忽视乃至剥夺了孩子满足精神需求、

---

① 　王伟鸣,奚晓晶,魏耀发.办学生喜欢的学校——让教育回归本原的探索[M].广西:广西师范大学出版社,2012:序.

追求心灵快乐的权利。当前诸如学生产生厌学情绪、师生关系紧张、学生动辄出走甚至轻生等现象的发生,都与漠视孩子的天性、违反其身心发展规律有一定的关系。

"办学生喜欢的学校",就是要让校园生活时时处处都充满快乐的元素,使学生在领悟知识、培养能力和开发潜能的过程中感受一次次的成功与失败带来的情感体验,并使这种经历成为美好难忘的人生回忆;在与教师、同伴的交往中不断满足其丰富多元的精神需求,从而对学习充满自信,对生活充满激情。当然,尊重学生追求快乐的权利,不是在教育中简单地去迎合学生的要求,而是要引导学生树立明确的奋斗目标,创设各种激励其迎战困难的机会,使学生在克服困难的过程中感受成功的快乐。

（二）是推进教育现代化的必然选择

中共中央、国务院发布的《中国教育现代化 2035》及《加快推进教育现代化实施方案(2018—2022 年)》发出了加快教育现代化的动员令。教育现代化是社会发展到一定的阶段对教育提出的要求,是应对新一轮科技革命和产业革命、建设社会主义现代化强国的战略决策和重要举措。在推进过程中,要有明确的实施路径,有便于操作的实践平台和有效管控的抓手,使教育现代化的每一项目标任务都能落到实处。而"办学生喜欢的学校"的提出正当其时,可以说是黄浦区推进教育现代化的必然选择。

《中国教育现代化 2035》提炼出推进教育现代化的八大基本理念,顾明远教授将教育现代化的基本特征归纳为教育的民主性和公平性,个性性和创造性,多样性和差异性等八个方面。[①]"办学生喜欢的学校"设计思路和践行方向完全符合上述理念和特征。如强调尊重学生需求的个性化与多样化,重视学生兴趣与特长的培养,为每个学生提供适合的教育,创设师生、生生和谐融洽、彼此接纳和信任的校园环境,使每个受教育者的创造潜能和个性爱好都得到充分发展。可以说,践行"办学生喜欢的学校"的过程就是不断凸显和丰富教育现代化基本特征的过程,也是为实现教育现代化各项目标奠定基础的过程,它对于推进区域教育现代化无疑发挥了重要的作用。

（三）是对时代发展的呼应

进入新时代,上海的基础教育正面临着世界各国教育转型和竞争提升的挑战,

---

① 顾明远.试论教育现代化的基本特征[J].教育研究,2012,33(9):4—10.

同时也面临着人民群众对教育更高期盼的挑战。学校只有着眼于学生的终身发展，创设开放、宽松的环境，让学生享有自由表达思想的权利和充分展开想象的空间，才能培养学生宽广的全球视野和国际交流、理解、合作、竞争能力，才能更加开放地面对世界，更加积极地参与国际竞争，跟上世界发展潮流；只有为每个学生提供平等、多样、优质的学习机会，使他们的学业水平得到提高，学习潜能得到激发，才能使人民群众满意。提出"办学生喜欢的学校"，正是反映了时代的呼声。它通过探索办学模式、人才培养模式、课程结构和教学方式的多样化，来更好地应对这些挑战。

"坚持以人为本，推进素质教育"是新时代教育的战略主题，而"让孩子在快乐中成长"是以人为本的具体体现。"办学生喜欢的学校"就是要营造让学生在快乐中成长的教育环境。如果学校以此作为追求目标，就会真正把学生看作有思想、有个性、有无限发展潜能的生命体，就会为每一个学生创造成功的机会，让他们在成功中体验快乐。这样，以人为本的教育理念就会在学校教育的每个环节和教师的教学行为中得到体现，学生的成长就会始终伴随着快乐。

二、"办学生喜欢的学校"的内涵解析与理论依据

如何正确理解"办学生喜欢的学校"的含义？对它在教育改革中的属性与功能应该作怎样的定位？提出"办学生喜欢的学校"的理论依据是什么？

（一）"办学生喜欢的学校"的内涵

对于"办学生喜欢的学校"可从不同的层面去理解。首先，它是我们追求的"教育理想"，具有"导向性、前瞻性、规范性"特征，是一个"需要长期奋斗的愿景与方向"，因此它可以作为一种教育理念来理解。其次，它有明确的目标指向，且该语句本身就是典型的目标性表述，所以也是学校的办学目标。再次，它含有丰富的实践操作内容，于是又成为规范教师教育教学行为的行动指南。由此看来，它可以从不同的层面去理解，并发挥着不同的引领功能。

"办学生喜欢的学校"，关键在于一个"办"字，它以"学生喜欢"为价值取向和追求目标。"办"的含义包括以下几个方面：有区域推进的总体构思，使之成为全区教师共同的愿景和行动的依据；有校长教育思想的引领，以此形成明确的办学目标和行动举措；有丰富多彩且结合生活实际的校本课程，给予学生选择的空间；有教师教育行为的实施，使学生直接感受到对自己的关爱和尊重；有育人环境的熏陶，让

学生置身于和谐融洽的氛围之中;有持续改进的机制保障,使学校各项工作具备自我完善的功能。

办学生喜欢的学校,着力凸显的是"喜欢"二字。"喜欢"首先是一种主观感受,是个体积极、愉快的情感体验,同时又是对外界事物的一种反映。"喜欢"的程度由浅入深大体可能经历这么几个阶段:(1)产生兴趣;(2)体验成功;(3)持之以恒;(4)乐此不疲。上述四个阶段可以分别借用有趣、兴趣、志趣和志向这四个词来表示"喜欢"程度的深浅。"让学生喜欢"的正确做法:第一是尊重,即尊重学生追求和选择"喜欢"的权利;第二是引导,引导学生去追求和发展健康有益的"喜欢";第三是培育,即把单纯由兴趣产生的"喜欢"培育成与远大志向相关联的"喜欢"。

(二)"办学生喜欢的学校"的理论依据

"办学生喜欢的学校"从提出到实施,都是以现代学习理论的主要流派、心理学、多元智能和脑科学等相关理论为指导。

马斯洛的需求层次理论将人的需求从低到高依次分为生理需求、安全需求、归属与爱的需求、尊重需求和自我实现需求这五种需求。[1]该理论认为需求普遍具有层次性、阶段性、潜在性、多样性等特点。同一时期人的多种需求可以并存,表现出来的迫切程度也都不相同,只有那些表现最强烈、感觉最迫切的需求(优势需求)更能引发人们的动机,影响人们的行为。"办学生喜欢的学校"就是要不断满足学生被爱与尊重的需求和自我实现的需求。

加德纳的多元智能理论认为,智力的基本性质是多元的,其基本结构也是多元的,不存在单纯的某种智力和达到目标的唯一方法。为此提出 8 种智力(加德纳,1983)。该理论强调每个人都具有与生俱来的潜能,且每个人的优势智力领域是不一样的。教师要尊重每个学生,相信所有学生都能成才,引导学生将自己的优势智力领域迁移到弱势或相对弱势的领域中去,让学生个性得到充分的发展和完善。这是让学生喜欢学校的必要条件。

脑研究表明,人脑的一种神经递质——多巴胺与情绪情感关系紧密。"多巴胺的这种效应使其成为一种有利于学习的神经递质:它能够在产生愉快情绪的同时,增强学习动机、记忆力和注意力。"[2]新奇性和挑战性是大脑发展的营养素,因为新

---

[1]　亚伯拉罕·马斯洛.动机与人格[M].北京:中国人民大学出版社,2013.

[2]　David A.Sousa.心智、脑与教育[M].上海:华东师范大学出版社,2013:43.

的学习经验和挑战会比简单重复的、已知的内容产生更强的电能,正是这种电能实现了神经元之间的传递活动,促进了脑细胞的成长。多为学生提供挑战的机会,使新奇的感觉伴随着学习的始终,这样就容易使学生在富有挑战的学习中更加喜欢课堂,更加喜欢老师,更加喜欢学校。

三、"办学生喜欢的学校"的推进策略

在实施"办学生喜欢的学校"过程中,我们采取"分步实施,扎实推进"的策略,避免急功近利,努力追求实效,确保了区域推进的顺利进行。

（一）以宣传为先导

我们以第一次全区调研为突破口,在多种场合解读调研结果,引起学校领导和教师的关注和思考。一系列反映学生真实思想的数据,不仅让校长和教师了解到学生的所思所想,为如何改进提供了依据,更重要的是,通过这些数据,教师对学生有了新的认识。他们由衷地感到:学生如果受到尊重,有倾诉的机会,他们一定会有许多真知灼见令我们耳目一新;学生对学校的评价基本上是真实、客观的;他们反映的需求大部分或绝大部分是正确的;他们对自己负责的态度和对一些现象的分析能力超出我们的想象。这样的宣传,在促进教师转变观念方面起的作用是光靠行政发布指令所无法替代的。校长和教师思想上的认识转变为形成内涵发展机制打下了基础。

（二）以制度为保证

第一是调研制度。在广大教师对学生有新认识的基础上,我们趁热打铁进行了调研制度建设。首先,建立区级调研制度,在学生问卷调查和访谈、教师访谈、家长问卷调查等方面都尽量做到制度化、规范化。其次,引导学校结合本校实际建立校级调研制度,如常规调研、专题调研、教研组学情分析、师生谈心、家访、家委会参与学校管理等制度。第二是工作改进制度。如光明中学对地下室的功能设计听取并最终采纳了学生的建议,改变了原打算建车库的计划,改建为宽敞、舒适的学生食堂。市八中学针对全区调研中呼声最高的上课拖堂现象,将一分钟下课铃声设计成三段,富有艺术化和人性化地提示教师准时下课,妥善地解决了这一难题。上外黄浦外国语小学结合新校舍装修,开展"我的学校我做主"活动,把教室、走廊、操场、食堂、卫生间承包给每个年级,大胆地让学生参与设计,许多新

创意都被学校所采纳。

（三）以研修为抓手

教师培训是形成内涵发展机制的重要环节。2010 年"办学生喜欢的学校"被立项为上海市重点研究项目以后，我们把课题研究作为培训的重要形式。设立 5 个分课题组、62 个子课题组，每个分课题组围绕专题组织相关的子课题组进行培训，每个子课题组再组织本校教师参加培训。我们在培训中努力提高教师挖掘学科知识魅力的能力，要求教师不仅仅停留在对学生浅层次的兴趣培养上，而是激发学生的求知欲望，在不断克服困难、自觉战胜自我的过程中培养兴趣，引导学生把成长过程中遇到的不论是挫折、失误，还是成绩、荣誉，都转化为培养兴趣、体验快乐的资源。我们强调要把了解学生需求、关注学生差异作为校本研修的重要内容，结合教学实践和教研活动进行以探索体验、总结反思为主的培训，学校也对此作出相应的规划和行动。

（四）以激发教师的文化自觉为重点

我们首先引导校长关心、善待教师，以尊重和情感留住教师的心，给教师相对宽松和谐的环境，提高教师的归属感、安全感和自豪感。其次，为教师创设促进其专业发展的各种条件，让教师有努力的方向和追求的目标，营造一个专研业务、研究学生、深化课改的氛围，使教师不依赖于外部力量就能主动按照以人为本的要求履行自己的育人职责。再次，借助学生调研中的有关数据来鞭策和激励教师，使他们进一步了解哪些品质和行为是学生欣赏的，哪些是反感的，以此进行对照与反思，用学生舆论的力量来点燃教师的爱生情结，强化教师的道德良知，促使他们为做学生喜欢的教师而努力。

（五）以评价为导向

我们在研究中重视对"办学生喜欢的学校"实施情况的介绍和交流，特别关注学校在了解学生需求、改进薄弱环节方面好的做法和经验，邀请或组织专家深入一些学校，进行多次调研和挖掘，帮助学校总结和提炼有助于形成内涵发展机制的成功经验，在一定范围内进行宣传和推广。我们还要求学校也对教师中认真倾听学生心声、触摸学生心灵、根据学生实际进行教学的经验和案例予以推广和表彰。通过这样的评价，引导学校把准研究方向，在形成自我完善的机制上下功夫。

四、"办学生喜欢的学校"的实践与反思

（一）实践推进的五大抓手

1. 形成"调研—改进"机制

以尊重学生意愿、了解学生需求、改进学校工作为目的,将调研作为实践"办学生喜欢的学校"的重要依据和标准,采用大样本、长周期的调研方法,从大量数据中提炼出"学生喜欢"因子,使教育改进更切合学生实际。从 2010 年全区范围的大规模调研开始,之后每年开展一次全区性的调研,为学生的动态发展提供可靠而翔实的数据。十年的调研结果表明,调研与改进已经建立起了密不可分的联系,"调研—改进"的机制已经形成。

2. 建设学生喜欢的课程

调研表明,"丰富多彩的课程"是学生喜欢学校的主要理由之一。我们的区域性目标:以"让课程适合每个学生的发展"为理念,系统规划学校课程;加强课程统整和课程的校本化实施;培育精品课程和特色课程,拓展国际课程;营造区域共享课程的良好环境。学校在建立丰富、多元而独具特色的课程框架体系上下功夫。努力挖掘各种资源,开发学生喜欢的课程,最大限度地满足学生的个性需求,给学生更大的选择空间,根据学生的兴趣爱好增设相关的实验项目。

3. 创建学生喜欢的课堂

作为学校教育的主渠道,学生对课堂的态度直接决定了对学校的喜欢程度。为此,教师在备课和上课时,始终把学生的实际情况作为重要依据,尽情展现知识的魅力,让学生感受到知识的可亲可爱;巧妙地设置学习中的"陷阱",让学生在"跌打滚爬"中享受成功的乐趣;指导学生在合作学习中分享集体成果,体验同伴互助的重要性;创造条件扩大学生参与的时空,引领学生在勇于探究求异中培养创新精神;尊重学生个性,加强师生间的情感交流;注重学生元认知能力的培养,努力提高学生自主学习的能力。

4. 培养学生喜欢的教师

学生对学校的感情往往是对教师感情的迁移。我们让调研中获取的数据告诉每位教师:学生心目中的好教师是什么样的。学校尽一切可能发挥教师的优势和特长,提高教师的成就感;引导教师更多地去关注学生,使每个学生的自信心得到

增强；教师在课堂上以愉快的心情来感染学生，让每个学生享受被重视的快乐；努力提高师德修养，以高尚的人格、大爱的胸怀赢得学生的敬重和爱戴；不断丰富自身的知识储备，以公平、宽容、幽默、博学来提高教师在学生心目中的威信。

5. 营造学生喜欢的环境

调研数据显示，良好的校园环境（含隐性环境）能有效提升学生在校生活的幸福指数。由此促进学校重视让每一面墙壁都能"说话"，精心设计能够吸引学生目光，引发探究欲望和情感交流的实验室、文化廊、艺术苑，让学生为校园的整洁、优美、典雅和富有书香气而感到自豪；放手让学生组织他们自己喜欢的活动和喜爱的社团，使每个学生都有表现的机会和施展才能的舞台；全力营造和谐融洽、民主活跃的校园氛围，师生、生生间形成尊重、信任、宽容、友爱的人际关系，使学生真正视学校为家园、花园和乐园。

践行"办学生喜欢的学校"以来，校长、教师看待学生的观念有了根本性转变，让学生快乐成长已成为全区教师共同追求的目标。教师关注学生、倾听学生意见的意识明显增强；在形成区域"调研—改进"机制的同时，几乎每所学校都建立了调研制度，并体现了不断改进的效果；反映家长意愿和社会诉求的渠道更加畅通；区、校两级课程建设力度大，学生对课程的选择余地大，喜欢度高；课堂教学立足于"学生喜欢"开展的改革促进了教师教学方式的转变，提升了对学生的亲和力与吸引力；教师由于重视了倾听学生呼声，拉近了与学生的距离，师生关系融洽；校园硬环境和软环境的改善，进一步增强了学生对所在学校的认同感和自豪感。

（二）存在的问题与思考

"办学生喜欢的学校"从 2009 年提出至今，已十年有余。前五年是项目研究阶段，全区所有学校都参加；后五年是成果推广阶段，出现了各校发展不平衡现象。如何使所有学校都能将"办学生喜欢的学校"作为学校发展的根本追求，始终具有持久研究与实践的内驱力？这是在区域管理上要解决的一个问题。

2019 年中共中央、国务院发布了《中国教育现代化 2035》及《加快推进教育现代化实施方案（2018—2022 年）》，黄浦区也发布了《黄浦区推进创新教育三年行动计划（2019—2021 年）》。面对新的战略目标，如何更多地融入教育现代化的基本特征、更好地着眼于学生创新能力的培养？这是在内容结构上要解决的一个问题。

"办学生喜欢的学校"，教师是关键性的人物。教师的素质水平高低不一，也就影响着学生对学校的喜欢程度。教师的公平、关爱、宽容,能让学生信服其人品;教师的循循善诱和旁征博引,能让学生钦佩其学识;教师的阳光心态和幽默语言,能让学生仰慕其气质。如何进一步提高全体教师的师德修养、文化自觉和幸福指数?这是队伍建设中要解决的一个问题。

"办学生喜欢的学校",我们仍在追求中。

(上海市黄浦区教育学院　魏耀发)

第四节　推进思政课"五项行动",上好立德树人关键一课

习近平总书记在学校思想政治理论课教师座谈会上指出:"青少年是祖国的未来、民族的希望。开设思想政治理论课是培养社会主义建设者和接班人的根本保障,教育要培养一代又一代拥护中国共产党领导和我国社会主义制度、立志为中国特色社会主义事业奋斗终身的有用人才,在这个根本问题上,必须旗帜鲜明、毫不含糊。我们要在大中小学循序渐进、螺旋上升地开设思想政治理论课,用新时代中国特色社会主义思想铸魂育人。"为结合黄浦社会发展和教育综改的实际,更加全面地落实总书记讲话精神,黄浦区教育局推出了思政课"五项行动",即思政助力师德师风建设行动、中小幼思政一体化教育行动、思政课堂教学深化研究行动、思政课教师队伍发展行动以及课程思政融合协同育人行动,把思政课办得越来越好,努力开创黄浦铸魂育人、立德树人工作新局面。

一、推进思政课"五项行动"的现实意义

(一)"五项行动"是贯彻讲话精神的举措

上海市黄浦区教育系统"全方位""无死角"组织开展学习总书记讲话精神,为"五项行动"的出炉奠定了扎实的思想基础。一是学习宣传"全",实现对教育党政干部、校长和思政课教师等学习全覆盖、培训全方位;二是学习领会"深",深刻理解和准确把握讲话精神的战略要求,提高思想认识,充分认识到思政课是对学生世界观、价值观、人生观以及方法论教育的基础课程;三是学习行动"实",通过学习宣传引导广大思政教师、党员、干部牢记育人初心,全面贯彻党的教育方针,抓好行动落

实,强化使命担当,扎实推进思政课改革创新。

全区教育系统开展多层次、多形式的调研和座谈,聚焦思政教师"六要"和思政课"四性"要求,使"五项行动"从框架到内容逐步明晰起来。围绕"推动思政课在思想性、理论性、亲和力、针对性上改革创新"以及"建设一支政治强、情怀深、思维新、视野广、自律严、人格正的思政课教师队伍",区教育党工委、区教育局、区教育学院开展了多种形式、不同层次的调研和座谈,汇聚广大一线思政教师、教研员、党政干部等群体的智慧,初步勾勒了我区思政课发展的"大写意",激发了广大教师把思政课办得越来越好的决心和使命感,为描绘"五项行动"这一"工笔画"打下了坚实的基础。

(二)"五项行动"是立足区域特点的创新

思政课"五项行动"一方面"接天线",充分体现学习贯彻讲话精神过程中的自发需求;另一方面"接地气",将从中央到上海对思政课建设的要求与区域实践相结合,力求打造"黄浦模式",形成"黄浦经验",实现机制的创新。我们总结了黄浦思政课建设的四大优势和三个短板,为"五项行动"更好地反映区域特点、服务课程发展提供了保障。

黄浦是优质思政课程资源的集聚区。区域有着丰富的红色文化、海派文化和江南文化资源,且地处改革开放的前沿、金融商业的中心,这些都为思政课贴近学生开展丰富多样的社会实践创造了条件,拉近了思政课学科知识与广大学生现实生活的距离,更为广大教师融合社会实践,使思政小课堂延伸到社会大课堂,推进思政课知行合一提供了资源的保障。

黄浦是课程领导力整体试点区。近年来,我区积极推动思政课程改革,思政课教师的课堂教学理念明显转变,教师精心课堂教学设计,落实三维目标要求,注重学科育人价值的体现,关注学科核心素养的培养,涌现了一批思政课堂教学生动、效果显现的优质课。同时积极开展思政课程研究,确立了"中学思想政治学科落实中华传统文化教育的教学策略研究""初中思品课'党的历史'微课程开发与实践""加强高中生意识形态教育的思考与实践""运用学生表现性评价提高思想政治课堂质效的实践研究"等一批优质课题,形成了具有推广价值的研究成果。

黄浦是思政教师队伍建设的规范区。目前,全区现有思政课专兼职教师710人,思政课区学科带头人5名,区骨干教师12名,思政教研员5名,高级教师占比11.1%。思政课教师队伍整体素质较高,教研员的专业指导能力强,形成了"案例征集—分类筛选—破解策略"(AFP)小学主题式研训模式,也形成了"基于学情—

专题研究—实践反思"中学校本思政教研模式。

黄浦是德育一体化建设的优势区。长期以来,在大中小幼德育一体化建设的框架下,区教育局高度重视道德与法治、思品、思政各学段课程以及德育工作在学校的整体推进。区级层面,初步形成"德研—教研"一体化机制,思政学科教研员参与德育主题活动的设计、德育特色课程的开发、学生社会实践任务单的编写;学校层面在严格保证思政课师资和课时基础上,也充分将思政课程知识融入德育活动,同时将德育综合实践活动作为学生践行思政课知识的"试验田",形成同向同行的育人合力。

在看到优势的同时,我们也清醒地认识到短板的存在:个别教师对思政课在立德树人、铸魂育人的深刻育人价值方面认识不到位,对学校思政课重视不够;我区思政教师年龄趋向老化,高层次教师不多,尚缺少领军人物(目前区内思政学科无正高级教师和特级教师),且兼职教师较多,学校思政教研组发展不平衡;在日常思政课教学中,照本宣科、课堂灌输、形式单一、效果不理想的情况还时有存在,思政课的吸引力和感染力不够,思政课学生受欢迎程度还不高。

二、推进思政课"五项行动"的具体实践

(一)思政助力师德师风建设行动

黄浦区教育党工委、区教育局积极发挥党组织的"主心骨"作用,把思想政治理论课建设摆上重要议程。一方面,明确各级党组织在思政课建设方面的责任;另一方面,将思政课教师作为师德师风建设重点中的重点。同时,黄浦区将思政课程资源引入师德师风建设,制定《关于加强黄浦区教育系统师德师风建设的实施意见》,形成了"红色移动课堂"和"师生共学典"两大主题活动,创新了黄浦区师德师风涵养模式。通过创新,进一步明确了师德师风教育是教师继续教育的首要内容,将进一步突出全员、全方位、全过程师德养成,着力提升教师思想政治素质,重点加强教师的理想信念教育。下一阶段,黄浦区将积极宣传区内优秀思政教师的师德师风与专业素养,挖掘一批有滋味、有质量的思政品牌课,做好先进典型的培树工作,进一步振奋思政教师的精神状态。

(二)中小幼思政一体化教育行动

黄浦区遵循不同年龄阶段学生的身心发展规律和道德认知规律,在学段贯通

上,初步实现了中小学德育课程教学内容的一体化、递进式,小学课程总体上注重体现道德法律规范教育的启蒙性,突出行为养成的教育重点;初中课程总体上注重体现社会规范教育的常识性,突出道德认知、情感体验的教育重点;高中课程总体上注重体现基础理论教育的常识性,突出理想信念的教育重点,在"系统、融合、有效"上探索思政教育一体化,加强不同学段的有机衔接、螺旋提升。同时,基于新形势下整体推进区域中小幼德育一体化建设的需要,制订印发了《黄浦区学校德育特色课程体系建设三年行动计划(2018—2020年)》,坚持导向性、加强科学性、呈现系统性、聚焦共享性,依据上海市大中小幼一体化德育内容"政治认同、国家意识、文化自信、人格养成"的框架,构建完善黄浦区德育特色课程内容序列。对已形成的"文文明明幸福行——小公民思想道德建设"等德育品牌项目进行外延扩展和内涵深化,将学前儿童德育实施纳入其中,举行"童心向党"优秀童谣传唱、"扣好人生第一粒扣子"等主题教育活动,以《黄浦区学生社会实践护照》和"非遗(中华优秀传统文化)进校园"等载体,厚植社会主义核心价值观,做好未成年人思想道德建设工作。

(三)思政课堂教学深化研究行动

优化课堂教学是守好"主阵地"的必要环节。黄浦区以上海市政府决策咨询研究重点课"'道德与法治'课程如何渗透五育并举"立项为引领,鼓励教师在课堂上创新教学方法,坚持情理交融,丰富学习体验,注重将情境、案例、问题、时政热点作为载体,从贴近生活、贴近情景、贴近学生入手,让更多的思政教师学习好课、践行好课。涌现出以卢湾二中心小学"道法课程地图"为代表的全国优秀育人案例。同时,借助上海交通大学马克思主义学院等高校思政教育的专业资源和理论优势,进一步提升思政课研究的科学性和有效性,使思政课真正入耳、入脑、入心,实现从知识灌输到价值引领的进一步转变提升。目前,已经形成了以"顾老师讲红色故事""生活中的政治经济和哲学"等优秀区本校本拓展型思政课程。下一阶段,黄浦区教育局将通过举办"思政、时政课堂教学评优活动",不断推动区域思政课堂教学深化研究行动。

(四)思政课教师队伍发展行动

建强思政课"主力军"。黄浦区教育局不断加强顶层设计,在教师专业培训、职称评审、人才激励等方面进行政策优化,助推专职为主、专兼结合、数量充足、素质优良的思政课教师队伍建设。2014年以来,思政教师累计获得各类评比全国奖项18项,市级奖项69项,形成了44节学科德育优质课例和教学设计。下一阶段,我们将筹备设立"思政教师青蓝计划工作室",旨在遴选一批教龄 10 年左右、有一定潜质的中青年思政教师,实施青蓝计划:一方面,邀请市区思政学科优秀教师对其进行一对一师徒带教,关注指导其专业发展;另一方面,一批有潜质、有热情的中青年思政教师形成学习共同体,磨炼专业、凝练思想,在队伍梯队建设和思政名师培育上实现双赢。同时,积极推进区"班主任带头人工作室"建设,加强对班主任群体的培养力度,发挥区内优秀班主任的引领示范作用,提升班主任育德水平和能力。

（五）课程思政融合协同育人行动

黄浦区着力将思想政治教育贯穿于学校教育教学的全过程,发挥所有课程育人功能,落实所有教师育人职责。加大学科德育的推进力度,深入挖掘学科本身所蕴含的价值观念和道德内涵,激活课程、教材所蕴含的"德育因子"和"思政细胞"。目前,依托语文、历史、思政等学科,在所有中小学开展了"学习新思想,从小学用典"主题活动。同时将进一步推进德研、教研协同机制,聚焦学科德育有机融合,找准学科德育内容的适切性,探寻学科德育方法的针对性,深入发掘各类课程的思想政治理论教育资源,实现"育德"和"育智"互促共进,着力将立德树人落实于课堂教学的主渠道之中。目前,高中学段形成了以光明中学"习近平新时代中国特色社会主义思想理论学习社团"、格致中学"致学社"等为代表的学生理论学习社团,初中、小学依托"多彩学习圈"黄浦区海派实践版图,形成了多门馆校合作特色课程,不断激发学生自主探究、同伴互助的学习主动性。未来,我们将积极探索"思政网络学习平台"等新方法,充分利用好网络技术,丰富思政教育新形态、新手段。

春风化雨,润物无声。我们要始终牢记"为党育人、为国育才"的初心,充分认识做好学校思政工作的必要性、紧迫性和现实针对性,继续以思政课"五项行动"为抓手,牢牢把好办学政治方向,破解瓶颈、真抓实干,切实推动总书记重要讲话精神落地生根,提高思想政治课的育人质量,构建思想政治工作的强大合力。

（上海市黄浦区教育局　姚晓红）

第五节　创新教育:让经典黄浦绽放创造之光

得名于穿城而过的江水,承载历史与现代的底气,作为上海原点的黄浦既有开埠而来的海派气息,又有里弄城厢自带的传统气场。黄浦区浓缩了城市发展的历史,印刻着中国近代教育发展轨迹,如同上海的日新月异,黄浦教育也在求新求变,正为与上海国际大都市中心城区相匹配的一流教育而不懈努力。在上海教育现代化和区域高质量发展的全局中,立足黄浦区加快建设卓越全球城市核心区、聚力打造创新生态环境最优区域的区域发展,黄浦教育围绕"高、先、精",确立了教育改革引领区、创新教育先行区和教育发展精品区的发展定位。

黄浦教育紧紧围绕"办人民满意的教育,办学生喜欢的学校"的根本追求,以"打造海派文化的精品教育"为办学目标,以"深入五育并举,聚力创新教育"为育人目标,在 2019 年黄浦教育大会召开之际发布《黄浦区推进创新教育三年行动计划(2019—2021 年)》,成立了"黄浦创新教育发展研究中心",对教育教学全要素、各学段全过程的创新教育进行顶层设计、系统集成,以创新教育整体带动黄浦教育现代化的加速推进,努力使区域创新教育体系更加健全,品牌更加鲜明,成果更有实效,师生创新素养全面提升,把开展创新教育作为全面贯彻落实全国教育大会和上海教育大会精神,深化办学体制和教育管理改革,激发黄浦教育事业发展创造活力和培养创新人才的重要举措。

一、树立"四全"理念,明确黄浦创新教育价值追求

党的十九大报告中共有 57 次提到"创新"一词,"创新是引领发展的第一动力"。当前,我国正大力实施创新驱动发展战略,上海也在努力打造成为卓越的全球城市,令人向往的创新之城、人文之城、生态之城中,积极推进科技创新中心等"五个中心"建设。民族振兴、国家发展、城市建设都需要更多的创新型人才。

全国教育大会上,习近平总书记指出,"教育是民族振兴、社会进步的重要基石,是功在当代、利在千秋的德政工程,对提高人民综合素质、促进人的全面发展、增强中华民族创新创造活力、实现中华民族伟大复兴具有决定性意义","要把创新教育贯穿教育活动全过程,倡导'处处是创造之地,天天是创造之时,人人是创造之人'的教育氛围,鼓励学生善于奇思妙想并努力实践,以创造之教育培养创造之人才,以创造之人才造就创新之国家"。

《上海教育现代化 2035》提出了九大实施路径和十大工程,其中之一就是"推进创新教育和创新人才培养",提出"把培育创新意识、弘扬创新精神、增强创新能力作为上海教育现代化的重要任务。为上海建成创新之城和实现创新驱动

发展夯实基础。我们也更加迫切需要变革育人方式,推进创新教育在基础教育的探索实践"。

黄浦创新教育的起步也是在不少学校作为点上的探索而不断发展。我们对创新教育的认识是:创新教育是在发挥学校教育的主导作用,在关注学生基础知识和基本技能理解掌握的基础上,充分调动学生认识与实践的主动性、积极性和创造性,注重学生的主体创新精神、创新思维、创新技能的激发唤醒和开发培育,形成和树立良好的创新人格,以适应未来社会需要,促进学生全面而有个性的终身发展,提升学生创新素养,培养创新人才的教育。

黄浦创新教育坚持树立"四全"理念,即:落实全学段、融入全学科、贯穿全过程、注重全方位。以创新教育深刻诠释教育发展价值追求,把开展创新教育作为回归教育本质,"点燃"和"激发"学生内在成长驱动和创新活力的发展需要;以创新教育系统扎实推进立德树人、五育并举,把开展创新教育作为培养德智体美劳全面发展的社会主义建设者和接班人,办人民满意的教育、办学生喜欢的学校基础性工程的深化举措。

(一)落实全学段

创新教育是面向所有学段、每个学生的教育。对于创新人才的培养,不是只有优秀的学生才能谈创新,不能局限于所谓的精英教育,也不是只有完全具备基础文化知识的条件下才能谈创新,承担中学、小学、幼儿园和职业教育为主的区域教育,对学生创新素养提升更应肩负更大的教育重任。我们要充分考虑学生年龄特征和心理特点,在项目设置、专家指导的选择、组织等环节,在符合学生的认知特点和规律的基础上,扎实推进不同学段、不同层次的学生创新素养教育培养。

(二)融入全学科

创新教育覆盖各学科教育,把培养学生创新素养融入基础课堂教学,在落实学科核心素养中,将学科知识与技能、学科思维方法与创新技能、创新思维、创新实践等培养紧密结合、有机融合,进一步挖掘学科教学内容中的创新元素,构建创新学习的良好环境,创新教与学的方式,融入学科主题综合活动、综合素质评价等之中,发挥学科创新育人的主渠道作用。

(三)贯穿全过程

创新教育需要使整个教育过程被赋予人类创新活动的特征,并以此为教育基础,实现培养创新人才和实现人的全面而个性发展的教育。我们要在各有侧重中体现学段衔接,把创新教育贯穿于学习的全过程:学前教育重在激发好奇心,重游戏活动,在玩中初探究;小学教育重在保护想象力,重习惯养成,提升思维品质;初中教育重在强质疑解疑,重运用所学解决实际问题;高中教育重在增强思辨力,重项目式研究育高阶思维;职业教育重在显一技之能,重工匠精神,鼓励创新创业。在学校教育活动组织、学校课程设计、课堂教学改进、作业评价多元、拓展研究学习等全过程中体现。

（四）注重全方位

黄浦积极探索结合不同学段学生的成长特点和教育发展规律,从课程、课堂、平台、评价、环境等全方位加强创新教育,创新教育是教育价值理念和实践范式的转向,包括对教育观念创新、教育模式创新、教学内容创新、教学方法技术创新、教育评价创新和教育教学制度创新等,推进有助于创新教育的学校管理制度,营造鼓励创新的文化氛围。也要积极推动学校、家庭、社会形成育人合力,依托家长委员会、家长学校等形式开展家长培训,把创新教育的理念、内容、目标及学校开展创新素养教育的导向传递给家长,切实树立科学全面的教育观、人才观、质量观,努力推动社会对基础教育创新人才培养的重视和认识转变。

二、聚焦"四创"特质,培育提升学生创新素养

发挥各级各类学校"策源地"和师生"动力源"作用,鼓励学校积极作为、深化改革,为教师的教学创新提供条件,把培养学生创新教育贯穿到学校教育的各个环节,推动学生在全面而有个性的成长道路上实现创新素养的综合提升。

黄浦教育多年来强调"办学生喜欢的学校",在学生喜欢的环境、课堂、课程的设计中,也积极探索构筑学生喜欢的创新课程、创新活动和创新研究,要让孩子喜欢、被其吸引,有好奇心、兴趣点,才能转化为内在的创新需求,感悟创新活动的乐趣,让学生实实在在体验创新学习经历。我们感到,对学生创新素养的培养应着重体现培育创新精神、激发创新思维、提高创新技能、养成创新人格等四个方面的特质。

（一）培育创新精神

创新精神主要表现在学生有强烈的好奇心、探究兴趣、求知欲,对新异事物敏感,对真知执着追求,对发现、发明、革新的开拓进取精神、挑战精神等,这是一个人创新的灵魂。如荷花池幼儿园结合艺术教育的小社团,通过绘画、唱歌、舞美等,致

力于培养富于幻想、敢于尝试、乐于表达的创新基础素养,从小呵护孩子对未知世界的好奇心和想象力,保护孩子创新的热情,促进创新种子的萌芽生根。

（二）激发创新思维

学习过程离不开思维,创新思维也是创新人才的关键品质。鼓励学生质疑、解疑,注重课堂教学的问题提出、分析、探究和解决,注重学习过程的生成性,在教学过程中培养学生善于思考和独特求新的思维习惯,重在学生发散性思维、批判性思维、创造性思维等的激发和培养。如大境中学的 IMMEX 思维课程,就是聚焦"发现—分析—优化—评价"的四个思维阶段,循环往复、螺旋上升,以思维可视化为手段,发现、跟踪、促进学生批判性思维的发展。

（三）提高创新技能

创新技能主要包括创造想象能力,创造性地计划、组织与实施某种活动的能力,这是创新的力量。如蓬莱路第二小学"蓬莱小镇"开设的机器人工厂课程,开设了机器人踢足球的活动设计,为了使自己的机器人行走得更好更快,学生在课堂上自发研究曲轴长短对快慢的影响、连杆传动对机器人走动的效果、齿轮箱的改造对机器人运动的速度和推进力量的影响,提高了创造性解决问题的能力。

（四）养成创新人格

创新人格主要包括创新责任感,顽强的意志、毅力,能经受挫折、失败的良好心态和坚韧品质,这是坚持创新的追求。向明中学的创造教育始于 20 世纪 80 年代初,曾率先开展"小发明、小制作、小创造"的"三小能人"活动,后续又积极探索创新实验班,培养学生的创造性思维能力,如今已经实现了创造教育课程群,建设了六大类 30 多个创新实验室,学校也把德育作为培养创造性人格的基本途径和核心灵魂,坚持确立德育的核心地位,形成了"构建大德育文化,培养创造性人格"的德育框架。

三、注重"四课"策略,探索创新人才培养路径

创新教育不仅仅是教育方法的改革或教育内容的增减,而且是教育功能上的重新定位,是带有全面性、结构性的教育革新和教育发展的价值追求。[1]把创新教育的重心放在教学思想、模式、内容和方法层面上,作为中小学深化教育教学改革、

---

[1] 阎立钦.实施创新教育,培养创新人才[J].教育研究,1999(7).

全面推进素质教育的突破口,成为全体教师和学生都能参与的教改实验活动。实验的主体是学生和教师,改革的对象是课程学习、课堂教学等教育教学行为模式。[①]

黄浦教育积极拓展创新教育载体,创新工作机制。挂牌成立的"黄浦区创新教育发展研究中心",是在区域层面统筹协调、全面推进创新教育的主阵地,主要承担创新教育整体规划、辐射引领、科学研究和协同推进等职能,包括面向全区组织创新教育前沿理论资讯的学习研讨,开展创新教育的课题研究,推进分层次、多样化的创新学校创建,挖掘梳理创新教育的典型个案,总结推广创新教育的经验成果等。我们感到,探索创新人才育人方式转变,尤其需要探索创新课堂、构建创新课程、开展创新课题和拓展课外创新实践等,探索支持不同性格禀赋、不同兴趣特长、不同素质潜力的学生创新素养提升的发展途径。

(一)探索创新课堂

黄浦教育致力于各级各类学校的课堂教学转型研究,从教师的教走向学生的学,从关注学习结果走向关注学习过程的创新学习,通过人文阅读、数学建模、理科实验、艺术创作等,探索多样化的教学手段和方法,潜移默化、润物无声地激发创新潜能,唤起学生的创新热情与志趣潜能。同时,黄浦每年坚持开展学生学情调研,从"课堂参与机会、自主学习时间"等,引导课堂教学活力开放,构建民主平等的师生关系,打造促进高阶思维、促进深度学习的课堂学习方式和学习评价创新模式。

区域也积极推进创新实验室建设,推进区域创意空间环境设计,通过增加公共开放空间,鼓励学生与学生、学生与教师、教师与教师之间进行多维度交流;通过设立以项目小组为单位的小组讨论空间,支持以小组为单位的自主学习与协作学习;通过提高空间的灵活性,为学生参与空间资源创新赋能;通过正式学习与非正式学习共同支持,构建开放无边界创新学习环境。

(二)构建创新课程

黄浦是上海市推进课程领导力项目唯一改革实验区域,在上海市第一、二轮提升课程领导力项目行动研究中,黄浦区的中小学幼儿园广泛参与,先后有 23 所中小幼成为市级项目学校,70 所学校成为区级项目校,为学生提供更丰富的课程学习选择。如大同中学 CIE 课程,以项目制学习的方式,将多门学科统整。比如"建筑营造"涉及力学、结构学、材料学、美学、数学、经济学等多学科知识。这些课程项

① 叶平.创新教育解析[J].教育研究,1999(12).

目的学习都以学生生活中面对的真实问题或事件为载体,由志趣相投的学生组成团队共同研究,学习进程也由学生自主设计。

我们也鼓励学校积极探索构建融入创新教育的专门课程、融合课程、活动体验课程等创新课程建设,鼓励幼儿园以"童趣、童真"为侧重,小学中低年级以"动手、动脑"为侧重,小学高年级和初中阶段以"创意、创作"为侧重,高中以"研究、创造"为侧重,职业教育以"创业、实训"为侧重,鼓励学校有计划地开发以创新素养培育为特色的校本课程,支持各学段学区、集团以共同体为单位共建共研创新特色课程群,积极打造创新课程特色学习圈。

(三)开展创新课题

黄浦教育以"教育现代化背景下创新教育育人模式变革行动研究"为引领,发挥各级各类学校"策源地"和师生"动力源"作用,鼓励学校积极作为、深化改革,校本化开展创新教育课题研究,推进有助于创新教育的学校管理制度,营造鼓励创新的文化氛围,为教师的教学创新提供条件。我们也依托学区化集团化建设,围绕创新管理、创新课程、创新课堂、创新评价、创新空间、创新平台等不同主题,鼓励学校打破校际壁垒,开展组团式研究,以同质研究、联合培养、分项试点等多种校际互动模式推进,打造主题式创新教育联盟学校。格致教育集团确立了"教育转型发展背景下创新人才一体化培养"特色,黄浦区教育学院附属中山学校确立了"实践创新素养的九年一贯制学校特色课程群建设",师专附小确立了"智立方——学生创新素养的课程设计与实施",搭建跨校跨区创新教育展示平台,打造区域创新教育百花齐放的新局面。

(四)课外创新实践

作为首家挂牌区级"中职创业指导站"的学校,上海市商贸旅游学校围绕提升学生创新精神、创业意识和创业能力,着力在学生创新创业理论教育、实践教育、实训孵化等三大方面开展活动,帮助学生转变就业观念,拓宽就业渠道,培养创新能力。学校组织创业成功者来校宣讲,激发学生创业热情;组织开展"创业金点子""中国创翼"创业大赛,通过活动动员讲座、金点子遴选、金点子孵化,培育、选拔学生创业新苗。学校还举办"创业我能行"初训营、"中行杯创智未来训练营"高阶营、"创意48小时"创新创意训练营、"TV Group"新媒体人才培训营,对学生进行创新、创意、创业培养。学校支持创业项目在众创空间"创业101"落地。目前已有米印一站式创意工坊、酷卡工作室、"五彩缤纷"微旅游、文创营销社、汇申财等项目落地实施,进行创业实践活动。

让创新教育时时处处泛在,发挥区青少年艺术活动中心、科技活动中心和劳动技术教育中心的资源集聚、专业辐射、活动丰富的优势,加强整合、聚焦特色、提升效能,打造成为区艺术创意中心、科技创新中心、工程技术创智中心,整合科研院所、高校、企业等各类资源,积极组织开展创新教育冬令营、夏令营、主题式研学等活动,配备成长导师。积极举办"Scratch Day China""奇思妙想"创意秀、"童创未来——黄浦青少年创新英才计划"等创新实践活动,为学生搭建多样化创新学习实践平台。

总之,强化教育的"创新"追求,是顺应时代要求和深化教育改革的必然。黄浦教育将在创新教育的深入探索中攻坚克难,担当奋进,创新实践。

(上海市黄浦区教育局　姚晓红)

第六节　推进学区化集团化办学,提升黄浦教育发展品质

为了进一步深化教育领域综合改革,深入整合优化教育资源,不断提升黄浦教育发展品质,上海市黄浦区教育局积极推进教育学区化集团化办学,发挥优质学校示范辐射效应,带动区域内不同学段、学校集群发展,促进黄浦教育高位均衡优质特色发展。

一、发展背景

2015 年,上海市教委出台了《上海市教育委员会关于促进优质均衡发展、推进学区化集团化办学的实施意见》(沪教委基〔2015〕80 号),对学区化集团化办学的基本内涵作出了解释:学区化办学,就是因地制宜地按照地理位置相对就近原则,将相同或不同学段的学校结成办学联合体,构建有利于学区教育品质整体提升、学校办学特色积极培育的生态环境;集团化办学,就是在同一区(县)内或跨区(县)组建办学联合体,带动相对薄弱学校、农村学校与新建学校发展。学区化集团化办学,旨在积极回应人民群众对公平而有质量的教育的追求,是教育领域供给侧改革的创新举措,对扩大优质教育供给、办好家门口的每一所学校具有重要意义。

（一）教育优质均衡发展的现实诉求

基础教育是一种公共服务，均衡发展是其内在要求，也是实现教育现代化的重要标志。国务院颁布的《国家教育事业发展"十三五"规划》中也提到，"十二五"时期，特别是党的十八大以来，我国教育改革发展取得了显著成就，但当前我国教育发展还存在着不平衡、不协调的问题，优质教育资源总量不足、布局不合理。在上海，基础教育质量及均衡程度已经达到一定水平，2014年3月，上海市成为全国第一个整体性通过义务教育均衡发展督导认定的省市，可见"有学上"的问题已经得到解决，"上好学"的问题则更为突出，基础教育发展的主要矛盾已经成为人民群众对优质教育的需求大幅增长与资源供给不足的矛盾。因此，今后相当一段时期，上海都要持续推进基础教育优质均衡发展，努力扩大优质教育资源总量和覆盖面，办好家门口的每一所学校，让更多高质量的教育惠及更多学生。

学区化集团化办学，就是以学区或集团为单位，以就邻近为便利或以契约为纽带，通过资源共享、优势互补、结对带教等联动方式建立起大规模、多层次、更具活力的组织形态，增强优质教育资源的辐射力，推进教育资源优质均衡发展的再生模式，将"大均衡"向下拆解为"小均衡"来推进，通过"小均衡"来逐步实现"大均衡"。

（二）现代教育治理体系的重要尝试

中共中央《关于全面深化改革若干重大问题的决定》将推进国家治理体系和治理能力现代化作为全面深化改革的目标。在教育领域，提出"要创新学校管理模式，鼓励强校带弱校，组建教育联盟，推行学区一体化管理，不断扩大优质教育资源覆盖面"。学区化集团化办学正是在这一背景下应运而生，成为推进治理体系和治理能力现代化的重要举措。

国家治理体系和治理能力在教育领域里体现为各种教育体制、法律法规，教育的管理以及一整套紧密相连、相互协调的教育制度和这些制度的执行能力。在治理理念下，区域教育的发展不再是政府包揽一切，而是在政府、社会、学校、企业、公民等更大范围内实现教育权力的转移，朝着政府主导、学校协同、资源共享的方向发展。治理强调多元主体参与的民主化管理，而不再是政府作为单一主体的统治和管理，以学区、集团为基本单位建立参与教育治理，这也是响应教育治理体系建设的重要表现，是实现教育治理体系现代化、创新区域教育管理体制的重要尝试。

学区化集团化办学的实质是办学思路的转变和改革,即由资源分散的独自发展到资源整合的协同发展,在探索建立区域教育治理体系的背景下,学区和集团构建了一个新的平台,使现有的静态优质教育存量转为动态的优质教育增量,打破各级各类学校间的壁垒,成员校从封闭走向开放,教育单元从一元走向多元。

二、发展现状

黄浦区教育学区化集团化探索实践起步早、基础好,在原有六大教育协作链①、一个教育联合体②、一个教育小区③基础上,区教育局高度重视学区化集团化办学,按照"逐步推广、逐步发展、逐步突破"的原则,制定了《黄浦区关于推进集团化学区化办学实施意见(试行稿)》,探索学区化集团化办学和管理新模式。

2012 年,5 个小学教育协作块(集团)④在我区先行成立,分别以上海市实验小学、卢湾二中心小学、上师大附属卢湾实验小学、黄浦一中心小学、曹光彪小学等市区有影响的品牌学校为龙头,覆盖了区内 100％的小学。协作块(集团)通过成立名师工作室、举办教学节、开展课题研究、研发学校课程等,在同学段教师队伍建

---

① 为融合贯通、有序推进区内初高中联动发展,由 12 所学校组成了初高中六大教育协作链。具体包括格致教育协作链(格致中学和格致初级中学)、大同教育协作链(大同中学和大同初级中学)、大境教育协作链(上外附属大境中学和上外附属大境初级中学)、光明教育协作链(光明中学和光明初级中学)、敬业教育协作链(敬业中学和敬业初级中学)、市八教育协作链(市八中学和市八初级中学)。

② 即向明教育联合体。为探索小、初、高一体化办学模式,共有 6 所学校加入向明教育联合体,分别是:向明中学、向明初级中学、清华中学、三好中学、七色花小学和卢湾二中心小学。

③ 即卢湾教育小区。为贯通学段培养,探索创新教育的学段衔接,共有 4 所学校加入卢湾教育小区,分别是:卢湾高级中学、卢湾中学、海华小学、启秀中学。

④ 为发挥现有优质教育资源影响、辐射、带动和示范作用,切实提高黄浦区小学教育教学质量,黄浦区以特色相近、地域互通、自愿结合为原则,区域内组建了以上海市实验小学、卢湾二中心小学、上海师范大学附属卢湾实验小学、黄浦一中心小学、曹光彪小学为牵头学校,覆盖全区所有小学参与的五大教育协作块。以"区—块—校"为发展路径,形成协作办学的教育格局。实小协作块:复兴东路三小、光明小学、新凌小学、师专附小、淮海中路小学;卢二中心协作块:中华路三小、梅溪小学、报童小学、卢湾一中心小学;曹光彪协作块:蓬莱路二小、回民小学、董家渡二小、卢湾三中心小学、七色花小学;黄一中心协作块:北京东路小学、裘锦秋实验学校、四川南路小学、海华小学、瞿溪路小学;上师大附属卢实验协作块:徽宁路三小、上外黄浦外国语小学、重庆北路小学、巨鹿路一小、复兴中路二小。

设、教学研究、特色课程、教育科研、学校活动组织等方面加强协作与分享,发挥了小学教育的共振价值,在全市层面凸显了黄浦小学整体办学的优势。

2014年,以百年名校格致中学为核心的格致教育集团正式成立,格致教育集团①共有5所学校自发联合组成,涵盖区内不同学段的普通完中、九年义务制学校、初中、小学等,集团研究制定了《上海市格致教育集团章程》和《上海市格致教育集团三年发展规划》,成立了格致教育集团理事会,提出了以学生创新素养培养为方向,建立了导师视导制度和教师联合培养研修机制等,以建设"同济黄浦创意设计中学"为突破,有效带动不同学段的学校特色化、多样化发展。

2016年12月,分别由大同中学和向明中学两所名校高中为核心,带动区内多所普通完中、新优质学校等,组建大同教育集团②和向明教育集团③。大同教育集团由7所学校组成,构建了三大联合体——德育联合体、主题工作坊、艺术体育科技教育联合体。集团在大同中学高层次的教育理念和高品位的团队文化引领下,加强骨干交流,优质资源共享;促进教研共建,课程改革同行;发扬特色互补,校本课程多元;实现文化互渗,管理机制融洽。向明教育集团由5所学校组成,以创造教育为特色,以向明中学的优质教育为源头,以成员校为两翼,开展多领域合作、多层次交流的教育协作,形成了资源合理共享、师资柔性流动、学生深度互动的良性循环,实现成员学校整体办学水平的共同提高。

2017年,本区学区化集团化办学从先前的小学、中学阶段逐渐拓展到幼儿园。6月,以知名示范园荷花池幼儿园为龙头,成立了荷花池艺术教育集团④,共有11家幼儿园作为成员单位,集团聚焦"艺术教育",突破园际壁垒,纵向衔接,优势互补,围绕"艺术文化、艺术课程、艺术品质"的学前教育高位发展的核心,通过"三动"(课程联动、项目带动、理念互动)、"三发展"(幼儿综合素养的发展、教师专业素质

---

① 格致教育集团成立于2014年11月,由格致中学牵头,首批成员学校包括浦光中学、格致初级中学、应昌期围棋学校、曹光彪小学。

② 大同教育集团成立于2016年12月,由大同中学牵头,首批成员学校包括市南中学、民办立达中学、大同初级中学、尚文中学、黄浦学校、蓬莱路第二小学。

③ 向明教育集团成立于2016年12月,由向明中学牵头,首批成员学校包括向明初级中学、清华中学、卢湾二中心小学、七色花小学。

④ 荷花池教育集团成立于2017年6月,该教育集团以示范园荷花池幼儿园为龙头示范引领,好小囡幼儿园、文庙路幼儿园、西凌第一幼儿园、学前幼儿园、重庆南路幼儿园、明日星幼儿园、荷花池第二幼儿园、宁波路幼儿园、爱童幼儿园、区早教指导中心、世博荷花池幼儿园(浦江镇)为其成员单位。

的发展、艺术教育均衡高位的发展),形成"荷而不同"的艺术教育特色。8 月,又成立了"思优"个别化教育集团①,该教育集团以示范园思南路幼儿园为龙头示范引领,采用"一校牵头,并举发展"的运作模式,以"个别化教育"为研究项目,将在这一项目上有特色、有积淀或者有发展意向的公办、民办园所自由、自主、自发地集合到一起。目前,6 所幼儿园为该集团首批成员校。集团秉承"思优"教育"关注儿童发展需要,培育幼儿幸福生活的根基"的宗旨,以"个别化教育"为研究项目,致力于让孩子寻求到最适合自己的认知方式与成长轨迹,从而在快乐中获得有益于身心发展的经验。黄浦区学前教育集团的组建,以"项目引领、同质研究、协同发展"为思路,使教育集团跨幼、小、初、高全学段,这些"学前教育高位发展共同体"突破了以往学区化集团化较多产生于中小学学段的局面。

三、发展挑战

在追求均衡、优质、高位发展的中心城区黄浦,近年来正通过纵向组建教育集团、横向优化小学教育协作块,立体、多维、有序地构建起凸显海派文化特征和精品教育内涵的教育大格局。

目前,黄浦区集团化办学形成了"1 + X"的核心校、多法人、协作块、联合体的办学模式,展现了优质资源共建共享、办学行为互联互通、办学质量互促共荣的良好发展态势。通过深化学区化集团化办学,校际分享办学理念、管理模式、课程教学、教师团队,打破校校壁垒,实现优质资源跨校流动;打破校社隔离,实现学校、家庭、社区等资源的统整;打破学段分割,实现学段贯通培养;打破体制障碍,实现公民办学校互助协调发展。集团内各成员校集众家之力、谋共赢之事,同步优质发展,成为老百姓"家门口的好学校"。

黄浦区学区化集团化办学实践取得了一定的成效,但也面临一定挑战,仍有以下发展空间。

一是集团各学校内生发展动力增长。一方面,核心学校在集团化办学中的主

---

① "思优"个别化教育集团成立于 2017 年 8 月,该教育集团以示范园思南路幼儿园为龙头示范引领,该教育集团首批成员有黄浦区思南新天地幼儿园、黄浦区城市花园幼儿园、黄浦区海粟幼儿园、黄浦区威海路幼儿园、黄浦区民办长颈鹿幼儿园、上海市东滩思南路幼儿园。

体能动作用和引领示范效能要进一步激发;另一方面,集团内各成员学校自主发展活力还需进一步激活,基于不同学校基础"和而不同"地寻求各校发展路径。

二是学区化集团化办学的政策机制研究。不同办学主体下的教育集团,要打破校际壁垒,在明晰权责、规范制度、科学管理、运行机制等方面,探索学区化集团化办学新教育治理体系。

三是学区化集团化办学发展特色培育。学区化集团化办学不是简单地"加盟""连锁"或者"挂牌"模式,更不能千校一面、削峰填谷,集团学区学校应倡导百花齐放、各具特色,在优势互补、协同发展、特色创生上深化探索,使得联合体内每一所学校在原有基础上不断进步。

四是紧密型学区化集团化建设推进。按照"紧密合作、优质共享、提质增效"的思路,着力加强紧密型学区、集团创建,通过促进组织更紧密、师资安排更紧密、教科研更紧密、评价更紧密,激发每个学区和集团合作共进的创新活力,实现管理、师资、课程、文化等互通互融,整体提升义务教育优质均衡发展水平。

四、发展探索

(一)顶层设计,构建"三纵—五横—四区"新格局

黄浦区教育局全局考量,整体规划,推进学区化集团化办学的基本方向是构建"三纵—五横—四区"的办学格局,探索紧密型、一体型、混合型等多种模式,形成纵向衔接、横向联动、学区特色的发展脉络。

2016年底,由大同中学和向明中学两所名校高中为核心,带动区内多所普通完中、新优质学校等组建的大同教育集团和向明教育集团成立,与纵向贯通小学、初中、高中三个学段的格致教育集团共同形成集团化办学的"三纵",并与同学段的五大小学教育协作块(集团)成为集团化办学的"五横"格局。

而后,我们将继续整合全区市实验性示范性高中学校的力量,在区域就近的基础上逐步推进建立豫园学区、卢湾学区、世博学区和外滩学区(即东、南、西、北片区)。东片区,在老西门街道、小东门街道、豫园街道,以敬业中学为中心,组建豫园学区;南片区,在半淞园路街道、五里桥街道,以上外附属大境中学为中心,组建世博学区;西片区,在打浦桥街道、瑞金二路街道、淮海中路街道,以卢湾高级中学为中心,组建卢湾学区;北片区,在南京东路街道、外滩街道,以光明中学为中心,组建外

滩学区。四个学区建设,以带动提升薄弱初中和学区特色发展为重点,使学区化集团化办学覆盖到80%左右的中学,进一步促进学区化集团化办学走向内涵发展。

黄浦区学前教育集团化也将在第一轮的基础上,进一步"增圈扩容",一方面继续增加以探求幼儿基本活动规律为项目的若干个学前教育集团,如运动、游戏、习惯培养等;另一方面,逐步扩充集团成员单位数量,扩大覆盖面和受益面。在规模增扩的同时,我们还将进一步提升内涵与品质,将探索实践形成的有效举措逐步固化成长效机制,并共建共享一系列资源平台,进一步发挥学区化集团化办学引擎效应,促进学前教育高品质、科学化发展。

除了基础教育的"三纵—五横—四区"新格局外,本区职业教育领域也在集团化办学方面发展形成了"政府引导、校企合作、互利共赢"的运作模式。上海黄浦职业教育集团①成立于2009年12月,由黄浦区教育局牵头区域内政府机构、职业院校、成教机构以及相关行业协会、企事业单位组建而成。为切实推进"学生创业引领计划",实现"大众创业,万众创新"目标,2018年,黄浦职业教育集团联手黄浦区就业促进中心、上海华讯科技创业中心,以"合理运用政府公共资源,充分动员社会其他资源"为出发点,借力三方资源,为学员提供专门场地和专业指导,以现场培训、体验、线下交流和在线课堂等方式,提升学员创新创业意识和创新创业能力。黄浦职业教育集团还将进一步积累集团化办学经验,积极探索鼓励支持创业创新的平台与资源,深化校企合作、互利共赢的职教集团发展模式。

(二)建立机制,探索集团学区共建共享

建立集团化和学区化的管理机制。集团和学区分别设立组织机构,成立以牵头学校校长为组长的领导小组。制定用于协调各校办学行为的理事会制度、章程管理制度、项目责任制、联体评价制等制度,激发集团和学区内不同办学水平、不同教育传统学校的共同发展。同时在章程约定的条件下,集团和各学区定期对包括

---

① 上海黄浦职业教育集团成立于2009年12月,现有成员单位25家,其中政府机构9家,中职校3家、高职院校1家、成人教育与培训机构3家,市、区级行业企业9家。黄浦职业教育集团成员单位包括区教育局、区总工会、区工商联、区发改委、区商务委、区旅游局等政府部门;上海市商贸旅游学校、中华职业学校、上海市商业会计学校、黄浦区业余大学、上海新世界外国语进修学院、上海自力进修学院等黄浦区职业院校、成教机构;百联集团、新世界集团有限公司、豫园集团有限公司、老凤祥股份有限公司、新世界股份有限公司、豫园旅游商城股份有限公司等市、区行业企业。

发展战略在内的重大事项进行商议,讨论制订阶段性工作重点和框架性实施方案,据此促进各兄弟校办学理念和管理模式的同步优化。

建立集团化和学区化的共建共享机制。在尊重各成员学校办学特色和发展实际的基础上,对集团内和块内所有学校进行合理规划,充分发挥其自身的积极性和创造性,通过理念、资源、管理、成果等共享,汇集各校优势,整合特色资源,开发集团和学区共享课程,通过学生走校、教师走教等形式,使共同体内学生拥有更多样化的课程和更多的成长可能,实现共同体内每一所学校的发展。通过"集团化办学"和"学区化办学"探索课程资源、师资队伍、硬件设施等资源的协作与分享,促进教师专业发展、学校改进和区域教育布局配置完善。

建立促进集团化和学区化办学的激励机制。在经费保障方面,设立区域教育学区化集团化专项基金,专款专用,保障学区化集团化办学的需要,并根据实际办学成效奖励各集团的牵头学校、龙头学校。设立专项经费,专款专用,保障集团化学区化办学中骨干教师流动、优质课程开发、教科研联动、场地资源共享等方面的需要。

在师资队伍方面,推行集团内教师柔性流动,适当增加优质资源输出学校的教师编制,通过工作成效奖励、职称评定、评先评优等方面的政策倾斜,推动教师的转岗和异校带教。

将集团和学区办学纳入学校和校长绩效考核并作为重要指标。根据考核结果,对牵头学校校长和成员校校长进行工作绩效奖励。针对教师,将绩效考评、职称评聘、评先评优向集团和学区内流动的骨干教师倾斜,对流动中做出突出成绩的骨干教师加大宣传力度。

建立集团化和学区化的质量监控和评估机制。在考核评价方面,将学区化集团化办学实效纳入学校和校长考核评价的范围,健全学区化集团化办学指导、支持和监督评价机制,不断从治理模式、资源配置、权利义务、监控评估等方面进行过程监管和探索创新。教育局以"绿色指标"和学校发展性督导评价为基本依据,委托督导室制订学区办学考核指标,对集团和各学区学校实施有组织、有计划、有目的的评估和督查。整体评价办学情况,重点考查优质教育资源增量与校际差距缩小情况以及每所学校学生进步、教师成长、学校持续发展情况。确保学区之间、成员学校之间的教育质量和师资水平能达到大致相同的水准。

(三)聚焦内涵,培育集团化学区化办学特色

黄浦区集团化学区化办学正从数量的递增转向内涵的深耕,集团化学区化发

展最终成效应体现在学校内涵发展水平的提升上。区教育局将进一步明确集团学区龙头学校的主体责任,扩大名校教育影响力,不断推进集团学区学校特色课程共建、学习共同体的教师教研和课堂教学改进行动的力度和深度,支持、鼓励和培育集团学区释放活力、内生发展、办出特色。如大同教育集团的课程领导力项目和体教结合的课改特色,向明教育集团的创造教育特色,卢湾学区科技教育特色等,使黄浦教育在高位均衡发展的基础上呈现更加丰富多元的发展。

例如,格致教育集团依托集团各成员校的办学传统,注重不同学段间的衔接,以学生创新素养培养为核心,确定集团协同发展的特色项目,以"创新素养人才一体化培养"总课题为引领,贯通小学、初中、高中三个学段,加强纵向和横向联系,格致教育集团以建设科创课程和科创实验室为抓手,一方面做大、做强、做优各学段品牌特色项目;另一方面集团牵头启动了贯穿高中、初中、小学课程的创客云平台建设,将 VR 教室体验平台、Steam 课程的学习平台、智能设计实践平台、作品分享交流平台有机融为一体,构建资源共享信息平台,供集团成员学校根据自身课程和学生年龄特点因校制宜使用,为集团跨学段、一体化培育学生创新素养提供了有力支撑。

根据区域内基础教育阶段学校间的合作基础,探索不同形式的协同发展路径。纵向上,以市实验性、示范性高中为核心,带动周边义务教育阶段学校的办学水平提升;横向上,初中学段由一些办学质量较高、办学特色鲜明的学校牵头,共同探索、实践学校发展之路;小学学段以五大协作块为主要形式,推动校际联动互助,促进学校可持续地均衡发展;幼儿园以教育共同体为载体,打造公民办园联动的合作模式。

以学生创新素养培育为核心,加强不同学段间的衔接。以集团为统领,在集团办学的框架下思考每一所学校的发展,坚持以学生创新素养培育为核心,发展各成员校特色项目。以各学段衔接培养为原则,加强不同学段的纵向和横向联系,做大、做强、做优各学段的品牌特色项目。

(四)联合培养,促进教师专业成长

1. 以课题合作研究为抓手,提升成员学校教师研究创新能力

依托各学校原有的市区级研究课题,以项目主持学校为核心,吸纳集团内各成员学校共同参与实践,提升整体研究水平,扩大项目研究实效。不断激发教师专业发展的内驱力,优化校本研修机制,促进教师专业成长。设计符合各校发展的研修方案,对教师实施分层培训。

2. 培养集团卓越教师，建设若干学科高地

以集团卓越教师培养计划为载体，为集团名师队伍建设搭建高端发展平台；以集团名师工程建设为载体，引领不同层面的教师在不同的基础上追求卓越，培养集团卓越教师；以青年教师沙龙为载体，增强青年教师的责任感和使命感。通过研修培训、学术交流、项目资助等方式，造就一批个性鲜明、教学特长显著的卓越教师，促进集团持续、跨越式发展。

3. 共通师资队伍，鼓励柔性流动

各学区将教师分为"优势辐射型"和"学习型"两类，教师在保持人事关系不变的前提下流动到其他学校从事教育教学活动，以实现教育教学经验的分享、推广和创造。对于"优势辐射"型流动教师，可到学区内兄弟学校指导帮助校本研修，创造性地开展教育教学活动，建立优秀教师引领下的教研一体化的培训制度；对于"学习型"流动教师，派到兄弟学校"实岗"学习。在学区内开展基于专业发展阶段需求的协同式教师培训，各校以校际合作方式，联合开发建设课程，合作开展教学研究与设计活动，在设计、实施、管理中落实培训。教师柔性流动将加快区域内教师专业发展，真正形成学科高地，以教师的成长保障学生充分与全面的发展。

大同教育集团在正式成立之初，就启动了学科带头人（特级教师）研修工作坊。作为集团龙头，大同中学将校内特级教师及学科带头人等优秀教师资源的引领作用在集团内进一步辐射扩大，建立了优秀教师研修工作坊，惠及集团内所有成员校，工作坊采用主持人负责制，由大同学区学科带头人担纲研修工作坊的主持人，并利用他们的学术影响力和学术人脉，根据工作坊成员的学科组建工作坊导师团队，依托专题或项目形成研训一体。长期运行以来，工作坊主持人来源已扩大到集团成员校中的特级教师、学科带头人等优秀教师，覆盖面和受益面进一步扩大，已经成为集团助推教师专业化发展的长效机制。

总之，我们将进一步发挥学区化集团化办学引擎效应，寻求学区化集团化办学的"理想模型"，真正从外延发展走向内涵发展，从松散走向紧密协同，促进校际资源共用、品牌共建、发展共进，努力办好家门口的每一所学校，让千家万户的学生共享黄浦优质的教育。

（上海市黄浦区教育局　姚晓红）

第七节　基于学情调研的教育改进

当前的教育改革,强调育人模式的变革,关注学生综合素质的提升,提高学生的身心健康发展。《中国教育现代化 2035》和《上海教育现代化 2035》都强调遵循教育规律,促进学生的全面发展和主动快乐学习。对教育者而言,每个学生都是独一无二的个体,都具有蓬勃发展的生命活力,因此,教育过程中,一方面要意识到学生个体的差异性,并给予足够的保护和支持;另一方面,要善于倾听学生的心声,关注学生的需求。

一、开展学情调研的初衷

上海市黄浦区多年围绕学生学习开展研究,在学生的非智力因素、学会学习、学习潜能开发以及学习模式等方面,进行了深入的探索和实践,形成了区域教育的特色。在新时期,提出"办学生喜欢的学校"的区域办学目标,就是将学生放在教育工作中心,确立学生发展为本的理念。为此,我们首先面临的问题就是,学生的成长需求到底有哪些? 我们如何真正了解和把握学生的真情实感? 2010 年,第一次开展学情调查活动让我们认识到,只有倾听学生,才能真正了解学生在想什么,学生在学校的感受是什么,学生对我们教育工作者的期望是什么。

基于以上思考,黄浦区申报市级重点项目"区域推进办学生喜欢的学校行动研究"被立项,同时也承担了部市合作项目"基于学情调研的教育改进机制"。依据以上两个大型研究项目,我们坚持开展学情调研工作。2015 年,黄浦区教育综合改革实验方案中明确要求"继续开展区域学情调研、分析和改进"。黄浦区教育改革和发展"十三五"规划中也提出深化"办学生喜欢的学校",继续开展区域学情调研工作。

经过十多年的坚持,尊重学生需求、学情调研改进是黄浦提升基础教育环境质量的重要路径之一。黄浦区构建了区、校两级"学情调研"常态机制,采用大样本、长周期的调研方式,从大量数据中把握学生情感与需求,发现办学问题,为教育改革提供决策依据,保证黄浦精品教育实现"源自学生、为了学生"的价值追求。

二、对学情调研和教育改进的理性思考

（一）学情调研中"学情"的概念界定

对学情的概念比较认可的理解，分为狭义和广义两个方面。其中狭义的概念，主要包含学科教学中学情分析问题，其中核心就是学生的认知基础问题。广义的概念，除了包含了学生的认知基础，还包含了学生的习惯、兴趣、动机、情感、毅力和学习状态等①。我们理解的"学情"是个相对广义层面的概念，是指学生学习与生活的全部情况，包括学生的认知、情感、意志等心理过程的发展情况，能力、性格、气质等个性心理特征的发展情况，学生的学习习惯、学习兴趣、学习风格、学习方法等学习心理特征，以及学生的各种心理需求特征等。

（二）当前学情分析中主要存在的问题

马文杰和鲍建生②认为学情分析主要存在以下五个方面的问题：(1)无视或轻视"学情分析"；(2)学情分析中经验主义、主观主义现象严重；(3)学情分析中形式主义现象严重；(4)学情分析"过于空泛"，缺乏"具体而微"的学情分析；(5)学情分析视角单一，方法简陋。俞宏毓③认为学情调研分析主要存在以下三个方面的问题：(1)教材编写忽视学情分析；(2)教学中学情分析存在的比较严重的问题是脱离具体的教学内容，流于形式；(3)教师发展指导忽略学情。

我们认为学情分析中主要存在的问题如下：首先，从教学层面来看，在主观认识和实际操作两个方面都会存在一定的问题；其次，从学校组织层面来看，在学情分析机制建立以及组织实施方面也会存在一定的问题；再次，放开视野来看，区域层面也是需要关注的，在宣传、组织和指导方面往往也存在一定问题。

（三）推进学情调研，重在教育改进

学情分析是标，教育改进是本，因此学情分析工作是为了科学的教育改进提供条件，其主要落脚点在于教育改进。在"调研—改进"路线上遵循这样的路径：(1)分析调研数据，需要通过调研活动获取相关数据，并对数据进行分析，通过分析

① 俞宏毓.近十多年来我国学情分析研究的发展与反思[J].上海教育科研,2019(3).
② 马文杰,鲍建生."学情分析":功能、内容和方法[J].教育科学研究,2013(9).
③ 俞宏毓.学情分析存在的问题与有效方法[J].现代中小学教育,2016(12).

数据寻找教育改进的问题;(2)确立改进主题,教育改进的主题主要是通过学情调研数据分析获取的。这里所说的改进主要是通过调研发现的问题所开展的教育实践改进,可以是课程建设、师生关系、教师队伍建设、课堂教学、校园环境建设等;(3)实施教育改进,在实践中围绕学情分析得出的问题进行教育改进。可以就学校如何针对学情调研改进机制,也可以就如何在实践中结合实例开展教育改进的实践活动;(4)反思改进效果,对教育改进的实施效果进行分析,并针对问题提出如何进一步改进的反思和设想。

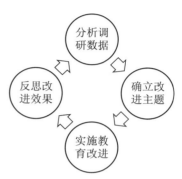

图 1-1　学情调研"调研—改进"循环路径

　　以上"调研—改进"在实践推进中,是循环的"调研—改进"路径(见图 1-1),从而保证检验改进效果得以真正落实。

三、基于学情调研教育改进的实践探索

　　为了更好地实施学情调研工作,落实基于学情调研的行动改进,我们做了以下几个方面的工作。

　　(一)构建区级层面学情调研机制

　　通过大型研究项目的推进,我们建立区级层面学情调研推进机制(见图 1-2)。区教育局负责区域学情调研现状规划和管理;区教育学院科研室负责学情调研问卷优化、调研实施、数据分析和技术指导等;区教育学院教研室针对调研中学生对

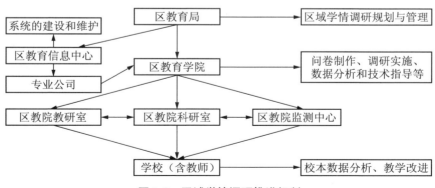

图 1-2　区域学情调研推进机制

学科喜欢程度、教师品质以及课程建设等方面的问题,寻找原因,开展教研活动寻找改进对策;区教育信息中心联合相关专业公司负责软件平台建设和维护,保障调研平台的优化和完善;区学业监测中心与区科研室协同负责问卷制作的科学性以及数据分析的针对性。学校根据学情调研结果,让教师能够科学分析诊断问题,及时调整教学策略,开展教学改进。

借助学情调研推进机制的稳步运作以及各方的努力和支撑,区域学情调研工作形成了"五个一"制度,主要有:(1)一套比较科学的调研问卷,从 2014 年以后,问卷基本相对稳定,主要考查学生对学校办学因素和学习需求的基本态度;(2)一个自主开发的调研平台,通过自主开发的平台,保证了数据有效性的筛选工作和长周期研究数据的存储和分析;(3)一支相对稳定的调研队伍,调研队伍主要由相关调研学校科研室负责人组成,通过对他们进行调研要求的系统培训,保障调研结果客观有效;(4)一个比较固定的调研日期,调研日期的相对固定,从操作层面易于形成工作的惯例,也有利于调研数据对比的有效性;(5)一份体现差异的调研报告,学校可以自主从平台调出本校调研报告,每份报告均与其他学校不同,体现调研数据的差异性。

(二)形成基于学情的学校教育改进机制

除了区域开展大型区域学情调研工作之外,我们鼓励学校在校级层面形成教育改进的机制。第一,建立学校常态的学情调研机制。要形成倾听学生的习惯,将学情调研作为学校工作中不可缺少的部分,重视调研数据的收集和分析。我们强调,尤其要重视与学生联系最紧密的教师的倾听意识和习惯的养成。第二,鼓励探索多样的学情调研方法,掌握真实、全面、准确、动态的学生情况,尤其鼓励教师探索在多样化的日常教育教学中了解学情的方法。第三,开发与挖掘典型的基于学情调研结果的教育改进案例。学校要基于学情调研中发现的问题,想出解决办法,从而形成学校的学情调研制度和教育改进制度(见图 1-3)。在学校的学情调研制度中,包括了拟定学情调研计划、实施学情调研过程、呈现学情调研结果和提出教育改进建议;提出改进建议后,进入学校教育改进制度,报告制定教育改进计划、实施教育改进过程、评估教育改进效果,评估未达标的要修正改进计划,再进入新一轮的学情调研改进循环中。

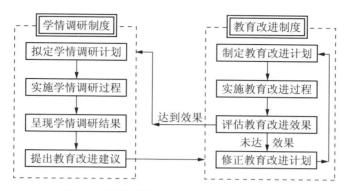

图 1-3　学校学情调研制度和教育改进制度

自学情调研开展以来,区域很多学校都积极参与调研工作,参与调研的学校由33 所增至 43 所。参与调研的学校能够积极利用调研数据,分析问题,寻找对策,进行教育改进。通过学情调研,光明中学发现学校在图书馆运行方面出现了问题,就创造性地提出了"流动图书馆";曹光彪小学基于学生学习需求,利用区域优势,开发了"玩转上海"课程;蓬莱路幼儿园通过"调研—研讨—实践—反思—再实践—再反思"的递进式调研机制,教师得以广泛地收集幼儿参与活动的信息,使"快乐活动"的设计有据可依。

（三）多途径围绕学情调研,落实教育改进

1. 立足校园环境,特设"空间创意设计"专项

早期的学情调研表明,学生对校园环境总体较满意,但也提出在教室学习环境适宜度等方面还存在提升的空间。基于学校教育空间对学生培养过程中不可忽视的作用,教育局不遗余力地为学校创建学生喜欢的教育环境提供经费、政策方面的支持,"学校教育空间创意设计"便是其中的一个重要项目。该项目从尊重儿童视角、倾听童言童心、体现童真童趣出发,鼓励各学校对教育空间环境进行适度开发、改造、整理、利用。如巨鹿一小的"童心屋"、卢湾二中心小学的"绿梦园"、荷花池第二幼儿园的"童梦天空"等项目就极具特色,满足了孩子们对校园生活的美好畅想。

2. 强调资源共享共建,做强课程领导力项目

课程是学校教育教学活动的载体,也是实现学校教育目标的基本保证。据2012 年调研结果显示,仅 67.5% 的学生觉得学校课程是丰富的。因此,我们将创建适合学生发展、满足学生个性化学习需求作为课程改革的落脚点。借助上海市

提升课程领导力项目的整区推进,对学校课程计划、课程开发、课程资源进行整合利用,形成特色课程的共建共享,积极探索做强课程领导力项目的路径与方法。如以项目为载体,组织和创建研究共同体,将黄浦区参与上海市第二轮课程领导力行动研究的项目和参与整区推进的项目进行有序整合。同时,以核心素养引领、立足学校文化指导、为教师参与课程建设提供技术支持等方法来帮助提升学校课程领导力。

3. 深入课堂观察,追求教学公平和学科满意度

学习是学生在校生活的最主要方面,学生学习感受无疑能折射教学的状态。针对学生是否有机会在课堂中发言、参与讨论或上台演示等问题进行调查时,2011年的数据显示,58.4%的学生认为自己有机会参与课堂发言、演示和讨论;学生对学习的情感总体上比较积极,但学习压力感觉偏重,作业较多。为积极回应公平的问题,我们通过研究提炼了课堂教学公平的五个关键要素——机会均等、提供选择、和谐互动、分层教学、多元评价,我们希望每个学生在课堂中都能得到充分的关注,都能根据需要得到教师的个别指导,都能感受到教师的公平对待。

调研表明,一些学科多年处于学生喜欢或不喜欢的前列,引起了我们高度重视,为此,黄浦区教育学院发布学情调研结果,引起了学科教研员的强烈关注。部分学科教研员针对学科受到学生喜欢和不喜欢程度进行了原因分析,同时在学科教研活动设计、学科教师培训等多方面加以改进。

4. 围绕学情调研行动改进,设置院校合作项目

黄浦区教育学院科研室与试点学校共同探讨学校如何借助学情调研进行教学改进工作。2011年,区教院科研室与20所试点学校成立项目组,共研基于学情的教学改进,探讨学校管理、环境、课程建设和课堂教学等方面的调研结果,并依据调研进行教育改进。2017年,区教院科研室组织6所实验学校,立项区域推广项目"基于学情调研的行动改进研究",围绕多年学情调研中发现的问题,共同研究,探讨改进策略和方法。通过点对点跟进、面对面研讨、手牵手前行等机制,实现技术支持和情感融合,力求解决学校调研中存在的问题,助力学校调研机制的自运作。院校合作项目的实施深化与完善了学情调研机制,同时提升了教师调研的意识,加强了行为改进的针对性,学生的成长需求得到了尊重与满足。

5. 关注师生需求导向,设计多元融合师培课程

学情调研中大量数据呈现了师生关系中最为关键的影响因素,学生对教师的

期待及学生在学习过程中需要的各种支持。如问及学生最欣赏和最不喜欢的教师行为有哪些时,连续几次调查的结果均趋同:幽默、耐心宽容和尊重是学生最喜欢的,而拖堂、冤枉学生和不公正则是学生最不喜欢的行为。这些信息成为区域规划教师培训参考的重要信息。为此,黄浦区以师德课程建设为抓手,从 2016 年起特别为新教师度身定制了在尊重学生需求基础上的"职初教师核心能力提升工程",课程建设采取了区域与学校共建的方式,一方面,由区域进行相关课程设计的总体规划;另一方面,从学校层面遴选适宜的校本研修课程在全区推广,以此帮助职初教师树立师德,建立职业认同感。

四、实施成效和反思

（一）实施成效

1. 学生校园环境满意度逐年上升

2011 年,调研显示,学生对学校校园卫生、绿化、噪音和安全的满意度分别为69.1%、78.0%、54.3%和77.3%,2012 年,学生对校园环境总体的满意度为71.2%。经过我区校园空间创意设计项目的落实和持续推进,调研数据显示(图 1-4),学生对学校环境满意度逐年提高,这说明我区学校注重校园环境建设,加强校园美化和设计,获得了学生的认可。

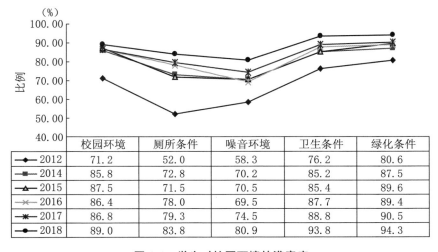

	校园环境	厕所条件	噪音环境	卫生条件	绿化条件
2012	71.2	52.0	58.3	76.2	80.6
2014	85.8	72.8	70.2	85.2	87.5
2015	87.5	71.5	70.5	85.4	89.6
2016	86.4	78.0	69.5	87.7	89.4
2017	86.8	79.3	74.5	88.8	90.5
2018	89.0	83.8	80.9	93.8	94.3

图 1-4　学生对校园环境的满意度

2. 学校课程丰富性和选择性的满意度整体提升

关于课程的丰富性和多样性方面,2012年,67.5%的学生认为学校课程是丰富的,51.9%的学生认为学校课程具有可选择性。经过多年的努力,调研数据表明,学生对学校课程建设的丰富性和可选择性的满意度整体不断得到提升,2018年这两项调研数据分别为91.9%和80.6%,相比2012年满意度已经有了大幅提高。

3. 学生对学校的喜欢程度不断提高

从2009年开始,我区推进"办学生喜欢的学校"相关研究工作,倡导学校做好倾听学生的工作,根据学生的需求进行教育改进,并且每一年对学生喜欢学校程度进行检测。根据图1-5可以看出,学生对班级的喜欢程度整体处于上升趋势,2018年的调研喜欢程度最高。这说明,我区开展的这项研究,在实践推进层面已经取得阶段性的效果,学生对学校的喜欢程度不断得到提高。

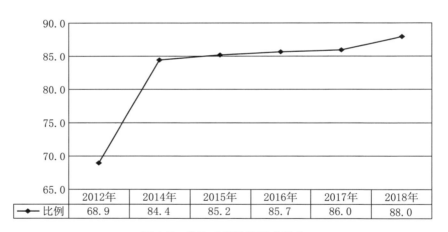

图1-5　学生对学校的喜欢程度

	2012年	2014年	2015年	2016年	2017年	2018年
比例	68.9	84.4	85.2	85.7	86.0	88.0

4. 学生在校学习与生活需求的满意呈现上升趋势

依据马斯洛的需求层次理论,结合学生在校需求的基本现状,根据科学的问卷量表分析技术,我们编制了学生在校学习与生活需求的测试问卷,并从2014年开始,对学生需求满意度现状进行分析。从图1-6可以看出,虽然学生的需求在不同年份有所波动,但整体来看,处于波动上升趋势,这体现了黄浦区的学生需求满意度总体向好的趋势。

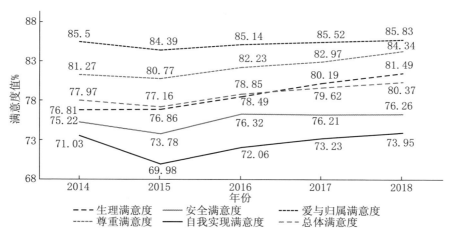

图 1-6　学生在校需求满意度

（二）反思

作为课题研究，将会有结项的时间节点，但是，作为区域办学的常态项目，作为一种工作机制，学情调研工作还将继续深化开展下去，对此我们有以下四点思考：第一，要在学情调研的题目设定方面不断更新完善，这样才能保持每年都会关注当时的热点和重点议题，从而让学情调研能够及时全面掌握区域内对这些问题的看法和观点。第二，要能做好自主开发平台功能优化，保证平台运行的稳定性；完善平台技术，加强学情调研自动分析和处理功能；创新平台功能，加强平台分析功能的可视化效果，支持分析结果的多种图示呈现功能。第三，如果时机成熟，探索进行实名制的学情调研，既能开展长期追踪研究，也能把学情调研结果与学生背景结合开展相关分析。第四，持续推进学校根据学情调研结果开展教育改进工作，让学情调研结果真正变成改善教学的重要源动力。

学生学习研究是黄浦区多年来开展教育研究的一个重要主题。近年来，我们深化学生学习研究，提出"办人民满意的教育，办学生喜欢的学校"的办学理念，特别强调对学生学习情况进行调研。我们相信，通过有效地倾听学生的心声，了解他们的需求，我们的办学理念将会得到真正的落实，从而在区域层面营造一种关爱学生、尊重学生、一切为了学生发展的浓厚教育环境，推进区域教育不断发展。

（上海市黄浦区教育学院　奚晓晶）

第二章

探索现代育人模式

《中国教育现代化 2035》中明确把遵循教育规律,培育人才作为工作目标。为此,在推进教育现代化进程中,做好育人工作,是黄浦教育当前的根本任务。育人模式是育人价值导向的集中体现,是教育经验的高度概括和凝练,探讨的是育人要素以怎样的结构、方式和形式进行组合。随着时代的发展,传统的育人理念和模式需要进行相应的转化、调整乃至变革。

本章从构建"三圈"育人格局、提升学校课程领导力、转变教与学的方式、践行绿色评价等角度呈现区域层面探索现代育人模式构建的策略;同时从学前教育、基础教育、职业教育、终身教育、特殊教育、国际教育等各个方面展现黄浦区面向全体学生、面向学生的全面发展所进行的个性化、多元化的探索。

第一节　构建"三圈"育人格局，实现区域德育一体化

2016年，作为黄浦区教育综合改革项目之一，"构建一体化德育新格局"项目正式启动。我们以社会主义核心价值观教育为重点，以提升黄浦小公民思想道德素养、增强区域德育实效性为目标导向，遵循教育发展规律和学生身心成长规律，围绕业已形成的区域德育工作的特色项目进一步深化探索，整体协作，稳步推进区域德育一体化建设。

一、创建背景

黄浦区是上海的经济、行政、文化中心所在地，是上海的心脏、窗口和名片，是上海的城市原点和交通枢纽。区域内各类经济要素高度集中，都市形态特征鲜明，形成了具有区域特点的未成年人思想道德建设工作基础条件。

一是区域各类育人资源积淀深厚。黄浦区内红色文化、江南文化、海派文化等历史遗迹众多，各类理想信念、政治认同、文化自信等教育资源异常丰富。同时，黄浦教育更是源远流长，积淀丰富，汇集了27所具有百年历史的老校、名校，这些学校基于校史传承与新时代要求，形成了具有特色、可复制和借鉴的德育工作品牌，催生出黄浦教育独特的优势。丰富的校内外育人资源为全面推进未成年人思想道德建设工作打下了坚实的基础，为区域形成"多彩学习"社会实践版图，整体架构学校德育特色课程创造了条件。

二是未成年人思想道德建设工作基础扎实。作为首批"全国未成年人思想道德建设先进区"、本市唯一的"全国心理健康教育示范区"，黄浦区认真贯彻党的十九大、全国教育大会精神，切实落实《中小学德育工作指南》精神，倡导"办学生喜欢

的学校"的理念,着眼于培养担当民族复兴大任的新人目标,落实立德树人的根本任务,不断优化延续 16 年的"文文明明"区域未成年人思想道德建设品牌,基本实现了学校德育资源、校内外育人共同体和各类社会资源与未成年人思想道德建设的"同向同行"。

三是群众对高品质立德树人工作充满期待。黄浦区域百姓整体素养较好,受教育程度普遍较高,随着经济社会的发展,人民群众对接受高质量基础教育的愿望日益强烈,既体现在对更加公平、均衡、多样化、优质化的"上好学"的需求日益高涨,又体现在对未成年人全面发展、健康成长的不断重视,尤其是对于高品质的心理健康教育、家庭教育指导等立德树人工作充满期待。

四是广大青少年健康成长面临严峻挑战。近年来,经济社会的深刻变革、价值观念的日趋多元、互联网技术的迅猛发展,特别是西方资本主义文化的渗透、当前社会上的各种不良示范等,无不影响着孩子们的身心健康。当下的德育工作由于各种原因常常处于"说起来重要,做起来次要"的尴尬境遇,德育在"全人"目标培养中的引领力和融合度不够,学生参与实践体验仍停留在形式上的注重,而实际参与路径的狭窄、方法上的单一,学校与家庭、社会合力育人的机制尚未完全形成等等。这些问题都对我区德育工作的深入开展带来了挑战。

二、思考谋划

在 2018 年全国教育大会上,习近平总书记将劳动教育纳入社会主义建设者和接班人的要求之中,提出"德智体美劳"的总体要求,强调"要努力构建德智体美劳全面培养的教育体系……要把立德树人融入思想道德教育、文化知识教育、社会实践教育各环节"。从中央和国家出台的一系列文件可见,其核心要义就是坚持马克思主义关于人的全面发展思想。人的素质是一个整体,它需要系统整体的教育来培养和支撑,而德育对其他诸项素质的发展起着动力、导向和保证作用。

心理学家布朗芬·布伦纳提出的生态系统理论认为个人的发展受到微观系统、中间系统、外层系统和宏观系统的共同影响,这些环境组成一个层层镶嵌的多元系统。他特别强调:青少年是在环境的系统作用中逐渐成长的;环境与环境之间也会相互影响,而不是孤立地对青少年产生作用;要以发展的、动态的视角看待青少年身心发展的特点与需求。现有的研究也得出了这样一致的结论:在学校、家庭、社区三方教育场所中，任何一方出现问题，都会对青少年的身心发展带来不利影响。而随着虚拟网络的高速发展以及与生活的无缝衔接，青少年身心发展的环境与影响因素则更为复杂。所以，如果我们能够通过机制和措施作用于家庭、学校、社区等环境中，并进一步使这些环境产生良性互动，将会促进个体的优化发展。

此外，生态系统强调对特定环境和区域内的构成要素及资源进行合理配置，优化各种关系，以使整体功能获得最大限度地发挥。教育生态系统是社会生态系统中的一个重要子系统，一方面它以其他子系统为自身发展的环境，另一方面它本身又作为生态主体人的社会环境。可见构成教育生态系统的要素十分多元并存在差异，需要协调与平衡各个利益相关者之间的关系和布局。因此，学校教育、家庭教育、社会教育作为教育生态系统和谐运作的主导力量，有必要在营造各自良好育人生态环境的同时，着力构建有机结合的一体化教育网络，并不断地进行调适，优化共同体的制度，加强教育内外的互动与衔接，进而增强系统内的生命活力。

根据以上观点，我们以 2016 年区域整体推进教育综合改革工作为契机，以培育和践行社会主义核心价值观为重点内容，着眼于黄浦青少年爱国、励志、向善、力行等道德品行的提升，结合区情、校情和生情，从系统的角度审视、规划，提出了构建"三圈"，实现区域德育一体化的布局，以人（各个环境中的主体）为本、协调发展（环境与环境、人与环境），并且要以系统的、动态的观点来看待环境和人的变化与互动。即"内圈"聚焦核心价值观课程的整体构建，实现学校德育课程资源的一体化；"中圈"聚焦各类未成年人社会实践资源的有效整合，作为"内圈"课程建设的有力支撑，实现区域校内外教育资源的一体化；"外圈"聚焦青少年成长环境的和谐营造，作为"内圈"课程建设的延伸，"中圈"资源开放和升级的后援力量，实现区域未成年人思想道德建设工作的一体化，最终形成"文文明明幸福行"区域未成年人思想道德建设品牌的大格局。

三、实践路径

（一）内圈：核心价值观课程建设，实现学校德育课程资源一体化

我们以学校思政课（德育课）建设和学校德育特色课程体系建设为重点，守好

"主阵地"、筑牢"灌溉渠",形成育人合力;以各学科融入社会主义核心价值观教育为要求,深耕各自的"责任田",发挥学科育人的最大效益,努力实现思政课(德育课)、德育特色课以及学科德育的"同向同行"。

1. 实施思政课(德育课)"五项行动"

我们积极探索思政课建设的"黄浦模式",区教育局专门出台了《黄浦区教育局关于进一步加强道德与法治课、思想政治课建设的方案》,全面实施区域思政课"五项行动",即思政助力师德师风建设行动、中小幼思政一体化教育行动、思政课堂教学深化研究行动、思政课教师队伍发展行动以及课程思政融合协同育人行动,上好立德树人关键一课。深入推进德研、教研协同机制,聚焦学科德育有机融合,把握学科育德内容的适切性,探寻学科育德方法的针对性,深入挖掘各类课程的思政教育资源,实现"育德"和"育智"互促共进,着力将立德树人落实于课堂教学的主渠道之中。高中学段形成了以光明中学"习近平新时代中国特色社会主义思想理论学习社团"、格致中学"致学社"等为代表的学生理论学习社团;初中、小学依托"多彩学习"海派社会实践版图,形成了多门馆校合作特色课程,不断激发学生自主探究、同伴互助的学习主动性。

2. 推进学校德育特色课程体系建设

(1)科学设计。我们以科研为引领,深入推进区域德育品牌"文文明明幸福行"系列主题教育活动的课程化实施。倡导课程德育的思想,依据上海市确立的大中小一体化德育内容"政治认同、国家意识、文化自信、人格养成"的框架,顺应黄浦学生成长需求,系统架构了黄浦区德育特色课程内容序列:党的领导、科学理论、理想信念;家国情怀、社会责任、世界眼光;文化积淀、人文情怀、时代精神;明理守法、美德传承、积极成长 12 个模块。纵向上根据学生不同阶段的身心特点和认知水平,有序衔接;横向上关涉学校、家庭、社会等学生生活的三个维度,使社会主义核心价值观教育落实、落细、落小。

(2)共建共享。我们打破学校边界,整合专业机构、学校、社会等多元主体力量,合作开发形成与各内容模块相匹配的系列化德育特色课程,并通过建立健全课程共享机制,实现区域内全方位德育特色课程的共建共享。如,由区域和学校共同开发的"校史寻源"课程,借助视频和微信小程序,为学生营造了互动的参观环境,使百年学校文化得到了弘扬和传播;又如,由社会力量与区域、学校开发的网络课程"顾老师讲红色故事"系列。许多学校不是简单的"拿来主义",而是依据校情学情进行了转化应用,在共享共建中丰富了校本德育课程的建设。

(3)推广展示。我们既强化课程建设理念的先进性,也重视实施过程的可持续性。为此,我们依托区德育年会辐射课程建设共享经验和成果,还构建了"文文明明幸福行"和"德润人心·启航未来"两大共享网络平台,用于德育特色课程资源共享、师生互动交流、课程成果展示,从而让区域的优质课程惠及更多的师生。

(二)中圈:"多彩学习"实践版图构画,实现区域校内外教育资源一体化

课程体系的构建,需要资源和载体,唯有这样,才能为学生架好道德学习与当下生活密切相连的桥梁。为此,我们倡导"积极成长"理念,着眼学生全面而有个性的发展,发掘、整合区域内丰富的育人资源,全力打造"多彩学习"海派文化实践体验版图,形成了"赤橙黄绿——多彩学习实践体验版图",即"红色"爱国主义教育基地、"橙色"金融财商教育基地、"蓝色"优秀文化传习教育基地、"绿色"科技环保教育基地,推动了校外教育、学生社会实践的"和谐共振"。

1. 升级"社会实践护照"

我们将"多彩学习"实践版图融入实施12年之久的《黄浦区学生社会实践护照》(下简称"护照")之中,整合区教育学院各学科教研员、基层优秀学科教师以及实践基地工作人员的力量,研发学习任务单,联通课内课外的学习,每年还会根据实际情况进行扩容与改版。目前"护照"涵盖学前、小学、初中、高中四个学段:小学版提供"亲子活动小贴士",涉及参观前、中、后的安全提示及学习指导;初中版对接初中学生综合素质评价的要求,学习任务分为"社会考察""职业体验""安全实训"和"微考察报告指南"四个部分;高中版进一步丰富了"研究报告选题指南",使得"护照之旅"成了一场带着任务去参观、带着课题去寻访的"深度游"。

2. 联通"区域德育特色课程"

我们依据"护照"中40个基地教育内容的不同,与区域12个德育内容板块进行了深度对接,开发了"四色课程",如"红色"主题课程,以"顾老师讲红色故事""红色移动课堂"等课程等为代表;"蓝色"主题课程,以区域非遗课程群为代表。同步还形成了多条主题线路,如:对接区本课程"文化认同"板块的"海派人文"和"艺术时尚"线路;对接区本课程"家国情怀"板块的"经典寻访"和"先辈印记"线路等。这些课程为广大未成年人提供了参观寻访、课题研究、志愿服务、公益活动、文化传习、职业体验、体育健身、素质拓展、仪式教育等多样实践路径,不仅满足学生体验学习的需要,还引导学生形成积极主动的人生态度,树立正确的价值观。

（三）外圈：幸福成长环境优化，实现全区未成年人工作支持系统一体化

"内圈"的有效融合，"中圈"的科学统整，以及两者间的良性互动，都离不开学生成长的外部环境，此外我们也必须考虑学生内在心理环境的和谐。因此，我们积极寻求社会力量的支持，持续优化"外圈"，形成了家庭教育指导网络、心理健康教育网络、社区"三结合"教育网络等三大网络，确保学校、家庭、社会的协同共进。

1. 完善家庭教育指导网络

健全区级家庭教育指导中心，致力家长培训课程的开发与实施，着力家庭教育指导者专业素养的提升。推出"家长慕课"线上家庭教育课程；面向初中开设"青春期家庭教育指导团体活动课"；指导学校建设家长学校课程，形成了蓬莱路第二小学的"小镇父母成长营"校本家庭教育课程、黄浦区教育学院附属中山学校开设的"同心圆讲堂"以及商贸旅游学校的"和乐"家长学校课程等一系列有代表性的优秀家长学校课程。同时，全区所有中小学建立起了校级、年级、班级三级家长委员会，确立了家长委员会和学校同步建立、同步发展的模式，形成了以向明初级中学"常乐藤"家校联盟、卢湾三中心小学"三心家长工作坊"为代表的优秀家委会组织形式。

2. 夯实心理健康教育网络

优化"蜻蜓心天地"黄浦区未成年人心理健康辅导中心。中心下设四个分中心，形成了"区中心—分中心—社区咨询点（学校心理辅导室）"三级网络。纵向布局，依托上海学生心理健康教育发展中心、市家庭教育指导中心、本市高校、区卫计委等相关单位的专业支撑；横向整合，通过 365 天 24 小时提供倾听热线和一对一面询服务；面向全区中小学生、家长，全市教师，开展心理健康教育、家庭教育指导和教师心理成长培训。"中心"先后修订了"黄浦区未成年人心理健康辅导中心服务规范""倾听热线"服务须知与工作管理规范、"蜻蜓心天地"区未成年人心理健康辅导中心危机干预管理体系等，确保心理健康教育的科学规范。

3. 筑牢社区"三结合"教育网络

一是建立"社区教育委员会"。促进各街道社区学校与辖区内中小学这两个工作平台的互动，充分发挥学校的主阵地作用，公办学校（即市民学习基地）直接为辖区内的市民提供家庭教育讲座、咨询、亲子课程等服务。二是发挥区社区学院的作用，面向街道社区学校教师、街道社工、公办学校（市民学习基地）的骨干教师及家委会主任各类人群，分批分层地实施培训计划。三是建成市区两级学生社区实践

指导站,为学生参与社会实践、志愿服务(公益劳动)、文化传习、安全实训、人文修身等活动提供支持。

当然,人是"三圈"构建中的关键因素。一方面,我们提倡把德育的全过程还给学生,充分发挥学生在教育活动中的主体积极性;另一方面,我们建章立制,搭建平台,着力提升"教育人"的专业素养。推动形成人创造一定的生态环境,又通过一定的生态环境去影响人的良性互动的教育生态。

四、未来方向

"三圈"的打造和优化,为营造和谐的教育生态环境,实现德育一体化,增强德育工作的有效性提供了有力的支撑,呈现了跨领域合作、多部门协力的可喜局面。

我区中小学德育特色课程一体化构建初见成效,由区、校两级开发并在区域层面推广的课程约120门,经评估在校际间共享的课程约20门,在共享中共建共育,为学生道德学习提供了多样的选择。随着校内外教育资源的不断挖掘和盘整,打通课堂内外、人手一本、满足不同学段学生发展需求的"社会实践护照"为黄浦学生了解社会、学以致用、感悟责任提供了载体和路径。目前,我区立足"三位一体"育人机制的建设,基本形成了区委区政府直接分管领导的"黄浦区学习型社会建设与终身教育促进委员会"、街道层面的"社区教育委员会"和学校层面的家长委员会的三级架构,呈现了"需求导向、三位一体、三级联动、合力育心"的良好氛围。我区德育工作亦硕果累累。向明中学等四家单位获评"上海市未成年人思想道德建设先进单位";"蜻蜓心天地"区未成年人心理健康辅导中心被评为首批市级心理健康教育示范中心,卢湾高级中学获评全国心理健康教育示范校;胡乔翔等7名学生获评上海市"十佳"和"百优"美德少年;上海市第十中学三位学生帮助路人,被评为"黄浦好人"。

加强和改进未成年人思想道德建设,落实社会主义核心价值观是一项长期而艰巨的系统工程。面对新时代、新要求,和谐"三圈"的打造亦是一个动态发展的过程,需要在不断地优化中构建更好的模式,而它的出发点和落脚点依然在人的全面又可持续发展上。为此,下阶段我们将在两个方面做进一步的探索:一是以深入五育并举为主要抓手,进一步建好区德育特色课程体系,不断优化"三圈"的运行模式,促进三者之间的良性互动,为学生的发展提供"更适合的课程";二是继续探索从生态的视角优化教育资源配置的方法手段,合力建设校内外育人共同体,为学生的成才提供"更合适的教育"。

(上海市黄浦区教育学院 李 峻)

第二节 建设特色课程,提升学校课程领导力

课程改革是黄浦区推进教育综合改革的重要组成部分。为此,我们开展了"区域推进中小学特色课程建设的实践研究",通过搭建区、校等多层面课程改革互动的平台,探寻区域推进提升学校课程领导力的有效举措,促进全区中小学(幼儿园)学校课程的内涵提升和均衡发展,有效落实教育综合改革。

一、背景与意义

(一)推进教育综合改革需要在课程建设上有突破

党的十八大报告明确提出要"努力办好人民满意的教育",将教育问题放在民生问题之首。学校要让学生喜欢,课程是关键。综合国内外课程改革的发展状况,我们认识到:增加选修课程是中小学课程发展的主要方向,发展多样化课程是上海市课程改革的诉求,特色课程建设是"办学生喜欢的学校"的重要途径,也是满足学生课程选择学习的需要。

黄浦区地处上海市中心,学生的家庭背景、兴趣特长差异很大,学生对于学校开设的课程种类、课程内容和课程实施方式呈现出多元化、个性化的特点。为满足学生学习的需要,针对学生对课程的需求,就要从整体提升区域课程建设水平的高度来规划与推进学校课程建设,通过充分利用差异化的课程资源,打破学校围墙,服务于全区中小学每位学生的课程需求,设法为全区学生和教师提供优质的课程资源,以此服务于学校的多样化和均衡发展,为让学生获得"教育公平"提供必要的支持与保障。

(二)扎根实践的课程领导力提升

课程领导的独特魅力源于它在实践中的影响力。扎根学校教育实践,是课程与教学改革的必然选择,也是最终归属。课程领导只有在学校教育实践中才能焕

发活力。为了满足学生个性、兴趣、潜能的发展需求,要求学校课程的多样性与开放性,要求学校提供多水平、多层次的课程定位以及多维度、多方向的课程选择。提升课程领导力的具体实践,就是一个不断沉淀、扬弃和自我更新的过程,学校在这样的探索、实践过程中,能以课程领导力助推课程建设,以课程建设来滋养领导力。基于上述理解,黄浦区在推进教育综合改革的实践中,以特色课程建设为抓手,引领学校在课程规划、学科教学计划、校本课程方案和纲要等方面的设计力,对学校文本的课程、教师理解的课程的执行力,对学校课程教学实践审视、反思的评价力等方面开展探索与实践,在课程建设的实践中提升学校的课程领导力。

二、思考与认识

（一）特色课程与区域推进课程领导的诠释

何谓特色课程? 特色课程就是以先进的课程改革思想为指导,从师生的实际需求和兴趣特长出发,在长期的教育教学实践中逐步形成独特的、优质的、典型的课程群。特色课程有着"特需、特别、特点、特强"等外显特征(见图2-1)。

图 2-1　特色课程的四个外显特征

区域推进课程领导主要是指以区域整体形式来推进学校课程领导力,它有别于"一校一领导"的范式,是集团化、兵团式作战思想的应用,其优势是力量集中、协同作战、成效显著。而将其应用于特色课程的开发,其主要的作用有:能打造出有别于其他课程的与众不同的特征品质;能体现某一地区或者学校的办学特色,或者是某一种教学理念的典型代表;能具有超前意识及可持续的发展;能将长期教育实验和教育科研探索的成果进行有效转化;能充分满足学生个性发展的实际需求。因此,以特色课程开发为抓手,将成为区域推进课程领导的强引擎。

(二)研究的主要方法

主要研究方法有文献研究法(对部分发达国家选修课设置、对课程的属性、功能等进行了文献研究)、调查研究法(调查教师对特色课程的理解与认识、调查全区中小学现有的特色课程资源、调查研究影响学生喜欢课程的要素)、个案研究法(对学校课程模式、科目设计、科目实施及相关课程的共享探索等)、经验总结法(区域培育特色课程的实践经验、区域推进课程共建共享的经验等)。

(三)研究的主要过程

研究与实践过程分为 5 个阶段(见图 2-2):

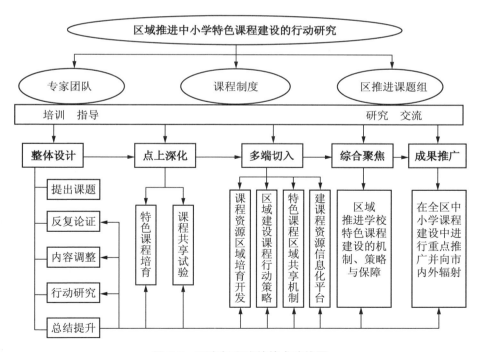

图 2-2　研究与实践的技术路线图

第一阶段是理论吸收与个案培育。开展了课程理论学习,吸收消化为区域本土化的课程实践指南,培育学校课程建设个案。

第二阶段是课题聚焦与整体构思。分析全区各校课程建设基础,文献研究汇总,调研学校课程实施计划的编制和实施情况,总结分析全区中小学课程建设的现状。

第三阶段是专题培训与推进试点。进行课程设计的培育与指导,开展"特色课程开发的7项核心技术"教师专题培训;选择特色课程共享试验学校,开始特色课程共享试验。

第四阶段是全面推进与多端切入。举行"特色课程建设的建议""特色课程共享机制"等专项研究活动,向全区各中小学推广。

第五阶段是经验提炼与面上辐射。制定"黄浦区中小学特色课程建设的十条建议"等制度文本,作为区优秀科研成果,向全区中小学进行了特色课程的成果推广。本研究作为上海市教学成果奖一等奖,连续7年在由上海市教科院普教所举办的"引擎计划"专题课程论坛上作主旨交流,向全市各区进行了经验辐射。2016年11月在黄浦区举办了"突破边界——全国中小学课程改革研讨会",将课程建设经验辐射到了全国。

三、实践与探索

（一）主要观点

1. 特色课程是学生和教师的个性化经历与经验

特色课程首先是学生特别需要的学习生活经历;其次是学校独特课程哲学引领下建构的,具有独特性和优质性等基本特征的育人载体;第三是学校独特课程资源,如文化资源、场馆资源和教师资源等共同作用,对学生多元发展和个性化发展产生特别的适应性;第四是学校所实施的课程在社会上产生特别大的影响力。它既可以是一门单独的课程,也可以是多个科目共同链接成一个系列的课程群,更可以是一个复杂交错、相互关联、目标明确的课程体系。不论属于哪一种形态,这些课程都具备一个共同特点,就是能够为学生提供个性化的学习经历和学习经验。

2. 特色课程建设需要在"规范"前提下"创新"

特色课程建设首先要"规范",要符合"立德树人"基本要求和各级课程政策,依据《上海市中小学课程实施方案》等文件的要求,建设学生喜欢的特色课程,落实学校的育人目标、发展学生的基础、培养学生的主体意识、完善学生的认知结构、拓宽学生的学习渠道、改善学生的学习方式、提高学生的自我管理和选择学习能力、形成学生的自我发展和持续发展的方向。不断创新学校的课程内容结构和课程实施评价方式,重视并加强课程的整体设计,编写学校特色课程实施方案,充分考虑学生的实际需求,具有明确的指导思想、活动目标、内容框架、教学与评价要求,尤其要重视情感态度与价值观、过程与方法目标的设计。这些要求将作为特色课程建设实践的理论依据和指导思想。

3. 特色课程建设是提升学校课程领导力的"桥梁"

学校课程领导力主要体现在对学校课程的前瞻性思考、系统设计、有效实施和绿色评价等方面,以国际前沿视角思考学生的学习需求,整体设计与创新课程结构,选择适合学生的课堂教学方式,为学生提供丰富的学习经历与学习选择。实践证明,全区 69 所中小学在特色课程建设中均呈现不同程度的实践创新,凸显学校和教师在特色课程建设中的领导力,如师专附小的"智立方"课程体系、中华路第三小学的"百草园课程"、大同中学的"CIE"课程、卢湾中学的"无边界课程"、蓬莱路第二小学的"蓬莱小镇"课程等,无不彰显出学校的独特育人目标。

4. 区域推进特色课程建设需要制度保障

课程建设需要有相关的制度作保障。我们颁布了《推进学校课程建设的 10 条建议》,从课程规划、课程建设、课程实施、课程管理、课程评价及教师培训等方面做了具体的规定。指导教师运用《特色课程开发的 7 项技术》进行课程的开发与设计,提高了学校开发课程的科学性、规范性与实效性。

(二)实施策略

1. 提出学校课程建设的区域性指导意见

从学校课程方案的研制、课程资源的利用到特色课程的设计、实施、评价、研修、审核、共享、保障以及特色学科的建设等 10 个方面提出了具体的要求(见表 2-1),从制度层面保障了特色课程建设的实施。形成了如学校课程建设的区域性指导意见;对学校课程计划进行系统研究与指导;传播课程资源的整合与利用的典型经验;区域整体创建课程资源共享的平台;实施区校两级审核特色课程的制度等策略等,提升学校的办学特色,促进学校的内涵发展。

表 2-1　特色课程研制十项要求

1. 关于学校课程规划的编制	6. 关于特色学科的建设
2. 关于课程资源的利用	7. 关于特色课程的研修
3. 关于特色课程的设计	8. 关于特色课程的审核
4. 关于特色课程的实施	9. 关于特色课程的共享
5. 关于特色课程的评价	10. 关于特色课程的保障

2. 对学校课程计划进行系统研究与指导

经过培训、编制、修改等阶段,前后开展了两轮学校课程计划研制交流活动,各中小学的课程计划既有年度计划,又有对上一年度计划执行情况的总结,体现了课程计划对学校课程执行的指导性。涌现出各具特色的学校课程,如格致中学让学生在"课程群"中选择适合自己的课程;上海市实验小学让学生在开放式环境中选择课程;上外附属大境中学的 IMMEX 评价让学生成为课程评价的主角。

3. 传播课程资源的整合与利用的典型经验

学校充分利用社区、家长等资源,开展具有在地文化特征的课程建设,如上海市尚文中学利用科普教育资源开展自主学习;黄浦区梅溪小学利用学校文化资源开展合作学习;黄浦区南京东路幼儿园利用社区和家长资源开展体验学习。

4. 区域整体创建课程资源共享的平台

将学校的特色课程纳入区域共享课程范围,让学生能通过网上平台共享特色课程,促进课程共享平台的进一步应用。以建立区域共享保障机制为重点,围绕特色课程培育、共享试验、课程实施、教学研究和共享经费保障等方面进行了初步探索。

5. 实施区校两级特色课程的审核制度

通过组建校本课程的审核委员会,加强校本课程建设过程中的课程审核工作,并颁布了《黄浦区中小学特色课程的申报条件与管理办法》。在区域课程领导力行动研究中,通过"指导课程资源开发、促进课程资源信息化、营造课程建设的区域环境"等多端切入,使得优质课程资源超越围墙限制,服务更多的教师,增加学生的选择时空,在共享实践中不断提升了学校的课程品质和教师的课程建设能力(见图 2-3)。

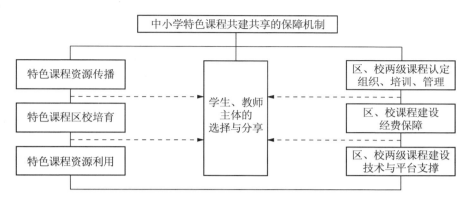

图 2-3 区域推进特色课程建设的保障机制

四、成效与反思

（一）取得的主要成效

自研究工作开展以来，我们采取"点线面"相结合的方式，在部分学校进行试验，例如在大同中学、敬业初级中学、蓬莱路二小等学校推广特色课程体系建设，推进特色课程科目开发。实践证明，特色课程建设理论与实践策略能够大大加快学校特色课程建设的进程，大大提升学校特色课程建设的效率，其推广价值在中小学特色课程建设过程中得到充分显现。

1. 提高了学校课程开发与实施的科学性、规范性与实效性

区域推进特色课程建设的相关制度被各校广泛接受，提升了学校课程领导力。提出了科目设计要从科目名称、科目开发背景、科目目标、科目内容框架、科目实施、科目评价和科目特色与创新七个方面进行，课程实施要有审核与评估。教师对学校课程建设的问题解决路径越来越清晰，教师自觉应用特色课程开发与培育的技术来提升校本课程品质。

2. 丰富了学校的特色课程资源，推进了区域课程共享

通过区域共享平台，促进了特色课程的区域化共享推进，为不同学校不同文化背景的学生提供了平等的学习机会，满足了现有条件下学生的发展需要，加快了中小学课程改革的步伐。在两届上海市中小学校本课程展示活动中，黄浦区举办了"特色课程建设"专题的专场论坛和特色课程的集中专场展示，在全市产生较大影

响。举办全市"区域推进中小学特色课程实践研究"课题报告现场会,全市 200 多名校长和教师出席了活动,《中国教师报》《上海教育》等报刊报道了黄浦区特色课程建设的成果。

3. 建构了"区域推进学校特色课程建设"的操作要求

制定了学校课程实践的区域保障制度,为区域推进学校课程开发与实施、丰富学校课程方面起到了示范引领作用。直接参与特色课程共享的学校数量增加;直接参与特色课程开发的教师增多,教学质量也显著提高;学生可以选择的课程种类、数量和个性化的课程都显著增多。

4. 特色课程内容及实施方式成为学生最喜欢的一种选择

在区域推进特色课程实践研究中梳理出学生喜欢课程所涵盖的要素,主要有:贴近日常生活,可以自由参与实践与探索,能提高个人气质与修养,建立社会责任感,展现个人才能。并由此将"体验性、活动性、合作性、探究性"作为评选特色课程的具体指标,丰富的课程为学生提供了情境化的参与环境和丰富的资源。

(二)对后续研究的思考

特色课程建设促进了学校课程领导力的提升。后续如何在课程教学中更好地贯彻与落实"机制"与"政策",为学生提供更多的课程选择,满足学生成长的需要,让更多的学校和师生从中受益,还需要我们继续努力实践与探索。

1. 进一步推进学校围绕育人目标和办学理念,开展特色课程建设

以学生发展核心素养和关键能力发展为依据,以学校课程规划的编制为抓手,促进学校进一步梳理学校文化及其在学生多元发展中的地位与作用,深入分析学校的育人目标、办学理念与本校学生发展需求间的统一性,进一步彰显特色课程背后的教育思想和育人价值。

2. 进一步推进学校基础型课程的校本化,形成系统性的学校课程体系

继续在区域推进机制作用下,扩大国家课程校本化实施的实践与探索,挖掘典型的实施案例,并从中提炼国家课程校本化实施的经验与做法,深化研究学校课程目标、结构、实施与评价的一致性和关联性,促进学校课程体系进一步完善。

3. 进一步创设特色课程共享途径与方法,满足学生对特色课程选择需求

学生对特色课程的选择与需求,随着新老学生的交替,始终处在动态的变化中,为此要经常研究学生对课程的需求,研究学生喜欢的课程教学方式,进一步拓展区域特色课程共享途径,让丰富多彩的特色课程被更多学生认知,被更多学生选

择,让特色课程引领更多学生的个性化成长。

（上海市黄浦区教育学院　邢至晖）

第三节　优化教学方式,激发课堂活力

近年来,黄浦区各级学校以"办学生喜欢的学校"为指向,深入推进课程与教学改革,取得了较好的成绩和阶段性成果。区域整体推进教育综合改革更是给了我们挑战的契机,在如何优化教学方式,真正落实学生的主体地位,促进学生核心素养的培育等方面,我们有了更多的思考和探索。

一、思考与认识

2014 年 3 月,教育部印发的《关于全面深化课程改革　落实立德树人根本任务的意见》中,"核心素养"被置于深化课程改革、落实立德树人目标的基础地位。2016 年 9 月,《中国学生发展核心素养》发布,核心素养成为基础教育课程改革进一步深化的聚焦点。2018 年 1 月,教育部印发了《普通高中课程方案和语文等学科课程标准(2017 年版)》,首次提出各学科核心素养,明确了学生在学科学习中应养成的正确价值观、必备品格和关键能力,核心素养不再是宏观概念,而是与教学有机结合,落到了实处。2019 年 6 月 23 日,《中共中央国务院关于深化教育教学改革全面提高义务教育质量的意见》指出:"优化教学方式。坚持教学相长,注重启发式、互动式、探究式教学……引导学生主动思考、积极提问、自主探究。融合运用传统与现代技术手段,重视情境教学;探索基于学科的课程综合化教学,开展研究型、项目化、合作式学习"。

新时代对学校教育提出了新的要求,为促进学生核心素养培育,亟须打破传统课堂中教学模式、方法、内容等诸要素的割裂状态,以生态、整合、创造的过程思想整合教学模式、方法及课程内容,实现彼此之间的相互关联、相互影响及相互渗透,促进课堂教学整体变革的发生,推动教育的内生发展。

（一）转换教学模式:课堂教学变革的着力点

传统的教学模式已无法满足培养高素质创造性人才的需要,容易导致课堂教学的故步自封、创新匮乏,重教轻学、重灌输轻探究,不能促进学生的可持续发展,因此亟须转换教学模式。课堂的首要任务不是由老师讲授精确的学科知识,而是应提出并围绕重要且关键的问题鼓励学生发挥个体的想象力和探究能力,引导学生经历知识发现的过程,通过不断地思考、提问、讨论和探究生成个体对知识的整体描述和对世界的感知,同时产生进一步学习的渴望。在此过程中,教师是学生学习的促进者,帮助学生获取信息、形成思想、把握技能、训练思维方式和表达方式,发现学习中的问题以及为学生搭建解决问题的"脚手架"是教师的重要任务。

（二）改变学习方式:课堂教学变革的立足点

课堂教学的关键要立足于促使学生积极主动地学习,因此,教学模式转换的同时必然伴随学生学习方式的变革。学习方式是"学生在学习过程中为达到某种学习目标而采取的作用于特定学习对象（学习内容）的具体路径"①。学习方式的选择在很大程度上影响学生知识学习的效果以及素养的达成。未来教育是重视学生的伦理、品格和公民意识的教育,只限于知识学习的传统课堂教学已不能适应人才培养的需求,未来3～5年,混合学习、STEAM学习、合作学习将成为学习的主要方式,学生从知识的消费者向知识的创造者转变将成为趋势。②

（三）设计"课程活动":课堂教学变革的生长点

教学模式与学习方式的选择和课程内容密切相关。让课堂教学变革落地,作为教师需积极设计并优化课程内容及课程活动。通过课程内容整合学生个体身心的发展,实现知识多方面、多角度的联系;通过课程活动引导学生进行探究和合作学习,培养学生的综合素养、唤醒学生发展的多种可能性。

总之,转变教学方式就是要改变那些不利于学生成长、不合乎时代需要的教学行为和相应的思维方式与态度,调整师生教学活动的整体结构,使教学活动能够更有效地促进学生的发展和教师的提高,更有效地达成全面育人的目标。③

正是基于上述的理论支撑,黄浦区坚持以"促进学生全面而有个性的终生发展,创造适合学生发展的教育"的核心理念为指导,聚焦教学方式的变革,构建中学课程教学质量保障体系,努力创办优质均衡的基础教育。

---

① 陈佑清.教学论新编[M].北京:人民教育出版社,2011:226.
② 时晓玲.共享教育将引发学习方式变革[N].中国教育报,2017-7-5(3).
③ 温恒福.论教学方式的改变[J].中国教育学刊,2002,12(6).

二、实践与探索

我们结合区域的特点,聚焦课堂理念、教学方式、技术应用和学习评价的变革,探索教学方式的转变,构建高效课堂,实践全面育人,形成区域特色。

(一)课堂理念变革,使教学回归本质

华东师范大学崔允漷教授在《指向学科核心素养的教学即让学科教育"回家"》一文中指出,要让教学"回家",就要建立学科素养目标体系,明确"家在何处";把深度学习设计出来,让真实学习真正发生;采用大单元备课,提升教学设计的站位;将教材内容进行教学化处理,以实现教学内容的有趣、有用、有意义;探索与新目标匹配的学科典型学习方式;实施教学评一致的教学,让核心素养"落地"。[①]

黄浦区课堂教学实践的"学科核心素养的目标指向""单元整体意识的教学设计""基于问题的教学内容建构""基于素养的项目化学习""课堂教学中的关键事件分析"等,都充分体现了我区教师课堂教学理念的转变。学科素养、创新精神、实践能力和个性发展,逐渐成为黄浦区课堂教学的聚焦点,一个更为动态的、开放性的课堂正在生成。

例如,黄浦区区域品牌类推广项目"指向学科核心素养的课堂改进"就是由区教研室采用院校合作的方式重点在本区部分学校进行推广,并逐步向全区辐射。小学和初中段聚焦"课堂教学中教育公平问题研究",分别确定试点校,组建语文、数学、英语、音乐、美术和劳技等学科推广组从三个方面进行推广:一是提供选择的教学策略——提供自主性的学习方式,满足不同学生的学习体验需求;二是课堂教学中实现和谐互动的策略——凸显教学方式的转变,倡导"互动教学";三是基于差异的分层教学操作策略——引导学生进入与"差异"对应的"最近发展区"。在对原有成果认真学习和深入理解的基础上,聚焦学生学业发展、学科教学质量提升,取得了阶段性推广的成效。

(二)教学方式变革,打造高效的课堂

课堂是培养学生综合学力的主渠道,课堂教学效益的优劣,不仅关系着知识的传递,更影响到每一个学生思维品质的提升。探索有效教学方法是教学方式变革

---

① 崔允漷.指向学科核心素养的教学即让学科教育"回家"[J].基础教育课程,2019(3).

的路径之一。为此,黄浦区根据各学科教学特点,探索了"情境教学法""问题教学法""思维教学法""主题教学法""实验教学法""史料教学法""实践教学法"等教学方法的实施策略。

各学科通过单元教学、项目化学习、设计问题、创设情境、创新实验、分析材料,在教学中引导学生在寻求、探索解决问题的思维活动中,掌握知识、发展智力、培养技能,进而培养学生自己发现问题、分析问题和解决问题的能力;创设基于生活、体现学科特点、内含问题的、有价值的生活情境、问题情境、任务情境等,引导学生准确把握学习内容、帮助学生实现知识的迁移和运用,激发学习的兴趣,并引起情感的共鸣,大大提高课堂教学的效益。例如,化学学科运用情境教学法,根据教学内容有目的地在教学过程中引入一些生动具体的场景,在加强学生体验的同时,进一步帮助学生理解教学内容,激发学生兴趣,丰富教学内容,促进知识内化,为培育化学学科的核心素养打下基础;历史学科则充分利用场馆资源作为课外实践课程、参观考察活动的重要载体,不仅丰富了学生的历史底蕴,还给学生带来了独特的活动体验。

(三)技术应用变革,丰富教学的多样性

教学手段现代化是课堂教学变革的必由之路,同时也是课堂教学变革的突破口。技术的应用,为提高教与学活动的效率提供了更广阔的舞台和更丰富的多样性。进入信息时代后,更多新兴技术和设备的运用,以及互联网络的日益完善,已经在深刻影响并改变着我区学生的学习方式,这也促使我区广大教师不断审视自己的教学,课堂单一的教学形态已被悄悄打破,涌现出一批像黄浦区卢湾第一中心小学的"云课堂"教学的"上海市教育信息化应用标杆培育校"。

我们还以"一师一优课、一课一名师"活动为抓手,促进教师利用信息技术在中小学课堂教学中的有效应用和深度融合。在"优课"准备过程中,将信息技术有效融入课堂成为大家关注的焦点——电子黑板将传统黑板与现代多媒体技术有效融合,实现了教与学的互动;数字传感器及 TI 手持技术在实验教学中的运用,有助于从根本上改变传统的教学结构和模式,培养学生的创新精神和实践能力;人工智能促进了教学环境的深刻改变,丰富了教学内容,加速了学生学习方式的转变……借助"一师一优课,一课一名师"活动,区域教师的专业素养得到了进一步的提升,不但夯实了学科专业底蕴,而且推动教师在课堂教学中更好地融入信息技术,创新课堂形式,教学方式变得更为开放多元,学生的学习空间也变得更为广阔,学习经历更为丰富。

（四）学习评价变革，促进多元个性发展

评价方式的变革是必然的趋势。我们通过"多元评价"，特别是"表现性评价"的实践，由终结性评价转型为过程性评价与诊断式评价相结合，由单一评价方式转型为多元评价方式，全方位为学生提供有指导意义、具有成长指向性的评价，为其未来发展助力。例如，上海市实验小学、黄浦区第一中心小学等学校开展了"基于标准的小学英语表现性评价的实践与研究"的有益探索。

基于课堂教学的日常评价离不开作业的设计，认真分析教材，合理设计作业，采用多种方式方法准确地作出评价，既能促进学生对知识的掌握，又能提高技能水平，培养学生的创新精神，达到提高教学质量的目的。例如，我们建设的初中数学作业平台，为教师布置课时作业提供了基于课程标准与教材要求的备选题组，减少了基层学校教师作业布置上的随意性，与此同时还为初中数学作业的研究提供了统计数据，为教育行政部门管理作业质量提供了抓手，大大促进了教师对数学作业的研究与认识。我们还开展了"指向化学学科核心素养的命题设计"研究，建立命题框架，实现素养为本的命题，提高命题的科学性、稳定性和可操作性。开展实践研究，结合素养型试题的特征与命题策略，对"应用型""实践活动型""实验设计型"和"实验探究型"四类试题开展研究，并形成了一系列典型案例，提升了一线教师开展素养为本的教学设计与评价能力。

三、成效与反思

（一）教学改进成效明显，课堂教学实践不断优化

教与学方式的变革推动了课堂教学的改进，促进了教师教学理念的转变与教学行为的改善，强化了教师的课程意识，拓宽了教学视野，提升了育德能力，课堂教学品质得到整体提升，学科核心素养得到了进一步落实，在实践中培育了一批骨干教师。例如，在市区级，乃至全国组织的学科教学类评比活动中，一批教师脱颖而出，取得了优异的成绩。在"一师一优课，一课一名师"评选中，我区教师获得市优课和部优课的数量名列前茅。调研数据表明，课堂教学改进工作，专家评价、学生评价均有较高的认可度，教师在实践中不断反思，积累了较丰富的教学改进案例与实践经验。

小学以"基于标准的评价"和"综合主题实践活动"为载体,初中加强"强校工程"建设,高中注重学生"创新素养"培育,推动了学校课程设置、培养模式、评价方式等方面的更新,提高了课堂教学有效性,促进了学校的特色建设和创新发展。

（二）创新实验室特色发展,打造科技人文并重的创新实验环境

黄浦区为学校建设各种类型的创新实验室,提供方便学生参与体验和经历的学习、实验环境。与实验室相伴而生的一批具有探究性、选择性的优质校本课程,从培养学生的创新兴趣和实践能力入手,通过更加开放、灵活的教学,拓展学生的知识范畴和能力空间。目前,创新实验室在区内中小学全面开花,呈现出分布范围比较均衡、学科门类比较齐全、支撑课程比较丰富的特点。

到目前为止,共有36所中小学建有近70个创新实验室,为学校基础型课程的校本化实施服务,为学校拓展型课程和探究性活动提供场所,构建人文体验型的实验室等,这些创新实验室成为学生张扬个性、激发兴趣、放飞想象的实践平台。

（三）充分发挥技术的支持作用,打造良好网络环境

黄浦区着力推进"数字化校园"及"智能化校园"项目建设,支持全区中小学积极开展信息技术与人工智能在课堂教学的应用,促进学习方式和教学模式的不断创新。

"DIS实验系统""Moodle平台""天文软件""3D打印技术""人工智能"等诸多依托新技术给课堂带来的改变应运而生。教学资源愈加丰富多样,教学时空日益延展灵活,教学对象的差异性和主体性得到了更多的关注,教学正在发生着前所未有的变革。

（四）区校联手并举,创设多元丰富的质量保障和评价体系

近几年来,黄浦区整体构建了由"课程教材改革平台""学科教研平台""教育质量管理平台""黄浦开放课堂平台""学科作业平台""黄浦教育科研平台""学生综合素质评价平台"等信息化平台支撑,由"课程建设评价""课堂教学评价""学业质量评价"等构成了区域课程教学质量保障体系。基于数据分析与经验研判,对课程与教学进行过程评价,深入推进学校的课程建设、课堂教学改进、学业质量综合评价改革。例如,"黄浦区初中数学学科作业平台"目前给各校每个年级10个教师账号,供教师使用。平台中有近万个备选作业题,教师使用平台编辑作业万余份,借助平台还为初中数学学科的青年教师搭建了智慧共享、设计比赛的空间。

伴随着高考改革的不断深入和新中考改革的落地,对教与学的方式提出了新

的、更高的要求。面对日新月异的教育变化,包括人工智能对深度学习的影响,教育面临更大的挑战和机遇。

随着中小学统编教材的全面铺开以及上海市高中非统编教材的逐步推进,也使我们面临着一个全新的变化。以落实新课标、培养学科核心素养为目标,促进教师的教和学生的学进一步变革;以信息化平台为支撑,丰富课程的选择方式与实施形式,这些都值得我们深入思考和探索。在教学改革层面,我们将坚持素养培养导向下的教学改革价值取向,坚持以学生学习为中心的教学变革,精心设计学科学习活动,引导学生进一步走向深度学习,推进学科课堂内外、跨学科的课程融通,促进课程教学改革不断走向深入。

（上海市黄浦区教育学院 夏向东、平智炜）

第四节 践行绿色评价,促进区域高质均衡发展

近年来,黄浦区在上海市的绿色指标测试与评价中取得佳绩,反映的是全体黄浦教育人的共同努力,体现的是学生在黄浦区得到全面优质的发展。为了保障区域在后续的教育过程中继续保持在全市绿色指标评价的前端,黄浦区基于市绿色指标测试数据,对全区各校的数据进行再分析,引领学校及时反思和积极改进,真正践行绿色评价,促进区域教育的高质均衡发展。

一、背景与意义

（一）时代发展对教育的需求

教育的根本是要坚持立德树人,着力培养担当民族复兴大任的时代新人,全面提高育人质量;坚持"五育"并举,全面发展素质教育;深化关键领域改革,为提高教育质量创造条件,开创新时代义务教育改革发展新局面。为此,推行"绿色指标"评价体系,是以实证性的数据给出了区域学生学业质量的基本状况及其重要影响因素,引导全社会既关注学生的学业,又关注影响学业的因素,力争克服应试教育给学校办学造成的负面影响,从而创建学生健康快乐成长的良好环境。绿色指标的学生发展质量评价,是坚持和完善国家义务教育质量监测制度,强化过程性和发展性评价。

（二）以"绿色指标"引领全面的教育质量观

绿色指标是多维评价，切合当今教育综合改革的需求，引领社会转变教育质量观，关注学生的身心健康与全面发展。"绿色指标"不仅考查学科测试成绩，还考查反映学业质量的一些敏感因素，如学生的学习自信心、学习动力、对学校的认同度、师生关系、家庭经济社会背景等；不仅关注学生的学业水平，还关注学生为学业成绩付出的各种代价，如作业时间、补课时间、睡眠时间、体育锻炼时间等；不仅反映质量水平和影响因素，还多方面考查学生的全面发展状况、教育公平情况，如身心健康、品德行为、校际均衡等。

二、思考与认识

（一）绿色指标的含义

市教委推行的绿色指标综合评价，是一项不断发展的行动实践，"绿色指标 2.0"较"绿色指标 1.0"更完善。从关注全面发展到关注终身发展，从关注平等的教育到关注适合的教育，从关注双基到关注关键能力，从关注学校教育管理到关注学校专业领导。"绿色指标 2.0"包括学生学业水平指数、学生身心健康指数、学生品德与社会化行为指数、学生学习动力指数、学生对学校认同度指数、学业负担与压力指数、教师课程领导力指数、校长课程领导力指数、教育公平指数、跨时间发展指数十个方面。

（二）研究内容

1. 形成区内"绿色指标"保障机制

为坚持和完善国家义务教育质量监测制度，强化过程性和发展性评价，建立监测平台，定期发布监测报告，这就需要建立黄浦区"绿色指标"保障机制，确保"绿色指标"在区内有序开展。

2. 让"绿色指标"测试数据转化为教学改进的依据

如何用好测试所产生的数据，如何让数据转化为证据和依据，是我们研究和指导的重点。从数据出发，找出区域内教育教学的薄弱环节，进行针对性的反思与改进。

3. 基于学生需求，借助"绿色指标"深化教育改革

从区内学生实际需求出发，依托"绿色指标"实现多元评价，找准教育改革的突破口，发挥数字化时代特点，打造黄浦精品教育，真正做到办学生喜欢的学校。

（三）研究工具

1. SPSS 数据分析软件

对市教委发布的年度《上海市小学学业质量绿色指标综合评价报告》进行研读，并仔细做好区与区之间、校与校之间的对比，完成数据采集与数据分析。

2. 调查问卷

制作问卷，开展学生作业负担现状及影响学生作业负担的因素、作业负担及其影响因素的调查；开展学生学习需求调查。

三、实践与探索

"绿色指标"为区域教育决策提供重要证据，为提升区域学生学业质量提供项目诊断和改进建议，"绿色指标"所带来的价值已经毋庸置疑。黄浦区教育局在区委区府的领导下，把推进绿色指标，办人民满意的教育、办学生喜欢的学校作为引领区域办学向更高层次发展的重要抓手。

（一）建立推进和落实"绿色指标"的保障机制

为推进"绿色指标"工作，区教育局负责区域落实"绿色指标"的领导工作，协调组织落实市教委"绿色指标"测试、反馈、指导、改进的整体工作；黄浦区于 2012 年就成立学业质量监测中心，专门从事区域教育质量评价研究。区监测中心与信息中心、教育考试中心、区学生体质监测中心紧密合作，采取积极有效的措施，充分发挥"绿色指标"的导向功能。专门制定了区域推进落实"绿色指标"行动要求，要求学校从测试分析报告中寻找教学与管理中的问题和差距，研究改进的对策，落实改进方案。

（二）重视绿色指标评价，跟踪研究改进对策

为倡导绿色评价体系，引导学校和社会关注学生的学习品质和学习成本（作业、睡眠、压力、校外补课等），区监测中心充分利用市级"绿色指标"测试的数据，既对全区的数据进行再整理和再分析，又针对相关学校进行解读和分析，从学生的学习动力、学业负担、家庭环境、学业发展、身体健康等方面分析影响学生学业质量的因素，形成《黄浦区绿色指标测试跟踪分析报告》。还对每一所参与的学校均提供学校的数据跟踪分析报告，同时要求学校查找数据背后的原因，既寻找形成差距的原因，也分析获得成功的经验。特别重视对表现优异的学校和明显有差距的学校

进行单独的比较和分析,组织同类学校之间开展比较分析和交流活动,促进学校"绿色"发展。

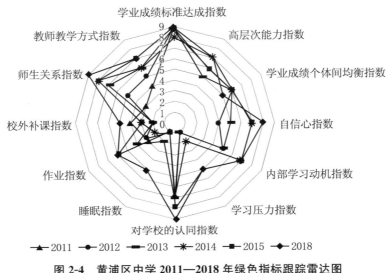

图 2-4　黄浦区中学 2011—2018 年绿色指标跟踪雷达图

　　如(图 2-4)是黄浦区 2011—2018 年的数据跟踪分析图。从近六年的各项数据比较中可以看出,学业成绩高位保持,区域办学均衡、校际办学均衡均处于明显优势,师生关系、教师教学方式、学习自信心、内部学习动机、对学校的认同度都是逐年提升,反映黄浦区在推进教育公平、落实教育均衡、办学生喜欢的学校等方面工作已显现成效。

　　(三)深度研究学生学习需求,全面践行绿色指标

　　黄浦区不仅关注参与绿色指标测试的学段,而且也关注高中学段学生相关数据。(图 2-5)是黄浦区学生需求满意度统计图表,调查发现:小学生对各类需求的满意度最高,其次是初中生,最后是高中生;但是安全需求满意度除外,初中的安全满意度最低;在需求满意度整体来看,学生的自我实现需求和生理需求满意度较低。通过深入分析,我们发现学生对当前学校软硬件环境,特别是午餐质量感到不满,这影响着学生生理需求满意度;而学生自我实现需求满意度偏低,表明教师让学生在学习中参与以及在校获得成功感的机会较少等;当然我们也看到学生在校的安全需求满意度最高,学生的爱和归属需求满意度也较高,但学段之间的差距还是较大。通过分析,使我们比较科学地了解当前黄浦区学生学习的需求,为学校教

育管理的完善和教师教学行为的改进提供数据支撑,将绿色指标的评价理念真正落实到教育教学实践中。

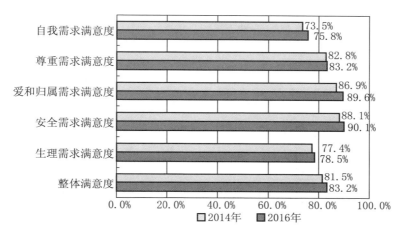

图 2-5 黄浦区学生需求满意度统计图

（四）开展"作业负担"的专项调研,寻找教学改进突破口

从区域绿色指标的评价数据来看,本区在学业成绩、校际均衡度等方面具有一定优势,学生的学习动机和自信度、对教师的教学方式、对学校的认同度以及学生的睡眠指数均显现良好。但我们没有满足现状,而是高度重视作业指数和学习压力指数并开展专项研究。通过调研发现:学生在校运动时间逐年得到提高、学生的睡眠有所改善,但是目前学生作业时间仍然较长,是学生的主要负担,其中数学作业是学生花费最多的一门学科。为此,我们现已开发出区域学生数学作业设计系统,将从学生的数学作业的源头上设立标准和建立达标要求。

2016 年 4 月黄浦区又专门开展了学生作业负担现状及影响因素专项调研,将每一所学校的作业来源、作业设计、作业布置、作业反馈、作业时间等进行了对比分析,并给出文本性的反馈和建议。同时鼓励学校开展减少学生作业量和提高学生作业效率的课题研究,近几年与学生作业有关的研究项目有 20 多项。

针对"作业的负担更多的是来自作业的无趣"这一典型问题,专门组织区域开展作业设计的评选活动,鼓励教师设计出符合学生实际生活又能结合知识点的高质量作业。以中山学校物理学科作业设计为例:在《杠杆的应用》单元作业设计中,将"手机低头族"现象引入了作业中。如（图 2-6）所示,同学们通过体验、对比、利用所学的杠杆平衡条件分析长时间低头引起肌肉损伤的原因。这份作业之所以被称为好作业,受到老师和学生好评的理由有三:其一,这个问题来自学生的实际生活;其二,融入学科知识点,感受物理知识在实际生活中的应用;其三,从三维目标角度也是落实情感、态度、价值观的一种方式。

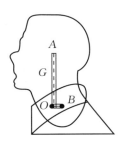 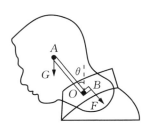

当头颅为竖直状态,作用于 B 点的　　　　　当头颅低下时,作用于 B 点的
颈部肌肉拉力为零　　　　　　　　　　颈部肌肉绷紧产生拉力 F

图 2-6　杠杆的应用

(五)借助"绿色指标"评价,促进教师教育转型

黄浦区注重利用现有评价方法和评价工具,发挥信息技术平台的作用,整合、开发、提供、使用更为丰富的评价资源和评价方法,提升学业质量监测和评价水平。(图 2-7)是对教师教学行为中的"因材施教"的情况分析。监测中心将学生问卷和教师问卷进行对比分析,了解学生的心声与教师认识的差异,指导教师深度认识和理解学生,调整教师的观念和认识,研究教学方式、和谐师生关系。

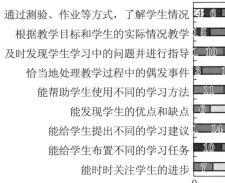 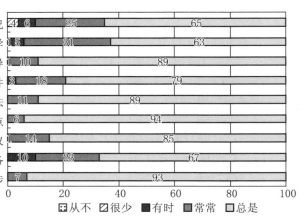

图 2-7　教师对于"因材施教"的使用情况

　　将各校教师教学方式与学生对学校认同的数据,利用 SPSS 软件进行相关分析,得到如(图 2-8)所示的散点图。多数学校处于图形的右上方,表示这些学校的学生认为教师教学方式好、认同度高。此图也印证了黄浦区"办学生喜欢的学校"的区域目标正在教师不断改进和优化的教学方式的过程中逐步实现。

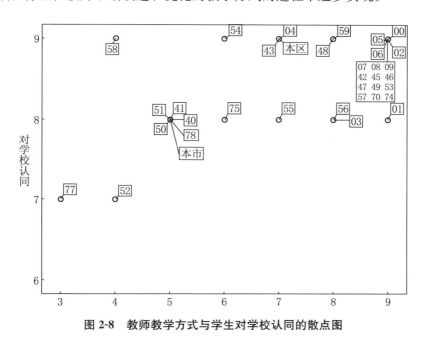

图 2-8　教师教学方式与学生对学校认同的散点图

　　另外还有一项数据让我们特别关注,那就是学生的体质健康指数。尽管黄浦区的学校运动场地偏小,又有部分学校的场地大修,但近年来我区体质监测数据却有所提升,这与我们高度重视、认真对待、积极保障密不可分。

四、成效与展望

　　随着区域"绿色指标"的扎实推进和落实,目前已初见成效。
　　(一)区域的教育质量保持高位均衡发展
　　《上海市教委发布"绿色指标"评价报告　黄浦等五个区被点名表扬》①一文指

———————————
①　陆梓华.上海市教委发布"绿色指标"评价报告　黄浦等五个区被点名表扬[N].新民晚报,
　　2017.12.

出,在综合学业水平达标率、成绩均衡度、家庭经济社会背景影响度、学业负担等指标上,黄浦区表现较好且进步较明显。黄浦区在每一次的市"绿色指标"测试中,义务教育阶段学生学业成绩保持高水平,道德意识和体质健康水平得到提升,城乡之间教育水平差距总体在缩小,学生学习自信心、学习动机、对学校认同度明显提高,学生课业负担过重的情况得到有效抑制,教育的全面质量和均衡水平总体呈上升态势,总体评价指标基本均位于较高水准。

（二）师生关系、教学方式进一步优化

教育质量的绿色评价,促使学校既关注学生的学业,又关注学生为学业水平所付出的各种代价,促使教师研究教育规律、关注学生身心发展状态,从而为学生创建健康快乐成长的良好环境,和谐民主的师生关系在我区蔚然成风。而基于绿色指标测试后的反思与改进,让教师更加关注学生的需求,努力为学生创设平等、均衡、多样的发展机会。

（三）学生更自信、更健康、更阳光

基于绿色评价的全面教育质量观,让学生自主活动时空增多,使得学生有机会选择自己喜欢的学习领域或项目,学习内驱力明显增强,学习自信心明显提升,学生对学校认同度有所提高。利用绿色指标测试、学生体质健康测试的数据,研究分析学生在体质健康方面的薄弱环节,指导学校有针对性地改进,使得学生的健康意识增强、健身技能增多,乐于参加各种文体活动。学生在各级各类的志愿者活动、体育竞技活动与创新竞赛中均取得优异成绩,充分展现出黄浦学子的自信、健康与阳光。

立足已有的成效,为了更进一步推进区域"绿色指标"工作,在国际视野、艺术素养、教育公平等方面,作为上海市中心城区的黄浦区也应继续呈现高端、优质与均衡的数据。目前黄浦区的义务阶段的绿色指标评价位于全市高位,我们思考的是如何将已有的"绿色项目"的研究成果推广至区内的高级中学。在未来几年里,黄浦区将继续坚持"立德树人",完善"区域推进、以校为本、区校并举"的教育质量保障体系与评价体系,全面促进学生综合素质的提升。

总之,推进和落实"绿色指标"是一个长期的过程,黄浦区将不断丰富完善教育质量评价和保障体系,深化改进行动实践,扎扎实实走好每一步,使"开好每一门课程,成就每一位教师,教好每一个学生,办好每一所学校"的目标更好地落在实处。

（上海市黄浦区教育学院　严　明）

第五节 幼儿园保教质量评价的黄浦实践

多年来,学前教育已成为黄浦教育的一张名片,得到了社会方方面面的认可。作为上海教育综合改革整体试验区,黄浦明确将"科学化、高品质"作为学前教育发展的重要目标。高品质代表黄浦学前教育追求的"高质量",而质量又需要依靠科学化的评价方式进行诊断,从而寻求改进和提升。从 2015 年起,黄浦开始进行区域幼儿园保教质量评价的探索。

一、从经验走向实证的幼儿园保教质量评价

2012 年 9 月,教育部颁布《3—6 岁儿童学习与发展指南》,对学前教育保教质量给予了明确的指导与方向,保教质量必然指向幼儿的发展。上海市在连续两轮的学前教育三年行动计划中,都对保教质量监测和评价提出了具体的要求。《上海市学前教育三年行动计划(2015—2017 年)》明确要建立健全全市、区(县)、园三级学前教育质量监测机制,完善本市学前教育质量评价体系与幼儿园办园水平评价制度。《上海市学前教育三年行动计划(2019—2021 年)》要求积极探索质量监测的路径与方法,明确监测内容,形成动态多元的质量监测与分析反馈机制。可见,质量与规模必须同步发展,已成为我国当前大力发展学前教育的核心追求,保教质量已经成为幼儿园发展的重要内涵。

保教质量体现在幼儿园的一切工作中,渗透在一日活动中,落实在幼儿发展中。为了全面了解幼儿发展水平与发展动态,强化教学过程诊断与反思,及时调整教育教学策略与行为,保教质量的评价是关键。目前,我国一些幼儿园保教质量的诊断和评价方案还不够科学,仍然在很大程度上依靠经验,经验本身不是问题,但如果经验没有跟谨慎的审视相结合,经验主义就会发生方向上的错误。放眼国际,用科学的方式诊断保教质量已经是大势所趋。[①]

因此,我们认为,对幼儿园保教质量进行评价,一方面要统筹好经验与实证的关系,完善评价方式,不断提高评价的科学性;另一方面要聚焦幼儿发展,抓住能够

---

① 侯莉敏.幼儿园保教质量诊断:从经验走向科学[J].教育科学论坛,2019(7).

体现幼儿发展水平的核心要素，不断提高评价的针对性。

二、区域幼儿园保教质量评价的出发点：评价宗旨

从区域层面来讲，如果没有相对系统的保教质量评价，教育行政部门无法从各所幼儿园各自施行的各有侧重的评价结果中获得有效信息并进行系统分析，无法客观、公正、全面地分析问题，进而影响到决策和政策导向。区域层面集行政、教研、督导以及学前教育机构多方力量，开展具有区域特点的保教质量评价，既是"科学化、高品质"发展的目标需求，又是区域学前教育可持续发展的内在需求。具体到实践层面，通过区域性的保教质量评价，分析区域和各园所的优势与短板，反思保教管理现状，完善教育教学决策，提升学前教育管理科学化水平，并能够在如下方面给园所提供指引。

第一，幼儿发展水平与动态分析。我们希望通过研究，了解区域幼儿整体发展状况，并以此给每个园所提供参照依据。也期望通过历年的数据积累，形成各年龄段幼儿发展的"常模"，并分析区域和各园所的幼儿发展动态，让各园所更为全面、准确地掌握本园保教工作实效。

第二，教学过程诊断与自我反思。评价应该指向及时的诊断，保教质量评价首先应该满足园所自我诊断与自我反思的需要。根据评价结果，帮助幼儿园管理者和教师发现优势和不足，并借助区域整体情况分析数据背后的信息，让数据说话，让评价结果为发现问题服务。

第三，教学策略调整与行为优化。保教质量的提升最终要落实到每一位教师教学行为的不断优化上。当我们从评价中获取信息，从数据中找到问题之后，最重要的是在不断的反思中进行教学策略的调整，对日常保教工作的每个环节进行有针对性的优化。

三、区域幼儿园保教质量评价的着眼点：评价工具

要保证保教质量评价的科学性与针对性，兼顾经验和实证的、聚焦幼儿发展的、适切可行的评价工具是关键，这也是开展区域幼儿园保教质量评价的重要基础。

工具的研制以国家教育部2005年颁发的《幼儿园教育指导纲要》和2012年颁发的《3—6岁儿童学习与发展指南》，以及《上海市幼儿园保教质量评价指南》为基

础,以"促进幼儿发展"为核心,努力将科学的儿童身心发展理论与培养目标的要求具体化。同时,借鉴《上海市中小学生学业质量绿色指标(试行)》中指标建构的理念,确立对3—6岁幼儿全面发展与终身发展具有关键性与持续性的核心指标。遵循健康、语言、社会、科学、艺术等五大领域的结构分类方式,以大班幼儿为评价对象,从幼儿发展的五大领域梳理大班幼儿发展的核心要素,建立了区域相对统一、聚焦幼儿终身发展的大班幼儿发展评价核心指标。

工具研制的过程本身就是区域推进《幼儿园教育指导纲要》和《3—6岁儿童学习与发展指南》学习与领会的过程。一方面是对其进行梳理与解析,另一方面也尊重和珍惜广大一线保教人员的直观经验,把对文本的深入研究与对区域内幼儿发展现状的调研相结合,最终形成"黄浦区大班幼儿发展评价核心指标",具有较强的科学性与操作性。下面以社会领域的评价核心指标为例予以说明:

表 2-2 黄浦区大班幼儿发展评价核心指标——社会领域

维度	核心评价指标	分值	监测点	典型行为表现
交往	与同伴友好相处	3	自由活动自主游戏	1. 会运用介绍自己、交换玩具等简单技巧加入同伴游戏。 2. 能与同伴协商和讨论,发表自己的想法,发生矛盾和问题时能自己协商解决。
	愿意与人交往	3	自主游戏日常活动	1. 知道别人的想法有时和自己不一样,能倾听和接受别人的意见。 2. 能主动发起与朋友之间的谈话,或加入同伴的游戏或活动,能想办法吸引同伴和自己一起游戏。
自信	自信自主表现	3	自主游戏集体教学	1. 主动承担任务,自己的事情尽量自己做,不喜欢依赖别人,遇到困难能够坚持而不轻易求助。 2. 敢于尝试有一定难度的活动和任务,与别人的看法不同时,敢于坚持自己的意见并说出理由。
	关心尊重他人	3	自主游戏日常活动	1. 能有礼貌地与人交往,能关注别人的情绪和需要,并能给予力所能及的帮助。 2. 尊重为大家提供服务的人,珍惜他们的劳动成果。
守规	适应集体爱护环境	3	运动生活活动	1. 在集体中积极快乐。把自己看作集体中的一个成员,为集体的成绩感到高兴。 2. 对爱护环境和节约有认知,并有相应行为。
	遵守行为规范	3	运动自主游戏	1. 能与同伴协商制定游戏和活动规则,完成自己所接受的任务。 2. 游戏中能自我约束,遵守共同制定的各种游戏规则。

这里呈现的是社会领域的发展评价核心指标。我们认为,社会领域指标首先要能凸显儿童社会性发展的学习观和发展观;其次要能将社会性发展以典型行为的方式加以描述,内容合乎儿童行为发展的客观规律,具有科学性;同时,要对儿童社会性发展领域的教育具有指导意义。根据《3—6岁儿童学习与发展指南》,依据学前儿童社会性发展的主要途径和内容,将儿童社会性发展典型行为划分为"人际交往"和"社会适应"两个子领域。再对两个子领域的相关内容进行筛选和归纳,经历先由简到繁、再由繁到简的过程,确定了三个维度中的六项指标,并列出了详细的监测点和典型行为表现。

其他领域的指标确定也同样经历了这样"分解—梳理—归纳—具体化"的过程。"黄浦区大班幼儿发展评价核心指标"除了作为对保教质量进行综合评价的工具,也能够帮助园所与家长了解3—6岁幼儿发展的基本规律和具体表现,建立对幼儿发展的合理期望,保障幼儿获得关键的、可持续的发展机会与体验。

四、区域幼儿园保教质量评价的落脚点:评价实施

黄浦的幼儿园保教质量评价,遵循"工具研发—评价实施—结果分析—策略优化"的路径,由区域层面的外部评价和幼儿园层面的内部评价整合而成。

区域层面的外部评价,以教育局、教育督导室、教育学院以及其他指导服务机构为主体,建立外部评价团队,开展组织创新和制度创新,建立有针对性的区域保教质量评价组织形式,形成有效开展区域外部评价的管理、组织、实施、反馈和协调的相关策略。外部评价需要考量三个重要方面。

第一,明确三个主体职责。教育行政决策监督部门、教育研究指导服务机构以及各级各类幼儿园都是区域学前教育保教质量保障的主体,推进过程中要明确并落实决策监督部门、研究指导服务机构、各级各类幼儿园在评价中的主体职责,分工合作,形成合力。

第二,确立定期评价机制。原则上,每年6月对大班幼儿开展观察和评价,在公办幼儿园先行先试后逐步覆盖全区各级各类幼儿园。各幼儿园监测内容为"1+X","1"表示健康领域,这是必测项目,以此强化幼儿健康第一的意识;"X"指向其他四个领域,由随机方式确定。

第三,建立一支专业队伍。一支专业发展水平高、相对固定的专业队伍包括了

五个领域的专家,均由区教研员、区学科带头人或骨干教师组成,具体负责区域层面的评价实施和分析反馈,形成了相对稳定的工作流程和运作机制。

　　园所层面的内部评价是区域保教质量评价中非常重要的部分。各园所在区域整体评价的基础上,还要建立各自常态化的评价运作机制、保教活动开展的系列制度、基于评价结果的反馈、调整机制和相关策略等,从而架构起幼儿园内部的保教质量评价体系。同时,内部评价中发现的问题或结果也可以为区域外部评价提供实证信息和改进依据,借此实现区域保教质量评价的系统运作,最终构建出完整的区域幼儿园保教质量评价系统。

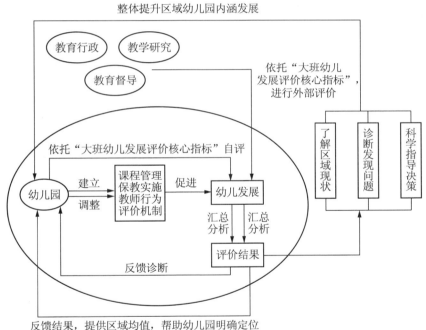

图 2-9 黄浦区幼儿园保教质量评价运作框架

　　2016 年至 2020 年,黄浦区已连续五年实施了幼儿园保教质量评价,初步形成了四个"1＋X"的运行机制,即:

　　评价原则"1＋X"触点式:通过对"大班幼儿发展状况"这"1"个方面的评价,触动课程建设、保教实施、教师行为等"X"方面的反思诊断,最终实现改进优化。

　　评价领域"1＋X"轮转式:每年根据实际情况和发展需求,确立当年全覆盖评价的"1"个领域和抽样评价的"X"领域。

评价报告"1＋X"总分式：每年在数据分析基础上形成五大领域内的"1"个总报告和园所的"X"个分报告，从区域、园所两个层面对幼儿发展情况开展质量分析并提出专业建议。

质量分析"1＋X"兼顾式：评价报告发布后，组织"1"场质量分析报告会，由评价专家和全体幼儿园园长、保教主任共同参与，反馈每个领域的测评情况与结果分析。同时，组织"X"场园所质量分析报告个别解读会，各幼儿园预约相关领域的专家上门为幼儿园全体教师解读当年的评价结果，进行个别化的指导。

区域外部评价促进各幼儿园内部评价和改进，同时，幼儿园内部评价和改进促进外部发展，协调统一，形成有效运行机制，直指区域学前教育保教质量的整体提升。

五、区域幼儿园保教质量评价的生长点：发展改进

区域幼儿园保教质量评价的目的绝不在于评价各园的办园质量，也并非用来区分教师的教学水平，其根本目的离不开三个方面：

第一，以评价促幼儿发展。素质教育是幼儿全面发展和个性发展和谐统一的教育，因此，作为保教质量评价的切入点，幼儿发展评价也应注意幼儿个体的发展，对幼儿个体的发展进行横向和纵向的比较，从而突出其发展的意义。从这一观点出发，教师既要考察幼儿的综合素质，更要评价幼儿的个性特征，努力发现每个幼儿的潜力和特点，充分了解幼儿发展的需求，帮助幼儿认识自我，以期让每个幼儿获得富有个性特色的发展。

第二，以评价促教师成长。评价的过程也是教师自我成长的重要途径，教师作为教育评价的主体之一，其评价理念、评价方法都直接影响着评价效能的发挥，而且教师内在专业素养（即观察能力、分析能力、综合能力等）都决定着教师能否很好地贯彻其评价理念。在评价的过程中，教师不但要学会敏锐地观察幼儿，分析幼儿的行为，还要学会根据实际情况及时灵活地调整教育方法和策略，这都要求教师具备良好的专业素养。所以教师要认真领会幼儿发展评价的基本内涵，掌握有关教育评价的方法，学习审视、反思幼儿发展评价的实际状况，积累并形成幼儿发展评价的有关经验和做法，在评价中获得专业成长。

第三，以评价促园所提升。区域层面的外部评价固然是相对公正和客观的，能

使各园了解全区大班幼儿的整体发展水平和本园幼儿的发展状况,但是,各园保教质量绝不是靠外部的定期评价就能提升的,外部评价最重要的作用是提供给各幼儿园一套标准、一个导向和一种路径。

各园想要及时检测和提升保教质量还需要常态化的内部调研评价,并形成相对稳定的保教质量评价机制。依据内部评价结果,反思课程方案、课程实施、环境创设、教师行为等方面的经验与问题,检验保教活动的内容、方法及手段是否适宜,从而提升教育教学过程及课程管理的效能,实现评价的应有之义。

(上海市黄浦区教育局学前教育科)

第六节　优化学习体验,促进儿童发展

"让每个孩子健康快乐地成长",是上海市基础教育工作的目标;"办学生喜欢的学校",是黄浦教育的办学宗旨。作为上海的中心城区,黄浦有着深厚的文化底蕴,长期以来坚持以"打造海派文化的精品教育"为发展目标,促进学生全面而有个性的发展。

从幼儿园升入小学,是儿童正式开始系统化学习的起始阶段,因而备受家长重视,幼小衔接也成为社会广泛关注的问题和教育界的重要命题。为促成儿童从幼儿园到小学的平稳过渡,全面落实教育部和上海市教委相关文件精神,促进儿童健康快乐发展,黄浦区在全市率先开展了小学低年级主题式综合活动课程的整体试点,两年多来,厘清理念,深化内涵,探索路径,有效提升区域办学水平与学生的学习效能。

一、价值澄清:以学生发展为本

幼小衔接为何得到重视？学生学习的真正价值是什么？

从社会层面分析,家长群体中较为普遍的教育焦虑,将幼儿园置于教育起点,幼儿学科学习"抢跑"现象十分普遍,对幼儿正常发展不利。从学校层面而言,从幼儿园到小学阶段学习方式的变革,儿童普遍要面临和处理学习适应问题。

因此,回归到"以学生发展为本"的教育本源,"幼小衔接"的价值澄清成为首要任务。

（一）以成长规律为前提

在幼儿园，幼儿的学习是生活化的、游戏化的、主题式的，不分学科，以游戏为主要活动。根据皮亚杰的认知发展理论，3 至 6 岁前的儿童处于具体形象思维阶段，他们在"做做玩玩"的过程中扩展经验，培养能力。而小学阶段的学习是通过教师有计划、有步骤、有组织的教学活动来实施的，与学前儿童的自主游戏相比，学科教学更具有社会性、目的性和系统性。按照皮亚杰的理论，6—10 岁的学生会经历从形象逻辑思维向抽象逻辑思维的演变，但这需要一定的过程，小学中高年级的学生才逐步学会区分概念中本质和非本质的东西，因此，小学低年级学生还离不开直接经验和感性知识，思维还具有很大成分的具体形象性。

基于"以人为本"的教育价值追求，黄浦区并未直接"拔高"要求，而是适度"就低"——在幼小双向衔接和幼儿园"去小学化"的背景下，小学低年级课程组织与实施方式适当向幼儿园靠拢，用学生熟悉的主题式的、综合的、活动的课程激发和维持学生的学习兴趣，让学生在"玩中学""做中学"。主题式综合活动课程强调以实践、体验、探究等活动丰富学生的直接经验，正是基于儿童认知发展规律。

（二）以能力发展为目标

以儿童发展为本，着眼于儿童的综合发展、全面发展。主题式综合活动课程关注学习兴趣、习惯等对学生学习品质产生长远影响的非智力因素，还有时间管理、情绪管理、任务意识、同伴合作、表达表现、反思改进等素养和能力，与学科课程基于标准的教学与评价相辅相成、相互支撑，让学生具备知识性学习和社会性成长"两条腿"走路的本领。

主题式综合活动课程试点，呼应了当前教育改革发展的趋势与要求。中共中央、国务院出台的《关于深化教育教学改革全面提高义务教育质量的意见》强调坚持"五育"并举，特别强调要突出德育实效、提升智育水平、强化体育锻炼、增强美育熏陶、加强劳动教育，对高水平落实国家意志提出了新的要求。教育部关于印发《中小学综合实践活动课程指导纲要》、上海市教委《上海市小学低年级主题式综合活动课程指导纲要（征求意见稿）》等，也突出学生能力发展导向。主题式综合活动课程作为一种新的课程形态，符合综合性、实践性的课程改革方向，具有重要而独特的价值，有助于立德树人根本任务的达成。

（三）以减负增效为基础

黄浦区近年来持续推进实践探索减负增效，为小学低年级主题式综合活动开展奠定现实基础。

作为上海市"基于课程标准的教学与评价"的试点区,2013 年以来,黄浦区扎实推进落实"零起点"和"等第制",开展了基于课程标准的学科目标细化研究,形成了一年级语文、数学、英语学科的《黄浦区小学基于课程标准的教学实践指南》,在语、数、英等学科强调不追赶进度、不增加难度,因材施教,关注学习兴趣、学习习惯的培养,并运用等第评价激励和促进学生快乐成长。同时,作为第二轮上海市推进课程领导力项目的实验区,结合"快乐 30 分"拓展活动、学习准备期和快乐活动日等项目的实施,区内各学校通过资源整合、课程再造,形成了一批特色课程,丰富了学生的学习经历,提高了学习效能。

减负增效,黄浦实践反思不断深化。全区每年开展学情调研,其中围绕入学前发展现状、家庭教育理念和行为等问题对幼儿家长实施的调研中发现,孩子喜欢亲近大自然、喜欢动手做、喜欢运动、喜爱与小伙伴交流,但学校现有课程还未能充分满足学生的这些情感需求。尽管学生能够在某些课程中使用"探究"的方法,但这样的学习经历并不够丰富。此外,虽然黄浦区小学绿色指标处于全市高位,但"高阶思维""创新能力""动手实践能力""时间管理意识"等指标有进一步提升的空间,需要以主题式综合活动的开展为突破口,建立更为全面的质量观。

二、深化内涵:"核心素养导向"引领的学习变革

为拓展和深化"零起点"和"等第制",2017 年 11 月上海在 16 所小学启动小学低年级主题式综合活动课程试点。小学低年级主题式综合活动课程是从学生生活出发选取主题,设计活动和学习任务,让学生在"玩玩做做"中学习,引领学生认识、发展自我,参与并融入社会,亲近并探索自然,初步形成对自我、社会和自然的整体认识,养成良好的生活、学习和交往习惯。

黄浦区作为小学低年级主题式综合活动课程整体试点区,自 2018 年 9 月开始,在实践中不断深化项目内涵:探索变革学习形态,让主题式综合活动面向学生的生活世界,着力培育学生的价值观念、必备品格和关键能力,构建促进学生知识与技能、过程与方法、情感态度与价值观发展的"三维目标"的课程体系,从而顺利完成幼小衔接与转型。

(一)知识与技能:从学科逻辑回归真实生活世界

从幼儿园到小学转型,学生首先面对的是从综合性主题活动到语、数、外分科

系统化的教学体系与内容。为降低分学科系统化的知识体系的难度,黄浦区的主题式综合活动课程探索打破学科知识的边界,提供面向真实世界的课程。

课程内容从学生的家庭、社区、校园和自然环境等真实生活中寻找主题。活动内容体现生活情境和真实任务,以一体化的内容建立课程与生活世界之间的联系,引导学生亲近生活、观察生活、体验生活。将有价值的问题转化为课程主题,以问题的生发、探索与解决为主线串起各个活动。

(二)过程与方法:丰富学习体验

幼升小对学生第二层次的挑战,是从游戏化学习到听讲传授的学习方式变化。小学阶段开始,传统的教学方式以师生间的"教—学"传授为主,学生坐在课堂中听讲,获得的多是间接知识。黄浦区在探索推进低年级主题式综合活动试点中,变革学习方式,强化体验式学习,引导学生参与学习过程、丰富学习体验。

学生在参加游戏、参观、情景模拟、现场体验、小实验、小制作、对话表演等课程活动中,激发出参与活动的兴趣和热情。学生充分参与、体验和感悟,获得真实、鲜活、第一手的信息。学生的问题意识、问题分析与解决能力,以及同伴合作、分享、表达表现能力,都能在活动中得到锻炼和提高。

(三)情感态度与价值观:多元评价引领全面发展

进入小学后,学业成绩无形中成为一个非常重要的发展评价指标。而过度关注学业成绩,会导致对学生情感、态度、价值观等培养的忽视。黄浦区在小学低年级主题式综合活动课程的实施过程中,强化过程性评价、多元化评价,引导重视学生的价值观念、必备品格和关键能力等培养。

低年级主题式综合活动课程的推进为学生提供丰富的学习经历,满足好奇心和发展的需要,培养孩子的创新思维和解决实际问题的能力,为后续学习奠定基础。将儿童在活动中的各种表现和活动成果作为分析考察课程实施状况与儿童发展状况的重要依据,对儿童的活动过程和结果进行综合评价。评价更多强调过程性和多元化,发挥学生的主动性、创造性和兴趣特长。

三、实践路径:迈向优质均衡的策略

在深入把握主题式综合活动课程内涵的基础上,黄浦区以"整体谋划、顶层设计,点上实验、点面结合"为实施路径,以"政府推动、项目引领、典型示范、整体推进"为工作策略,坚持政府推动和学校自主实践相结合、坚持统筹规划和重点突破相结合、坚持项目研究和同步培训相结合、坚持学校特色和区域经验共享相结合,推进项目实施,推动区域教育迈向优质均衡,促进儿童发展。

（一）"区块链"一体

推进主题式综合活动课程的实践,存在多层次的多个主体。黄浦区通过构建"区块链"一体的联动机制,激活各主体办学活力,提高管理效能。

建立市、区、校三级联动机制,加强规范管理和有效指导。8 所学校做项目推进的"种子校"先行先试,依托五大教育协作块,通过种子学校对面上学校进行示范辐射,集群式推进项目落地,优质教育资源共享,引领带动全区各校的低年段主题式综合活动课程的建设。

依托五大教育协作块、新优质学校联盟,以"课程共享,内涵优化"为目标,打破资源壁垒,内合外联,不断整合块内优质课程资源、教师资源,同时挖掘校外场馆、青少年活动基地、社区文化站等各类资源,开展内容丰富、形式多样、富有特色的主题式综合活动课程,以满足学生的个性需求,成就学生发展、教师专业成长及学校特色形成的共赢局面。

（二）教科研联动

在探索主题式综合活动的设计、实施与评价,提炼形成主题式综合活动设计路径、实施策略的过程中,黄浦区以问题为导向,强化教科研协同机制,积聚区域力量、专家智慧以及实践经验,不断优化反思,突破瓶颈,推进实践。

区教育局组建了项目领导小组,聚焦问题,整体谋划,引领发展。教育局会同教育学院从战略的高度重视学校主题式综合活动课程建设,指导学校做好课程的顶层规划,积极打造学校课程体系,以综合活动课程建设促进学生的社会性成长。区督导室对各校的项目实施评估督导。各校建立该项目工作小组,制定实施方案。

教科研协同,深化内涵,创新项目实践。黄浦区自主研发了低年级学业评价平台的功能,协作创新评价方式。以主题式综合活动理念、目标为导向,合理设计评价目标、评价内容与评价方式,关注学生活动的过程及结果,以等第制评价和评语相结合的方式呈现,凸显评价的过程性、激励性、多元性和及时性。

（三）全课程融通

秉承"学生在校一日活动皆课程"、在真实体验中促进学生全面发展的理念,黄浦区在主题式综合活动推进的实践中,在首创"小学空间环境创意设计"项目的基础上,始终固化全方位育人的环境创设,使环境成为学生学习的隐形课程,以课程空间支撑起课程特色的深度发展。

全区各校持续推进"空间环境创意"活动,本着"遵循儿童立场,倾听童言童心,体现童真童趣",聚焦学生家园情怀、人文素养、创新意识,将新一轮空间改造作为主题式综合活动的突破口和切入口,通过环境的创设与学习的互融,通过智慧创造将育人的思想融入课程的拓展与再构,提升学生的综合能力。

主题式综合活动的实施,为黄浦区学校课程改革提供了新的抓手;同时又"倒逼"课程整体改革走向深入,推动各级各类课程融通,教育质量不断提升。不少学校依据学情与校情整合已有的三类课程资源来设计低年级主题式综合活动,综合活动的设计从拓展型、探究型课程逐步渗透至基础型课程,体验式的学习方法逐步深入传统学科课堂,综合活动逐步从低年级向高年级延伸。如曹光彪小学,中高年级的课程名称为"玩转上海",溢满浓浓的家乡情怀,让孩子在玩中学、在玩中创造。而与之相呼应的低年级主题式综合活动课程定名为"探秘大世界",名称中的"探秘"更是体现了学生与生俱来的好奇心,代表着课程将带领学生认识自我,参与社会,亲近并探索自然;"大世界"则寓意包罗万象的真实世界。结构化课程设计,厘清课程脉络,与原有中高年级主题式综合活动衔接,体现了课程的整体性和递进性,成为教师实践路径的导向。

（四）校本化实施

整体试点两年多以来,全区各小学依据课程指导纲要,依托原有的校本课程基础,根据区域的顶层设计,研制了校本化的主题式综合活动课程实施方案,并展开实践探索。

校本化实施,激发了学校内在的办学活力与积极性,突出特色、各展所长,更贴合学生的多元需求,体现出优质教育的新增长点。上海师范大学附属卢湾实验小学的实践案例清晰地描摹出优质课程的孕育轨迹;黄浦区第一中心小学依托学习空间的重塑,发挥大空间和小装置的双重作用,促进小学综合课程实施;上海师范专科学校附属小学将主题式综合活动课程与学生创新素养培育相结合,鼓励学生以富有创意的成果来呈现各自独特的学习经历与体验,丰富学生对现实世界的感知与理解;上海市实验小学和中山学校的主题式综合课程建设中,体现出基于儿童视角的活动设计,撬动了课程的深度变革。

（五）多平台共享

黄浦区还创设各种交流平台,探讨项目研究进程,相互借鉴与分享,有效地推动项目研究,共享辐射优质教育资源。

依托区小学教育协作块、区新优质学校联盟、区教研活动等平台,开展低年级段主题式综合活动项目的研讨和特色课程的共享共建,打造课程图谱。区内召开成果交流会,把研讨和交流的过程作为培训的内容,并注重动态调整与丰富。

2018 年黄浦区承办主题为"活动·经验·成长"的上海市课程展示活动,并在活动中作专题报告与经验分享;2019 年在主题为"在做做玩玩中学习"的上海市课程展示暨扩大试点推进会上作区域整体推进经验分享。

四、效能提升:"办学生喜欢的学校"的追求

将"以人为本"的教育观落实到学校,就是"办学生喜欢的学校"的价值追求。黄浦全区整体推进小学低年级主题式综合活动课程试点,聚焦课程设计与实施中的重难点问题,有侧重地选择试点"种子校"和其他优质学校,立足实践,进行点上突破,基于案例研究、分析和提炼,形成活动主题确定、活动任务设计、活动实施方式以及活动环境创设等策略、路径、工具等。学校的课程领导力提升等实效初步显现,学生轻负担高质量学习。

（一）学校课程领导力提升

在问题导向、积聚资源的基础上,黄浦区各小学依托原有的校本课程基础,在短时间里五育并举、各展特色,全区呈现出了别具一格、百花齐放的课程生态。

2019 年暑期,黄浦区汇集了来自全区 25 所学校的 37 篇小学综合实践活动案例参与市教研室组织的主题综合活动案例评选,其中,复兴中路第二小学的《手的快乐秘密》和裘锦秋实验学校的《书票小乐园》两个案例被评选为优秀案例。在市教研室拟编制的课程设计与实践案例中,师专附小的《给风姑娘照相》和《你好,树先生》以及蓬莱路二小的《我是小牙医》和《小小农场管理员》入选。良好的课程生态已经带来了黄浦小学教育工作者课程观、质量观、学习观和儿童观的悄然改变,促进了区域教育内涵的再提升。

（二）学生快乐成长

符合儿童认知水平与特点的主题式综合活动课程,在实践中体现出鲜明的学

习方式改革的效能,学生在活动中轻负担高质量学习,知识技能、过程方法、情感态度价值观等各方面全面发展。

黄浦区卢湾二中心小学始终关注学情,不断拆解核心问题,在考虑学生实践可行性的前提下,渗透办学理念、落实培养目标,依据学情与校情整合已有的三类课程资源来设计低年级主题式综合活动。主题式综合学习尊重学生个体差异带来的不同需求,活动形式游戏趣味化,活动场景丰富多样化,吸引学生沉浸于学习活动中。

爱玩是每个孩子的天性,他们在享受玩的过程,经历有趣的学习。蓬莱路第二小学以原有的"蓬莱小镇"课程为基点,打破了学校与真实社会间的壁垒,有效利用信息技术,开展主题式综合活动课程。在模拟的情境中,学生或游戏或劳动或制作或探究,他们个个专注而投入,就算老师不奖励五角星,也几乎找不到一个开小差的。

课程改革是一项复杂的系统工程,但出发点和落脚点,都是以学生发展为本、办学生满意的学校。黄浦将以强化主题式综合活动课程建设聚焦重点,以完善评价体系建设突破为难点,以深化"慧创空间"项目凸显亮点,继续推进项目实施,助力学生高品质学习、高质量发展。

(上海市黄浦区教育局小学教育科)

第七节　推进综合素质评价,回归育人本源

新时代赋予综合素质评价工作新的内涵,强化综合素质评价,推进育人方式改革,既是落实立德树人、建构全新的学校质量标准的关键领域,也是探索教育治理体系现代化的突破口,意义深远。

一、背景与意义

一根指挥棒,撬动初高中。

新中高考政策颁布以来,综合素质评价成为全面实施素质教育、深化考试评价改革的重要举措。2014 年 9 月《国务院关于深化考试招生制度改革的实施意见》

发布,明确"两依据一参考"的高考改革基本方面。2016 年教育部《关于进一步推进高中阶段学校考试招生制度改革的指导意见》颁布,提出到 2020 年左右初步形成基于初中学业水平考试成绩、结合综合素质评价的高中阶段学校考试招生录取模式,综合素质评价逐渐成为热门话题。

2019 年国务院发布《关于新时代推进普通高中育人方式改革的指导意见》,首次提出"将综合素质评价作为发展素质教育、转变育人方式的重要制度"。可见,综合素质评价不仅涉及中高考综合改革,而且是全面转变育人方式、落实立德树人、建构全新的学校质量标准的关键领域,是切换基础教育运行机制,探索教育治理体系现代化的突破口,其重要性日益凸显。

（一）社会背景：国家发展和国际竞争的需要

当前,新一轮技术革命方兴未艾,中国提出《中国制造 2025》规划,目标是 21 世纪中期达到发达国家水平,建设成为社会主义现代化国家。但是 2019 年以来中美贸易战和中兴、华为事件提醒我们,国际竞争日益激烈,而以经济和科技实力为基础的综合国力的竞争究其本质就是人才的竞争,因而培养高素质的综合人才自然成为国家发展和国际竞争的需要。

（二）教育背景：基础教育改革的需要

基础教育属于基本公共服务范畴,是提高国民素质、实现国家发展的基本途径,也决定着社会每位成员成长的起点和未来发展的机会,但是目前教育还存在种种问题,考试分数成为唯一的教育目标,重质轻德、重知轻能、压制学生个性发展的现象还普遍存在。而近年来关于素养的研究表明,跨越不同领域的综合素质的提升能够促进学生全面发展、健康成长,因此加强和改进综合素质评价工作,让教育回归育人本源,回归教育初心,成为推进此项工作的动力与价值所在。

二、思考与认识

（一）综合素质评价的内涵界定

何谓综合素质？研究发现,各主要国家和地区对学生综合素质的理解既有相同之处又有不同之处。相同之处是都认为学生的学术能力或者学业成绩是学生综合素质的一个重要组成部分;不同之处是各国对非学术能力表现包括哪些内容看法各异。而在国内,大家基本上都把综合素质理解成了"非学术能力"或者是"非纸笔能测试的能力"。

何谓综合素质评价？陈玉琨教授认为：评价是一种价值判断的活动,是对客体满足主体需要程度的判断①。学生评价是对学生个体学习的进展和变化的评价。综合素质评价也是学生评价的重要组成部分,不是对单一某门学科的评价,而是对学生综合能力表现的评价。

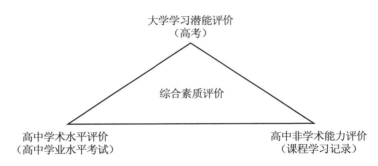

图 2-10 综合素质评价体系图

针对国内综合素质评价的实施现状,华师大崔允漷教授提出要把"综合素质评价"在概念层级上往上提升一级,把它作为整个评价体系的一个基本理念,而不是把综合素质评价理解为某一项评价制度。要理顺高考、学业水平考试和综合素质评价这三套国家基本评价制度之间的关系,使之共同构成符合我国素质教育理念的学生评价体系②。

（二）国家综合素质评价的发展历程

1999 年《中共中央、国务院关于深化教育改革,全面推进素质教育的决定》第一次提出要对综合素质考查;

2002 年《教育部关于积极推进中小学评价与考试制度改革的通知》明确学生评价的基础性发展目标,包括:道德品质、公民素养、学习能力、交流与合作、运动与健康、审美与表现六个方面,成为后来综合素质评价的主要参考内容;

2014 年 3 月《教育部关于全面深化课程改革,落实立德树人根本任务的意见》将综合素质评价作为学生毕业和升学的重要参考;

2014 年 12 月《教育部关于加强和改进普通高中学生综合素质评价的意见》和

① 陈玉琨.教育评价学[M].北京：人民教育出版社,1999.
② 崔允漷,柯政.关于普通高中学生综合素质评价研究[J].全球教育展望,2010(9).

之后上海颁布的新高考方案对综合素质评价与招生制度的结合提出了硬性要求，由此综合素质评价从理论探讨走向实践阶段①；

2019 年《国务院办公厅关于新时代推进普通高中育人方式改革的指导意见》，首次提出"将综合素质评价作为发展素质教育、转变育人方式的重要制度"。

（三）上海市综合素质评价的基本内容

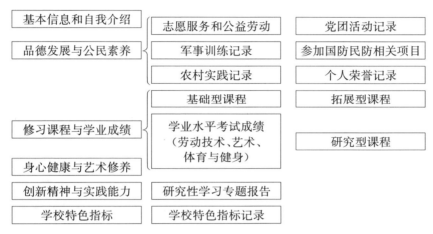

图 2-11　上海市普通高中学生综合素质纪实报告的主要内容

2015 年 4 月上海市颁布《上海市普通高中学生综合素质评价实施办法》，明确综合素质评价的基本内容共计六个模块，六个模块共同构成了《上海市普通高中学生综合素质纪实报告》，成为各高中学校推进综合素质评价工作的行动指南。

（四）对综合素质评价的再认识

自从 2019 年国务院发布推进普通高中育人方式改革的指导意见以后，综合素质评价再度成为教育界的热门话题：

综合素质评价要成为教育多样化、专业攻坚、创造智慧的实践常态。评价体系一定要注重个体差异。——尹后庆（中国教育学会副会长）

综合素质评价以"育人"为本体功能，评价和选拔，尤其是"选拔"是作为延伸性的功能，在育人的基础上进行人才选拔的根据和参考。——董秀华（上海教科院高教所所长）

① 　张治.大数据背景下普通高中综合素质评价研究[M].上海：上海教育出版社,2017.

综合上述信息,新时代推进综合素质评价工作需要进一步提高站位,要站在"全面转变育人方式"和"教育运行机制改革"的高度落实,通过推进综合素质评价重塑健康的教育生态,回归教育的本源,回归全面育人的初心;同时综合素质评价改革能改变学校的运行机制,落实学校治理体系现代化的目标。

三、实践与探索

（一）行政牵头，整体引领

1. 管理驱动，建立高效运作机制

黄浦教育建立以"教育局为主导、学校为主体"的区校两级管理机制。教育局为主导,主要解决顶层设计、统筹协调问题;学校为主体,主要解决校本实施、学校特色发展问题。

组建队伍,建立区校联系人工作群。区校安排专人负责,教育局德体卫艺科科负责博雅网的管理,为学生志愿服务和公益劳动、体育艺术科技活动等提供支持,中教科负责综评网的管理,开展常态化操作。学校成立学生综合素质评价领导小组和工作小组,德育室、教导处、科研室多方合作。

2. 服务提升，建立长效研培机制

加强培训,提供服务。教育局定期开展培训,邀请市电教馆技术人员开展辅导,提升学校教师运用综评网、博雅网、研究型课程自适应学习系统（MOORS）等平台的技术能力。

项目引领,开展研究。教育局通过宣传报道、交流经验、探讨推广、总结表彰等手段,积极宣传本区高中综评优秀学校工作案例。2019年格致中学《生涯发展助力,核心素养提升》、向明中学《从春假到旅行:基于综评实践课程改革的探索》入选上海市普通高中学生综合素质评价优秀学校案例。

3. 点面结合，建立有效推广机制

新中考方案颁布之后,综合素质评价从高中延伸到初中阶段,与高中阶段不同,初中阶段属于义务教育阶段,更加需要综合和全面育人。为此黄浦教育先行试点探索,从评价模式推进、学科类综合课程构建、德育实践课程拓宽等多方面开展了研究,并在区内推广。

如大同初级中学聚焦评价模式探索,将初中学生综合素质评价相关内容细化为学校教育的过程性准则,充分发挥评价的导向作用,使评价过程促进学生发展与提高;格致初级中学立足于"教育即生长,课程即经历,生活即品质"的理念,推进学科类综合课程建设,形成满足学生成长的教育生态;向明初级中学推广社会实践职业体验课程,引入周边校外资源,帮助学生自主规划未来。

(二)学校有为,积极探索综评工作的内涵发展

1. 持续开展校本化综合素质评价与保障的实践研究

长期以来,学生综合素质评价与保障的缺位,往往是导致学校与学生走入"应试教育"的原因之一。因此,构建校本化的综合素质评价与保障体系对于推进素质教育、促进学生综合素质全面发展,有着重要而深远的现实意义。

如上外附属大境中学建立校本化的学生综合素质评价学校管理系统。学校调整和完善评价标准,注重多元综合推进:在学业水平评价方面丰富"学能评价"的内涵,采取学习态度、学习水平和学习潜能相结合的三维评价;在学生体育健身评价方面采取体能、技能和认知相结合的综合评价等。又如格致中学综合素质评价指标体系已进入第二版,为全区学校提供了丰富的实践样本。

2. 深入推进学校社会实践课程体系的建设

针对市综评方案中的品德发展与公民素养模块,各校不断用综评的理念去丰富学生活动,站在育人的高度构建社会实践课程。社会实践课程不仅是一项德育活动课程,更是提升学生综合素质的抓手,其外在形式是活动,其本质还是育人。

如向明中学基于综评的指导思想以及学校的创造文化,逐步开展跨省市研学旅行课程。学生赴考察城市,按照预定的活动方案,结合课题,通过观察记录、访问访谈、问卷调查、实地调研等方式,广泛搜集信息,开展调研工作,并通过文字、照片、摄像、采访等形式记录考察情况。通过研学课程,学生的地位发生变化,主动性、积极性和自觉性得以激发,问题探究能力、自主选择能力、想象创意能力、团队合作能力得到培养。研学旅行,成为向明中学基于综评建构社会实践课程的成果。

3. 开发构建基于学生学业规划和专业选择的生涯教育课程

学生综合素质评价关注学生个性特长的全面发展以及学生学业安排的规划,因此,如何帮助学生认识自己、了解发挥自身特长、学会选择大学及专业成为高中生涯教育的主要内容。基于此,我区不少学校构建了基于学生发展需求的生涯教育课程。

如格致中学依托心理学科,全面铺开生涯发展相关教学内容,引导学生制定个

人生涯发展规划;生涯导师对每一个学生进行个性化指导与帮助;依托生涯助力师开设专场讲座,帮助学生了解大学专业和择业方向;借助生涯集市进行面对面的咨询;在校园网络平台上创设生涯规划板块等。又如敬业中学将生涯课程与学校商科课程整合,特色愈发彰显,取得良好的社会反响。

4. 重点提升学生的研究性学习能力

在上海综评方案中,高中学生研究性学习课题报告被纳入综合素质评价的创新精神与实践能力板块,成为高校综合评价录取中的重要参考。该举措有力地推动各所高中重视研究型课程,为学生研究性学习的开展提供支持和保障。不少高中通过创新实验室建设、研究型课程自适应学习系统(MOORS)为学生搭建高质量的平台,同时学校还成立课题研究评估专家委员会,开展对学生课题的有效评价。

如大同中学在率先开展"SIS""TOK"(知识论)探索的基础上,近年来又开发以 CIE 为统整的校本研究型课程群建设,该课程是以学生自主选择的项目为驱动,经历"创意—创造—创业"过程体验的跨学科统整课程,如"手机设计""建筑营造""中医药应用""工业设计"等科目,让学生能够浸润式地参与研究,他们的研究成果有机会成为真实公司的方案,提升了学生的成就感和研究性学习能力。

四、成效与反思

(一) 区级层面:坚持区域引领与统筹推进,形成综评管理的新格局

1. 综合素质评价工作有效推动区域社会实践活动的开展

黄浦区具有红色文化、海派文化、江南文化的地域优势,拥有内容丰富、形式多样的社会实践资源,针对高中学生的志愿服务和公益劳动的需求,黄浦区编写了《黄浦区学生社会实践护照》区本课程配套文集,为全区高中学生提供志愿服务和公益劳动场所。综评工作还推动了参观寻访、文化传习、素质拓展、仪式教育等更广泛的社会实践活动,形成黄浦教育多彩的学习圈。

2. 综合素质评价工作有效引领学校特色的发展

2014 年市教委提出要推动高中学校错位发展、特色发展和可持续发展,促使高中教育从分层教育向分类教育转型。在此背景下,黄浦教育深入推进普通高中特色多样发展,鼓励学校引入综合素质评价因素,出现了创新素养教育、外语特色

教育、财经素养培育、科技特色教育、性别差异教育等一批特色项目,综评工作推动了学校的转型和特色化办学,取得了实效。

(二)校级层面:坚持育人为本与校本创新,呈现综评研究的新样态

1. 综合素质评价工作有效推进学校综合课程的建设

高考新政让学校看到了政策面的育人转向,在"从选拔到选择,从课堂到课程,从成绩到成长"的过程中,区内众多学校重构、优化、升级了学校的课程体系,提供了丰富多元的校本课程,孵化了和学生综合素质培育相匹配的课程文化,促进了学生个性的发展和综合素质的提升,综合素质评价工作在课程建设中得到落实。

2. 综合素质评价工作有效促进学生个体的健康成长

学生通过参加志愿服务和公益劳动,增强了社会责任感;在研究性学习环节,上海市引入第三方机构对研究性学习课题的真实性开展认证,综评工作中有多处签字和公示确认环节,培养了学生的诚信意识;通过典型事例和自我介绍环节,学生更加明确自身兴趣和特点;通过参加拓展型研究型课程、参与体育艺术活动促进学生形成自身的兴趣爱好,并且持续发展自己的特长,进而成为更好的自己,全面育人的教育得以实现。

综上所述,在综评工作的不断推进中,黄浦教育形成了新格局,呈现了新样态。发展空间扩大,从高中延伸至初中义务教育阶段;发展方式多元,学科综合课程和德育实践课程齐头并进;发展状态改变,学校的内生动力和创新机制日益凸显。当前,世界正面临百年未有之大变局,机遇与挑战并存,黄浦教育将继续以育人为纲,深入推进综评工作,在新基础上再出发。

(上海市黄浦区教育局中学教育科)

第八节 深入推进职教集团建设,促进校企合作深度融合

作为国民教育体系的重要组成部分和人力资源开发的重要途径,职业教育一直是一项重大的民生工程,也是社会公平的平衡器。近年来,职业教育事业发展得到了全社会的广泛关注,我国职业教育事业也迫切需要实现从"大职教"到"强职教"的转变,上海的职业教育已经走向改革转型发展的道路。黄浦职业教育集团整合共享区内各方资源,通过校企合作、产教结合推动职业教育多样化发展。

一、背景与意义

（一）背景

2019 年 3 月，《国务院关于印发国家职业教育改革实施方案的通知》给职业教育发展注入了新动力。近年来，国家、市级层面已出台多份关于"产教融合"的文件。系列重大政策的出台，为黄浦区中等职业学校进一步深化产教融合、校企合作，健全"德技并修、工学结合"的育人机制，加快培养复合型技术技能人才，提供了有力的政策依据。

目前，黄浦区共有教育局举办并全额拨款的中等职业学校 2 所，属地在黄浦区的行业职业学校 1 所，共开设专业 30 个，中高或中本贯通项目 18 个，在校学生约 5300 人。

（二）意义

近年来，黄浦教育加快推进中等职业学校现代服务业相关专业群建设，与区域经济发展方向基本吻合。但是，受传统的认知和体制机制等多方面因素制约，职业教育的战略重点地位还没有充分落实，服务区域经济发展的潜力没有得到完全释放。职业教育发展的规模、结构、质量和效益与全区或全市日新月异的经济发展需求相比，与人民群众不断增长的高质量、多元化教育需求相比，依然存在差距。

为了让崇尚技能的社会氛围更加浓厚，让精益求精的工匠精神深入人心，让优秀的技能人才在黄浦能实现"选得出""进得来""留得住"和"做得强"，根据国务院印发《关于加快发展现代职业教育的决定》中关于鼓励多元主体组建职业教育集团，研究制定院校、行业、企业、科研机构、社会组织等共同组建职业教育集团的支持政策，发挥职业教育集团在促进教育链和产业链有机融合中的重要作用的工作要求，多年来，黄浦职业教育集团通过整合、共享各方资源，通过校企合作、产教结合推动职业教育多样化发展。

二、发展及成果

2009 年 12 月，黄浦区职业教育集团由区教育局牵头成立，统筹黄浦职业教育工作。目前共有成员单位 26 家，其中政府单位 10 家，学校 4 所，成教机构 1 家，培训机构 2 家,企业 9 家。

（一）协调解决职业教育重大问题,促进产教融合校企"双元"育人

黄浦区教育局深化"放管服"改革,加快推进职能转变,由注重"办"职业教育向"管理与服务"过渡,由区教育局牵头,联合区人力资源和社会保障局等有关政府部门、区内职业院校、成教机构以及相关行业协会、企事业单位等单位组成集团。集团理事会统筹协调黄浦职业教育工作,研究协调解决职业教育工作中重大问题,听取各方意见建议,推动落实《职业教育法》,为职业教育改革创新提供重要的制度保障。

为推动黄浦职教集团向更紧密、更规范化的方向发展,集团制定了相关管理制度,并每年按时完成计划总结、会议活动记录资料、相关档案建立等工作。与全国集团化平台紧密联系,按时完成在全国平台上集团相关资料与信息填报、完善、修改等工作。统筹共享相关资源,积极寻求项目合作或开发机会,加强集团内成员间的沟通交流,提升集团产教融合能力。邀请集团内外专家对集团运行情况进行考核评价,提高与完善今后的工作成效,争取成为上海、全国示范职业教育集团。

（二）根据上海黄浦产业特点,加快学校专业布局调整

建立与办学规模、培养成本、办学质量等相适应的财政投入制度,对两所区属职校按规定制定并落实职业院校生均经费标准或公用经费标准。在保障教育合理投入的同时,优化教育支出结构,教育经费向职业教育倾斜。政府各部门通力协作,推进区属职校教育综合改革、专业布局调整和改革项目实施。区教育局在各委办局支持下,落实区域商旅文一体化发展和打造现代高端服务业、文化创业产业发展要求,加强专业设置与布局调整优化,围绕精特优,新增人工智能服务、电子竞技赛事运行管理等新专业,目前区内共有 4 个示范品牌及 5 个品牌专业建设项目,成绩斐然。

推进中等和高等职业教育紧密衔接,积极探索适应区域经济发展需要的高素质技术技能型人才培养模式,形成适应发展需求、产教深度融合,中本、中高职优势互补、衔接贯通的一体化人才培养体系,满足学生职业生涯发展的需求,适应社会经济发展和技术进步的需要。目前区内 3 所职校共有 5 个中本贯通,18 个中高贯通项目,坚持专业与产业、职业岗位对接,专业课程内容与职业标准对接,教学过程与生产过程对接,按照实际工作任务、工作过程和工作情境组织课程,形成新的职业教育课程理念。

（三）加强学校教师队伍建设,推进职业教育国际合作

集团依托区教育学院资源优势,为区域内中职校文化基础学科教师开展专业

培训,提升教师专业素养,指导教师提升信息化教学设计能力,成为上海中职公共文化教师职后培训的标杆。组建一系列名师工作室,进一步加强师资队伍建设,不断完善教师管理和培养机制,发挥名师在全国、上海的示范、引领和辐射作用,培养一批有教育思想、有教学风格的专业领军人才和优秀骨干教师队伍,形成以名教师为核心的高层次骨干教师团队。利用集团企业资源,着力建设实训基地,建立了百联、老凤祥、豫园、杏花楼集团等教师实践基地,通过设立一批技能大师工作室、聘请一批全国劳模,把工学结合中发现的优质企业人才聘为兼职教师,进一步扩大兼职教师的比例。

引进国际职业资格标准和认证课程,全面提升职业教育国际化水平。集团引进 PVQC(Professional Vocabulary Quotient Credential)专业英语词汇国际认证课程,进行了集团内专业外语教师的全员培训并全部获取相关证书,对职业学校部分专业引进相关课程及境外教师,全面提高学生英语运用能力。区内商贸旅游学校将国际一流的"蓝带课程"植入西餐专业教学,全面提升专业建设水平,并与澳大利亚有关职业院校在课程开发、学生游学、海外留学以及教师交流等方面开展国际合作,将澳大利亚"商业四级证书"引入学校的商务英语专业。

(四)利用区域优质教育资源,形成德技并修育人机制

黄浦区有丰富的职业教育资源和学生社会实践基地,这些基地既是学生社会实践基地,也是未来的就业单位,区内 3 所职业学校结合各自的育人目标、学校特点,大力弘扬劳动精神,真正推进社会主义核心价值观入耳入脑入心,形成全课程育人、全员全程全方位的育人格局。中华职业学校以建校 100 周年为契机,弘扬黄炎培"知行合一"的教育思想,坚守"利居众后,责在人前"的德育准则,推出《修身》品牌校本德育课程;商业会计学校形成了校本"青荷文化",努力培养财经学子"出淤泥而不染"的荷花品格;商贸旅游学校形成了"商旅好人"综合德育课程体系,让黄浦区丰富的红色资源成为"红色基因",打造《工匠之声》课程,创设《名师讲堂》,建立了一批名师工作室,以名师的自身职业成长经历演绎"真人图书馆"。

在上海市教委指导下,黄浦职教集团还牵头全市 19 所中高职学校建设大世界传习教室,传习教室集中展示了包括中国结、核雕等 11 个非遗项目,200 余件展品,共承担非遗精品课程 340 场,接待游客近万人。非遗传习教室精彩纷呈的课程、精心组织的活动为大众提供了了解、学习非遗技艺的机会,让非遗能够走出校园、走出殿堂、走近大众,让更多民众感受中国文化的魅力。

（五）建设中职创业指导中心，培养创新精神创业能力

集团合理统筹政府公共资源，在黄浦区人力资源和社会保障局指导下，充分挖掘动员社会资源，联手区就业促进中心成立了上海首个中职创业指导中心。搭建公益培训平台，提供专门场地和专业指导，以现场培训、体验、线下交流和在线课堂等方式，提升学员创新创业意识和创新创业能力。联合人社部门，集中宣讲创业政策，持续为创业者服务提供了有效的对接平台窗口。同时联合其他创业服务平台，集聚创业资源，为创业者有效输出支持政策，接受课程培训的同时可以参加其他的实践培训项目。创业者可以与投资人面对面交流，与成熟导师团队零距离接触，为自己的创业项目发展助力。

黄浦职教集团还与黄浦区人力资源和社会保障局就业促进中心、泆玥文创、华创俱乐部胡杨学院、上海市商贸旅游学校和黄浦文创企业联合会等合作共建了传播创业知识的公益平台，团结有社会责任感和奉献精神的各界友人，共同为创业发声，为梦想助力。

（六）构建职业体验学习平台，助推区域普职融通

黄浦职教集团在 2017 年建设了上海首个区域的中小学生职业体验学习中心，开展中小学生职业体验活动和劳动技术教育。区内中小学生职业体验活动已经形成常态化、课程化，构建了一套基于学校专业背景、符合中小学生心智特点的职业体验类课程体系。体验中心每周固定时间便会迎来各校中小学生，成为他们的职业体验启蒙营、探索营、学习营，成为具有良好社会效应的品牌活动。

黄浦职业体验学习中心促进了职业教育与基础教育的相互沟通、协调发展，成为集职业体验、技能培训、非遗传习和创新创业"四位一体"的综合性职业体验学习平台，成为定制化、个性化、弹性化和多元化的开放"学习中心"，促进中小学生劳动技术教育。在职业体验活动中，充分挖掘优秀职业院校毕业生、劳动模范和大国工匠等资源，组织"大国工匠进校园""劳模进校园""优秀职校生校园分享"等系列活动，营造全社会关心支持发展现代职业教育的良好氛围。

（七）加强区域职业技能培训，为世界技能大赛提供技术服务

黄浦职教集团打通职业教育和培训体系，适应黄浦现代服务业发展及传统老字号传承创新的需求，合理布局区域培训载体资源，拓展技能人才多元化培养渠道，构建行业企业、职业院校、社会力量多方协同参与的职业培训体系。多年来坚持为区域内各类企业员工开办了多次、多项、多层面的培训课程，其中"黄浦区电商

创业培训实训基地"的建立,为有创业想法,想在互联网创业的 35 岁以下黄浦区青年,提供专门的场地和专业的指导。集团还充分发挥区域优势,引领西部地区共同发展,为全国各地区各行业开设了一系列培训工作,如为青海果洛州同仁进行餐厅服务类技能培训,为新疆、贵州等同类院校送教活动。

集团和区内职校积极营造氛围,健全以世界技能大赛为引领,国家级和市级技能大赛为导向,区级技能竞赛为主体的技能竞赛工作格局。借鉴世界技能大赛先进理念,推广集"竞赛、展示、互动、体验"于一体的办赛模式,进一步丰富竞赛形式、扩大参赛规模,打造黄浦特色职业技能竞赛品牌,提升技能竞赛的规范化水平和影响力。上海市商贸旅游学校、上海蓝带厨艺职业技能培训学校成为2018 中国技能大赛烹饪、甜点项目的技术支持单位,上海选手的训练培养基地;承办了 2019 年第 45 届世界技能大赛全国集中阶段性考核(上海赛区)4 个项目"5 进 1"比赛。

(八)推进黄浦区技能人才专项激励计划,构建校政企互动平台

自 2017 年黄浦区成为全国首批"技能人才专项激励计划和收入监测试点区"以来,区发改委、区人社局、区总工会等部门通过深入基层和企业调研、组织有关论坛活动等方式,就技能人才培养、技能大赛开展,以及对技能人才认定、培训、补贴、政策等方面听取多方意见建议,推动了区内一大批区属国有企业、外资企业及民营企业踊跃参与,将实施技能人才培养视为构建企业核心竞争力的动力源泉,通过先行先试,探索出了多项技能人才培养和激励的有效经验。颁布《关于技能人才专项激励计划试点的实施方案》,聚焦技能劳动者职业发展,引导企业建立技能劳动者激励保障机制,逐步提高技能劳动者待遇水平,拓展技能人才培养渠道,形成企业主体、政府推动与社会支持相结合的技能人才培养体系,创新技能人才培养制度改革。

三、存在的问题

(一)职教集团成员企业类型单一

黄浦职教集团成员企业属性较为单一、国有企业市场敏锐度相对不高,产业覆盖面不足,需要更多领域更多类型的企业加入。集团成员间供需目标各异,需要加强校企沟通协调,找到强效的结合点,增强实体化运作力度。

（二）中职校专业设置制约了产教融合

中职校专业设置趋同、专业间发展不均衡、部分专业规模较小。高职院校扩招导致毕业生直接就业于地方企业的人数减少，这些因素都在一定程度上影响了产教融合、校企合作的深入推进，削弱了职业教育服务地方经济的功能。

（三）企业对技能人才的培养意识不足

目前大部分企业只是被动参与合作，还未意识到"产教融合"的意义和价值。不少企业对参与合作培养技能人才仍存顾虑，主要原因一是企业为此投入较多资源，但直接受益的是学校和学生；二是学校教师的能力尚不能胜任到企业兼职或轮岗的要求；三是对合作机制能否形成长效存在忧虑。

（四）缺乏科学的监督与评价体系

行政部门检验合作成效，需要设置客观有效的考量指标，并且根据不同行业的发展标准和技术技能要求，适时更新和调整评价指标的维度与系数。目前尚缺乏多维完整的评价指标体系。

四、发展的思考

（一）抓住职教转型发展历史机遇，取得"校企合作、产教融合"新突破

进一步明确政府对于校企合作工作的统筹协调、规划指导、综合管理和服务保障，一是在制定产业发展规划、产业激励政策时，将"产教融合"列入重要内容；二是利用政府"有形之手"，引入市场"无形之手"，加强指导服务和社会宣传，建设产教融合信息服务平台，推进全方位的信息共享。

（二）抓住服务区域产业转型升级，提升职教集团平台建设

应根据黄浦资源特点和比较优势，为区域发展战略和主体功能区战略提供支撑。一是组织研究与产业转型升级的衔接配套，促进产业链、岗位链、教学链深度融合；二是在提升支柱产业高端化、传统产业品牌化、新兴产业规模化的发展过程中发挥能效；三是深化学校与区内龙头企业、老字号企业、特色企业的合作，争取政府支持，组织多元实体共同参与。

（三）探索建立第三方科学的监督评价机制

利用自身优势先行先试，对企业履行社会责任进行监管。一是从企业基础、管理运行、发展成效、保障条件四个维度建立评价指标体系；二是调动和发挥行业组

织的作用,开展第三方监督评价。

黄浦区教育局今后将继续努力奋进,以技能人才的培养与工匠精神的传承发扬为抓手,更好发挥职教集团在校企合作深度融合中的作用,为黄浦助力上海"五个中心"建设,落实"上海服务、上海制造、上海购物、上海文化"四大品牌战略发挥重要支撑作用,助推黄浦乃至上海经济新一轮高质量发展。

(上海市黄浦区教育局成人与职业教育科)

第九节 市民终身学习海派文化体验基地建设实践

上海市民终身学习海派文化体验基地是上海市民终身学习体验基地之一,2013 年由上海市教委授牌。基地由黄浦区学习促进办牵头,黄浦区社区学院承办,是黄浦区整合利用社会特色文化资源,探索终身教育、社区教育发展新模式,推进终身教育和社区教育内涵式发展的重要举措。希望通过基地的建立,实现社区教育参与主体、社区教育资源和学习方式的多样化,实现社会协同育人、优秀文化育人的教育目标,满足市民学习者高品质的终身学习需求。

一、海派文化体验基地建立的背景及意义

当代社会,学习已经从一种生存手段逐渐转变为个体追求自我完善的权利和提高生活品质的途径。学习目的的变化推动着学习内容、方式的变革,也促使我们对教育主体、学习资源、教育方式更加多样化的可能性进行更深入的思考。

2006 年,《中共上海市委、上海市人民政府关于推进学习型社会建设的指导意见》中提出"坚持政府主导与社会参与相结合"的发展思路;2016 年,《教育部等九部门关于进一步推进社区教育发展的意见》和《上海市教育委员会等七部门关于进一步推进本市学习型社会建设的若干意见》中皆明确提出"统筹共享社区资源""充分利用社会资源",促进资源开放共享,对整合社会文化资源提出了更为明确的要求,也指明了途径。社区教育资源整合方式的更多可能性也推动上海社区教育发展进入转型创新阶段。

二、海派文化体验基地建立的基础及定位

（一）海派文化体验基地建立的基础

1. 资源基础

海派文化植根于中华传统文化，主要是指从晚清开始，近代开埠以来的上海城市文明的总和。它在海洋文化、重商环境中孕育，融合了吴越文化等中国其他地域文化的精华，同时吸纳消化一些西方文化因素，形成了自己独特的个性。具有雅俗相容、新旧相容、中西相容等特点，"兼容并蓄"是海派文化最核心的特征。黄浦作为上海经济、行政、文化中心，其深厚的历史人文底蕴和时尚精致的现代风尚集中地展现了海派文化的独特魅力，其中又以"老城厢文化"和"中华老字号文化"最具代表性。

（1）老城厢文化资源。上海老城厢是相对于租界新城区而言，晚清以来人们对上海县治所的习惯称谓。其区域范围包括原城墙以内的行政区和商住区及东门外沿黄浦江的商业码头区。作为上海城市形成的基础和策源地①，它留下了会馆、园林等传统建筑和丰富的文化遗产。这一部分资源代表了海派文化中最为传统和本土的部分，是上海文化之根，以"老"为主要特点。

（2）中华老字号文化资源。中华老字号企业是商业文化重要而鲜明的载体，比较集中地代表了海派文化中新旧传承，不断发展的部分。根据商务部公布的信息，上海中华老字号数量在全国首屈一指②，而黄浦区又是上海老字号企业最集聚的区域，拥有中华老字号品牌 96 个，占据全市老字号品牌的半壁江山以上，可谓最豪华阵容的老字号。③

2. 市民学习需求

2010 年全国第六次人口普查结果显示，黄浦区常住人口为 678670 人，其中

---

① 吴俊范.上海老城厢：一个江南城市的景观演变史及其动力机制[J].中国历史地理论丛.
2007(3)，67—77.

② 沪 180 个品牌被评中华老字号品牌 数量在全国首屈一指[EB/OL]. http://sh.sina.com.
cn/news/m/2018-11-02/detail-ihnfikve5978293.shtml.

③ 黄浦区有 16 家老字号年收入过亿 创新激发老底子活力[EB/OL]. http://sh.sina.com.
cn/news/m/2019-01-30/detail-ihqfskcp1628449.shtml.

175850 人具有大学(指大专以上)教育程度,占全区人口的 25.91％,高出上海市 3.96 个百分点;常住人口中,65 岁及以上的人口占总人口的 14.22％,分别高出全国和上海市 5.35 和 4.1 个百分点。①人口呈现学历高和老龄化程度高两大突出特点,客观上要求社区教育在发展数量的同时提高质量与品质。海派文化体验基地的建立促使我们在原有基础上对社区教育进行纵深拓展,以更好地满足市民高品质的学习需求。

3. 先行探索

海派基地设立之前,黄浦区已经与区域内的中华老字号合作开展了特色文化资源的整合、转化与共享的工作,为基地的建设运行奠定了基础。

(二)海派文化体验基地的定位

基于对资源特色、市民基础以及相关工作基础的思考,结合相关部门的要求,我们对海派文化体验基地的功能和架构进行了定位。

1. 功能定位

基地以中华老字号文化、老城厢文化为核心体验板块,设知名企业类及老城厢传统文化场馆类等具有海派文化特色的实体体验点,将具有海派文化元素的教育资源转化为市民学习资源,为各类人群提供多元化学习内容与学习方式,服务于市民终身学习,旨在传承和弘扬海派文化的全公益学习平台。

2. 架构定位

基地以"项目化"的推进方式为原则,在上海市教委终身教育处、上海市学习型社会建设服务指导中心办公室的指导下,由黄浦区学习促进办牵头组建"海派文化体验基地"建设项目组,由黄浦区社区学院负责项目的策划、调研与实施。区学促办主任、区教育党工委书记担任项目总监,区教育局分管局长、区社区学院院长担任项目组长,并设立设项目执行人、联络员各一名,整体推进项目的开展。

---

① 数据来源:(1) 上海市黄浦区第六次全国人口普查主要数据公报[EB/OL]. https://www. shhuangpu. gov. cn/zw/009001/009001007/009001007001/20111125/620633b7-2f1f-4a00-a737-7702e1d39c77.html.

(2) 上海市 2010 年第六次全国人口普查主要数据公报[EB/OL]. http://www.stats.gov.cn/tjsj/tjgb/rkpcgb/dfrkpcgb/201202/t20120228_30403.html.

三、海派文化体验基地的实践与探索

（一）文化引领为核心：源于海派文化、弘扬海派文化

"文化"是基地建设的核心，这源于我们对社区、人、文化、教育的综合思考。文化是一个区域最独特的符号，社区教育的"社区性"要凸显区域文化，才能够彰显区域特色。因此，海派文化体验基地的建立首先要充分考虑黄浦、上海的文化特色与基础。再者，"社区"中的人生活在文化中，也创造着文化、影响着文化；文化也以显性或隐性的形式存在于"社区"中，不断地影响人、塑造人。教育是一种有意识的给人正面影响的活动，所以，我们将基地打造成一个文化汇聚、转化的终身教育平台，将显性和隐性的海派文化通过不同的学习形式和载体分享给市民学习者，促使他们在学习中享受生活，体验生活与文化的关系，海派文化也通过教育活动得以传播和弘扬。只有始于文化、源于文化，传承文化、弘扬文化，教育才具有生命力和持久性。因此，文化始终是海派文化体验基地的核心与灵魂。

（二）资源整合为关键：转化显性资源、挖掘隐性资源

"社区教育资源整合就是对社区内的这些教育资源进行分门别类，按照一定的要求和方式进行选择、配置和组合，使其具有较强的条理性、逻辑性和整体性，并创造出新的教育资源。"①海派文化体验基地是资源汇集、分享的平台，实现资源整合是海派基地建立的关键，因此我们重点在显性资源的转化、隐性资源的挖掘上着力。

1. 转化显性资源：三个转变

显性文化资源有较为具体的载体和形式，主要包括场地资源、人力资源、行业（专业）优势。我们通过"三个变"，"变店（殿）堂为学堂""变专业能手为志愿者教师""变行业（专业）优势为学习内容"实现转化。一方面充实和延展了教育内容，师资队伍和助学场地；对于体验点而言，特别是毫无相关经验的企业而言，可以说是刷新了他们对资源的认知，看到了自身作为终身教育服务提供者的潜力，也促使其不断地发挥潜力，更好地服务市民；学习者则可以置于具体的文化中来学习文

---

① 李光先.社区教育资源整合模式探讨[J].广东广播电视大学学报，2013（1）.

化,体验"在斯学斯"的学习方式。

2. 挖掘隐性资源:化"无"为"有"

隐性资源多体现为制度、精神和价值观,附着在环境氛围之中或人身上,需要寻找合适的载体体现。我们通过挖掘"背后的故事",化"无形"为"有形"来展现和利用这部分资源。比如我们设计编写《海派文化体验基地市民读本》,以每个体验点为分册,既展示了体验点的发展历程,也对作为志愿者教师的职业能手进行了介绍;在《走进红房子,人在故事中——西菜文化与制作》系列微课中,不仅介绍了红房子看家好菜的制作方法,其中还融入了"名菜"与"名人"的故事,它的历任经营者也应邀出镜,讲述他们的经营管理故事,这些故事是对"中华老字号文化"中包含的工匠精神、诚信经营精神的最好诠释。

表 2-3 上海市民终身学习海派文化体验基地体验点一览表

序号	体验点名称	承办单位	资源归属类别	授牌时间
1	天宝龙凤体验点	上海天宝龙凤金银珠宝有限公司	老字号文化资源	2014 年
2	叙友茶庄体验点	上海黄山茶叶有限公司叙友茶庄		
3	劲松体验点	上海药房连锁股份有限公司劲松参药店		
4	红房子体验点	上海红房子西菜馆淮海店		
5	恒源祥体验点	恒源祥(集团)有限公司		
6	星光体验点	星光摄影器材城		
7	上海文庙体验点	上海文庙管理处	老城厢文化资源	
8	三山会馆体验点	上海三山会馆管理处		
9	豫园湖心亭体验点	上海豫园商城股份有限公司湖心亭茶楼		2019 年
10	上海市收藏协会体验点	上海市收藏协会	综合体验类文化资源	2018 年
11	黄浦区茶文化协会体验点	黄浦区茶文化协会		
12	上海市历史博物馆体验点	上海市历史博物馆(上海革命历史博物馆)		
备注	上海星光——江苏中洋体验点 2019 年接受上海市授牌,属星光体验点下设长三角体验驿站			

表 2-4　上海市民终身学习海派文化体验基地资源体系一览表

类　型	内　容	数　量	开发时间
线下资源	体验课程	6 个系列	2013 年
	体验项目	23 项	2013 年至今
	读本系列	一套市民读本(共计 7 分册) 市民识茶读本 珠宝鉴赏与保养市民读本 手机摄影市民读本	2017 年
	出版教材	2 本	2017 年
线上资源	系列微课	10 个系列(87 节课)	2014 年至今
	线上体验	1 个	2017 年

（三）机制建立为保障：长效化管理、评估促建设

"资源整合机制的作用就是用来统筹协调资源整合系统内部各要素之间的相互关系,确保资源整合系统的正常运行。"①"管理机制""运行机制""评估机制"共同保障海派基地规范、有效运转。

1. 管理机制

制定《上海市民终身学习海派文化体验基地管理制度》,对体验点的准入条件和建设内容等进行了要求;此外以年度协议的形式,明确合作各方在运行过程中的责任与义务,重点对人、财、物的使用进行了具体的规范。

2. 运行机制

基地实行项目化管理,并以年度为单位,制定项目方案设计,经费以年度为单位进行预、决算。同时建立项目联席会议制,通过例会对项目进度进行全程把握,并将项目达成度纳入相关单位和个人的绩效考核项目中。

3. 评估机制

参考市级体验基地评估要求制定体验点评估指标,建立评估机制并在过程中扎实推进。由试点评估到全面覆盖;从一年一评到一年两评,以评促建,提升体验基地的运行效能。多举并行,保障基地规范、有序、长效运行。

---

① 李光先.社区教育资源整合模式探讨[J].广东广播电视大学学报,2013(1).

四、海派文化体验基地建设成效与反思

（一）成效

1. 建立了较为清晰的区域海派文化资源框架

从理论层面把握了海派文化的内涵与特征，并对资源进行了较为系统的梳理分类，为海派文化资源的转化找到了切入点和线索；在实践的层面，设立了企业、文化场馆类等实体化的体验点，现已形成三大类别，多个点位的学习网络。其中，星光体验点还发挥行业的影响力，将辐射力拓展到上海以外的长三角地区，设"上海星光——江苏中洋体验点"，并在 2019 年作为上海市民终身体验基地首批长三角体验点接受了市级授牌，更大程度上强化了基地资源整合的力度与广度。理论上的资源框架梳理和实践上的实体化的布点，为海派文化资源向社区教育资源的转化提供了丰富而具体的落脚点，也为项目后续的推进提供了思考框架和延展空间。

2. 构建了具有海派特色的社区教育资源体系

以资源理论框架梳理为基础，分门别类，建立起了以"老城厢文化""中华老字号文化"等资源板块，并吸纳企业、场馆等不同类型的主体参与社区教育，为海派文化资源向社区教育资源的转化提供了丰富而具有特色的"原材料"。通过有效地整合与转化，目前已经形成了以课程、体验日活动、专题活动为主要形式的体验式学习资源和以教材、读本为主要形式的阅读类学习资源，两者又共同构成"线上学习资源"的主体，并与以系列微课为主体的"线上学习资源"体系相互关联，互为支持，构成了相对立体、多层面的学习资源体系。

3. 形成了以海派文化为核心的社区教育资源共同体

社区不仅是行政的区域划分，更是基于共同历史和文化心理所形成的文化共同体，区域内居民的学习需求是区域共同文化心理的体现。社区教育的资源探索不仅要基于社区共同的文化心理，还要能反映和体现区域文化、最终落实到提炼与提升区域文化。海派文化体验基地的建立，让政府，学校，企业、场馆等社会单位合力作为教育主体，与市民学习者以终身学习资源分享为纽带形成共同体，创设共享共赢的局面。

表 2-5 上海市民终身学习海派文化体验基地学习资源奖项一览表(部分)

序号	奖项名称	获奖对象	开发单位	获奖时间
1	全国终身教育品牌项目	"市民海派文化体验日"项目	黄浦区学促办 黄浦区社区学院	2014 年
2	全国终身教育品牌项目 上海市终身学习品牌项目	"海派文化 星光嘉年华"项目	黄浦区学促办 黄浦区社区学院 星光摄影器材城	2018 年
3	上海市终身学习品牌项目	"海派暑期亲子营"项目	黄浦区学促办 黄浦区社区学院	2019 年
4	全国社区教育微课大赛单节课二等奖、三等奖、优秀奖	《珠宝鉴赏与保养》系列微课	黄浦区社区学院 天宝龙凤金银珠宝有限公司	2015—2017 年
5	全国社区教育微课大赛单节课二等奖、三等奖、优秀奖	《海派女红 创意编织》系列微课	黄浦区社区学院 恒源祥绒线公司	2016—2019 年
6	上海市社区教育微课系列微课一等奖;全国社区教育微课大赛单课二等奖、三等奖	《走进红房子,人在故事中》系列微课	黄浦区社区学院 红房子西菜馆淮海店	2018—2019 年
7	上海市社区教育微课评选系列微课三等奖	《海派文化 上海故事——口述历史》系列微课	黄浦区社区学院 黄浦区茶文化协会	2019 年

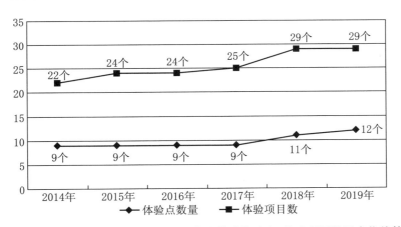

图 2-12 上海市民终身学习海派文化体验基地体验点、体验项目数量变化趋势
(2014—2019 年)

**图 2-13　上海市民终身学习海派文化体验基地体验项目数量、服务人次变化趋势图
（2014—2019 年）**

（二）反思

经过多年持续的建设与探索，基地在实践中积累了一些经验，对后续同类工作的开展提供了可借鉴可参考的思路，同时也存在一些完善的空间，值得我们在后续推进过程中关注、突破。

1. 深度挖掘资源，实现纵深拓展

虽然从理论角度对海派文化内涵的认识逐渐明晰，并不断完善、丰富海派文化资源的分类框架，为后续推进提供理论支撑和空间，但在实践中对于海派文化体验点的拓展还要继续深入，在体验点的类型、辐射范围上都力求有更多的突破与尝试；在资源建设方面，对线上资源形式做更多的探索。

2. 完善合作机制，优化合作土壤

在进行跨行业、跨领域的资源整合过程中，因行业要求不同，人、财、物的运行过程中难免会遇到一些障碍和壁垒，这些问题有待进行进一步的细化与梳理，并从顶层设计上着力，通过多部门的协商合作，不断为基地建设提供更好的政策环境和机制保障，优化合作土壤。继续完善评估机制。第三方评估是对海派文化体验基地运行绩效和规范化程度的监督和促进机制，在评估指标上要根据市、区要求并结合基地发展的要求适时进行改进和完善，以适应新形势的要求。在基地科学化、规范化的运行方面制定更多细化的举措，继续保障基地的教育服务质量和公益性。

（上海市黄浦区社区学院）

第十节　培智学校低年级段教学模式改革的实践研究

　　华东师范大学附属卢湾辅读实验学校直面特殊教育改革的浪潮，提出并构建了一种以培智学校低年级段学生为教学对象，以科学的、全面的能力评估为教学基础，以一般性的文化基础类课程、艺体与劳技类课程以及为学生量身定制的康复训练课程为教学内容，以分层走班和自然班相结合、集体课与个别训练相结合为教学组织形式的教学模式——卢湾辅读教学模式，即 LF 教学模式。本项目从改革背景、构建过程、运行流程、课程实施与评价以及最终成效等方面详细介绍了 LF 教学模式，同时还提供了丰富、翔实的教育教学案例。本项目符合全国特殊教育的改革与发展趋势，实践性和科学性并重，对特殊教育做出了有意义的改革与探索，具有较高的推广价值，其优秀经验值得其他特殊教育学校学习与借鉴。

一、背景与意义

（一）研究背景

　　2016 年 12 月，教育部发布了《培智学校义务教育课程标准（2016 年版）》，该标准针对智力障碍学生智力发展水平的实际情况，以生活为核心研制、开发了 10 门课程标准，包括"生活语文""生活数学""生活适应""劳动技能""唱游与律动""绘画与手工""运动与保健"7 门一般性课程及"信息技术""康复训练""艺术休闲"3 门选择性课程。这是我国多年来特殊教育发展和教育教学改革经验的集中总结，对于进一步提升特殊教育质量、办好特殊教育具有重要意义。在如今教学对象障碍程度严重、障碍类型多样化、多重残疾增多的情况下，学校生存教育实践面临新的挑战：以年龄分班的自然班教学对文化类一般性课程标准实施存在困难，不同能力水平的学生在同一课堂中的学习有效性不高，如何优化教学组织形式，如何根据学生的障碍程度展开差异性教学，并能科学、高效地促进特殊学生的发展是学校教学上亟待解决的问题。面对学生的多重障碍，康复训练课程如何为他们确定合适的干预方向和内容、如何科学安排课时、如何与其他课程渗透融合都是学校需要解决的问题。如何在《培智学校义务教育课程标准(2016年版)》的指导下,进行差异性、多元性和个性化的教育教学,是特殊教育学校发展和改革的重点和难点。

（二）研究意义

本研究以低年级段学生为研究对象,立足培智学校发展实际、着眼于学校的生存教育教学实践中存在的瓶颈问题,旨在探究科学的、高效的教学模式以适应教育对象的多元化需求和个性化发展,进一步提高培智学校生存教育的质量和内涵。其研究成果将对其他特殊学校具有重要的参考和借鉴价值,对全面准确把握和落实国家课程标准,促进学生全面发展、更好地融入社会具有重大的实践意义。

二、实践与探索

（一）构建LF教学模式

为了进一步提高培智学校生存教育的质量和内涵,解决培智学校的生存教育教学实践中存在的瓶颈问题,促进学校的跨越式发展,卢湾辅读学校在前人对特殊儿童教育教学的研究基础上,根据学生的基本情况并结合自身的办学特色,在"医教结合"的背景下,以学生个性化教育需求为起点,以《培智学校义务教育课程标准(2016年版)》为依据,对培智学校现有的教学模式进行重新定位与改革,提出并构建了一种适合教育对象多元化需求和个性化发展的教学模式——卢湾辅读教学模式,即LF教学模式。

1. LF教学模式的内涵

LF教学模式是指以培智学校低年级段学生为教学对象,以科学的、全面的能力评估为教学基础,以一般性的文化基础类课程、艺体与劳技类课程以及为学生量身定制的康复训练课程为教学内容,以分层走班和自然班相结合、集体课与个别训练相结合为教学组织形式的教学模式。

2. LF教学模式的架构

如图2-14所示,LF教学模式主要分为设置课程、编制评估工具、评估与安置学生以及实施教学4个部分。

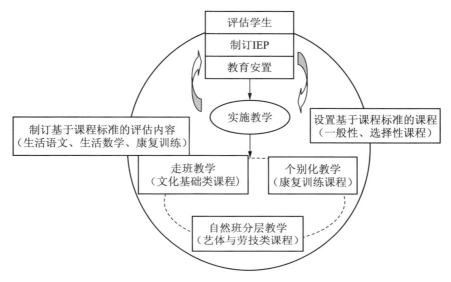

图 2-14　LF 教学模式的架构图

3. LF 教学模式的运行

如图 2-15 所示,LF 教学模式遵循以下的运行流程:教育评估→制订个别化教育计划(IEP)→教育安置→实施教学→过程性评价→调整 IEP→调整后的教学实施→终结性评价。

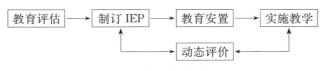

图 2-15　LF 教学模式运行流程图

(二) LF 教学模式的课程实施与评价

1. 康复训练课程的实施与评价

教师通过课程标准的框架,分别对动作训练、感知觉训练、沟通与交往训练、情绪与行为训练四大模块的内容进行细化,从而形成教学内容的主体。

教师在细化康复训练课程的教学内容时,应遵循以下几项原则:第一,科学性原则。根据《培智学校义务教育康复训练课程标准(2016 年版)》,以学生自身能力水平为基础选取相应的训练内容,普遍性与特殊性相结合,合理地编写康复训练课程的教学内容。第二,实用性原则。康复训练课程的教学内容要利于最大限度地挖掘学生的潜在能力,利于提高学生的生活能力,利于学生参加社会活动及人际互动。第三,可接受性原则。采取由浅入深、"小步子多循环"的方法,循序渐进地使学生接受康复训练的内容。

根据《培智学校义务教育康复训练课程标准(2016 年版)》中每个领域的训练内容,通过分析康复训练内容与目标的匹配度、教学内容与生活的相关性,观察学生在课堂中的参与情况,评价选择的康复训练内容是否适合学生,以促进教师更好地把握学生的生活和学习需求并适时调整训练内容。结合学生的具体情况,教师可以选择或者编选合适的评估量表对学生进行评估。

使用"评估—训练—再评估"的程序。学期初,教师利用评估工具评估学生的现有水平并制订康复训练方案;依据方案开展针对性的训练,通过阶段性检测,在训练中适时调整目标和内容。学期末可对训练效果进行全面的再评估,进而制订后续的康复训练方案。

2. 文化基础类课程的实施与评价

学校以生活语文每周 4 个课时、生活数学每周 3 个课时开展走班教学。走班教学过程中,学生需要从自然班进入相应的能力班。每天的走班教学课程需要安排在同一时间段内,分别由 3 名语文教师、3 名数学教师担任教学工作。以 2017 学年第二学期低年级段生活数学教学内容为例,根据 A、B、C 班学生的生活数学学业能力评估情况以及低年级段生活数学课程标准的要求,各班任课教师分别选择适合班级内学生的教学内容(见表 2-6)。

表 2-6　2017 学年第二学期低年级段生活数学教学内容

教学内容	班　级		
	A 班	B 班	C 班
常见的量	/	1. 长短 2. 高矮	1. 长短 2. 高矮 3. 粗细
数与运算	1. 10 以内的减法 5 减几 2. 10 以内的加法 (1) 得数是 6 的加法 (2) 得数是 7 的加法 (3) 得数是 8 的加法 (4) 得数是 9 的加法	1. 认数 4 (1) 手口一致点数 4 个物体 (2) 读写数字 4 2. 认数 5 (1) 手口一致点数 5 个物体 (2) 读写数字 5 3. 认数 6 (1) 手口一致点数 6 个物体 (2) 读写数字 6	认数 (1) 1—10 的唱数 (2) 认数 1 (3) 认数 2

续表

教学内容	班　　级		
	A班	B班	C班
图形与几何	图形的认识 （1）认识长方形 （2）认识正方形 （3）认识圆形	1. 图形的认识 （1）认识球体 （2）认识圆形 2. 位置的认识 前后	/
统　　计	按形状分类	/	/

　　学校运用现代信息技术实现了智慧课堂，为学生配备了 iPad、希沃白板等设备，还开发了与生活语文、生活数学教学内容相匹配的教学软件。这套教学软件主要运用于 A 班的教学，使用定制软件和 iPad 进行互动教学，充分发挥多媒体图文并茂、声像并举、形象直观的特点，激发学生的学习动机和兴趣，提高学生的积极性、互动性。通过动手操作实物或图文卡片，帮助学生理解学习内容。比如，在低年级中重度智障学生的生活数学教学中，教师选择学生熟悉的日常生活用品，通过动手操作的形式开展生活数学知识与技能的教学活动。在生活语文教学中，教师通过为每个学生制作与教学内容相关的主题图，将主题图中相关的图卡、字词卡的运用贯穿整堂课的教学。重度智障学生存在严重的注意障碍，在集体教学中穿插个别训练，能够让学生有更多的时间得到训练，减少等待的时间。通过一对一的训练，能够更好地关注到学生的注意、动作、认知情况。

　　为了跟踪学生的学习情况，检验学生的学习成效，开展课程本位评估。教师根据每学期确定的教学内容设计课程本位评估的内容，每两三周对学生进行一次评估，记录学生的发展变化。课程本位评估可以为教师及时了解学生的学习情况，调整教学目标与教学策略奠定基础。

三、认识与思考

（一）概念的界定

　　教学模式是指构成课程和课业、选择教材、提示教师活动的一种范型或计划。本项目研究的培智学校教学模式是指为适应智力障碍学生发展进行合理的课程设置与教学组织的一种范型。

（二）培智学校教学模式的发展

从文献研究我们可以发现，我国从未停止对培智学校教学模式的探索与实践，从传统的分科教学到主题式教学，从班级集体教学到个别化教学、小组合作教学等多种教学形式的出现，说明我国培智学校的教学模式处于不断地发展与变革之中。纵观目前国内的特殊教育工作者对培智学校教学模式的研究与探索，其中有不少的成功经验，主要表现在教育教学观念、教育教学环境、教育教学内容、教学组织形式以及教学过程等方面。伴随着新技术的发展以及教育理念的更新，特殊教育教学模式也不断进行调整、优化或重新建构。

（三）教学模式改革的思考

改革的目标是以学生个性化教育需求为起点，以课程标准为依据，对培智学校现有的教学模式进行重新定位与改革，构建适应教育对象多元化需求和个性化发展需要的教学模式。

新的教学模式需要明确适宜不同课程的教学组织形式，根据学生的特点优化教学安置方式，以提高教育教学质量。在培智学校课程改革过程中，应整合专业人员，将教育与康复有机结合，采用各种手段与形式，使学生达到和维持身心最佳状态，为其适应生活、学习提供必要的基础。新教学模式在运行过程中应该全方位适应具有显著个别差异且不断发展变化的教育需求，保证各学科的课程有严谨的运行机制，同时学科与学科之间还应该充分配合与协调，循序渐进地促进学生的协调发展。

四、成效与反思

（一）研究效果

1. 学生学业能力提升明显

以文化基础类课程（生活语文、生活数学）为例，对教学模式的实施成效进行探讨。对生活语文学业能力前后测测试结果进行整理、分析后发现，绝大多数学生的生活语文学业能力得到了显著的提升（见表 2-7）。在倾听与说话方面有 16 名学生表现出不同程度的进步，其中 7 名学生的学业能力等级提高，占比 41%；9 名学生虽然在学业能力等级上保持不变，但分数提高，占比 53%。在识字与写字、阅读方面，有 6 名学生的学业能力等级提高，占比 35%；10 名学生的学业能力等级保持不变，但分数提高，占比 59%。

表 2-7 学生生活语文学业能力发展情况（N＝17）

	倾听与说话	识字与写字	阅　读
学业能力等级提高	7	6	6
等级不变、分数提高	9	10	10
无变化	1	1	1

生活数学学业能力评估比较结果,将增长率作为评测学生发展情况的主要指标。增长率为学生的进步数值与基线期数值的比值,即增长率＝(后测得分率－前测得分率)÷前测得分率。对参与实验的学生的前后学业能力评估测试结果进行汇总。从表 2-8 可以看出,B 班和 C 班学生的实验效果极其明显,B 班学生 4 个模块的测试结果进步显著。

表 2-8 各班学生生活数学学业能力评估测试结果 （单位:％）

	常见的量			数与运算			图形与几何			统　计		
	前测	后测	增长率	前测	后测	增长率	前测	后测	增长率	前测	后测	增长率
A班	49.54	68.56	38.39	46.04	59.13	28.43	74.61	76.99	3.19	66.67	85.71	28.56
B班	7.78	18.15	133.29	6.05	11.65	92.56	18.52	35.18	89.96	5.55	11.12	100.36
C班	5.83	42.50	628.99	0	8.38	838.00	27.78	36.13	30.06	0	0	0

2. 教师专业水平得到提高

通过理论联系实践的课程改革和教育教学的研究,学校一批教师成为能用先进的教育理念化为教学实践的探究者,一支研究型的教师队伍正在悄然形成,不断扩大。教学模式改革的落点是教学实践活动。通过参与行动研究,我校教师的教育理念上升到一个新的高度,教学技能等各方面都有了很大的提高。针对如何基于新课程标准,在课堂教学的过程中体现新教学模式的优越性,卢湾辅读学校教师进行了大量的教学研讨活动,并在校内外进行教学展示与交流。在课题研究中,教师们既是教学改革的实践者,又是研究者。教师们以教学问题为起点,与专家一起探讨,在完成各项研究任务的过程中,促进了科研能力的发展。在投身到教学模式改革实践的过程中,我校课题组成员、各教研组成员组成了一个和谐、默契的团队。从课题启动开始,无论是建构框架、确定内容,还是课程教学实践、对外交流与展示,课题组成员们始终同心协力、配合默契。

（二）研究反思

虽然我们已经取得了课题研究的阶段性成果，但在后续的工作中还有许多值得改进与完善之处。

全面落实培智学校部编教材的校本化实施。随着部编教材的全面推进，我们将全面开展部编教材的校本化实施研究，探索部编教材的教学设计、教学策略等。

推动中高年级段教学改革的实践研究。随着学生年级的上升以及学习能力的提升，后续基于课程标准的中、高年级段的学业能力评估也要跟上，从而更好地为走班教学、分层教学提供参考依据。

加强特殊教育专业的师资力量。随着生源的障碍程度逐渐加重，学校对于不同领域的康复训练师资的需求越来越大，对康复训练教师的专业知识和技能的要求也越来越高。

（本文为全国教育科学"十三五"规划 2016 年度教育部重点课题"基于课程标准的培智学校低年级段教学模式改革的实践研究"研究成果，课题批准号：DHA160377，项目主持单位华东师范大学附属卢湾辅读实验学校。执笔者为许悦、丁华英。）

第十一节　培养"中国心　世界眼"的黄浦视角

黄浦区从 2018 年 6 月至 2019 年 3 月，历时 9 个月完成了对区内所有初中八年级学生进行的"黄浦区初中生跨文化国际理解力测评"，形成了《上海黄浦区初中生跨文化国际理解力测评研究报告》。

一、缘起：跨文化国际理解力的价值追求

2018 年 11 月习近平总书记在考察上海工作时指出，上海要继续当好改革开放排头兵。作为由江南文化、红色文化、海派文化、现代文明滋养的现代国际化大都市，上海在中国发展的新的历史时期，承担着实施长江三角洲区域一体化发展的国家战略任务。培养具有"中国心　世界眼"的现代专业人才是上海基础教育的重要职责。除了红色文化和江南文化，"海纳百川、追求卓越"的海派文化独特风格深深融入区域血脉。以保障区域教育均衡化为原则，"国际化和多元化"是黄浦区现

阶段教育发展的重要特点。

为了深入了解教育国际化相关政策的实施效果,落实黄浦区跨文化国际理解教育"四个一"的行动计划,黄浦区教育国际交流中心与上海市跨文化基础教育研究中心合作,开展了"黄浦区初中生跨文化国际理解力测评"项目,收集了区域内24 所中学全部八年级学生的跨文化国际理解力的问卷调查信息。

二、界定:跨文化国际理解力的实质内涵

跨文化国际理解力由"跨文化"和"国际理解"两个重要概念组合而成。在基础教育和人力测评领域,跨文化更多以"人"为对象,指学生(或教师)所具有的"跨文化"素养[1][2]。

本项目是以对学生跨文化素养的测评为切入点,同时关注以学校为核心的学生学习氛围中国际理解力课程和活动,因此,将本项目的核心概念列为:跨文化国际理解力。在下文的描述中出现的"跨文化国际理解力"一词,有的从学生能力和测评角度,侧重于"跨文化素养";有的则从学校组织学习活动的角度,侧重于"国际理解"。

参照经济合作与发展组织(OECD)的"全球素养"(Global Competency)的架构,同时考虑中国本国国情及上海国际大都市特色,本项目将跨文化国际理解力界定为:"青少年在一个语言多样和文化多元的情境中,能够分析当地、全球和跨文化的问题,对当地和本国文化有基于客观理性认识和理解基础上的认同,同时能够理解和欣赏他人的观点和世界观,能够与不同文化背景中的人进行开放得体而有效的沟通互动,开展合作,并具备为世界的和平与可持续发展采取行动的能力。"[3]

基于概念的内涵界定,跨文化国际理解力的指标体系包括以下 3 个一级维度,以及 13 个二级指标。具体如表 2-9 所示。

---

[1] OECD. Global Competency for an Inclusive World[M]. Paris:OECD,2016.

[2][3] 上海市跨文化基础教育研究中心.中西融合课程与学生跨文化素养培育//占盛丽、丁玲玲(主编).上海市区域教育国际交流:2018 年度情况综述[C].上海:上海市跨文化基础教育研究中心,2020:20—25.

表 2-9 跨文化国际理解力指标体系

一、知识与理解	1. 本国文化知识
	2. 世界的知识
	3. 全球的知识
	4. 跨文化理解
二、跨文化技能	5. 双语/多语言能力
	6. 同理心
	7. 适应力
	8. ITC 技能
	9. 恰当的互动方式
三、态度	10. 对跨文化议题的好奇心
	11. 全球意识
	12. 开放的心态
	13. 尊重

三、行动：跨文化国际理解力测评实施

（一）"学生跨文化国际理解力"问卷内容和形式的设计

基于"学生跨文化国际理解力"的概念框架和测量指标体系①，问卷包括框架

---

① 上海市跨文化基础教育研究中心的"跨文化国际理解力"问卷设计，参照 PISA 中"全球素养"的测评问卷，同时基于中国、上海的实际情况，增加"对本土和中国知识的理性认识和认同"的内容。在 2018 年 3 月形成初稿后，通过以下步骤进一步改进问卷：

1. 请基地学校（万源城协和双语学校）初中部的 12 名教师和 4 名学生对问卷做了试测。

2. 基于试测问卷反馈，与参与试测的教师座谈，讨论问卷与学校初中课程的衔接性和学生答题可能存在的难点。

3. 基于学生试测的反馈，与 1 名学生进行深度访谈，对 2 名学生一起做焦点式访谈。与学生访谈的主要目的在于了解学生对问卷题目和用词的理解，以及学生的回答与出题者回答意图的吻合度。

4. 基于学生和教师的试测反馈，以及座谈、访谈的反馈，对问卷题目设计做了进一步的修订：题目用词更贴近学生的日常和学习，有些概念过于抽象或容易引起歧义，增加了举例说明；部分题目增加了情境，以便于学生依据情境做出相应的判断。

所确定的三个维度 13 个指标体系的相关内容外。同时,基于对中国学校教育中对"国际理解力"课程界定的理解,结合黄浦区实际情况,项目组在问卷还设计了以下内容:(1)被试学校开展的中外交流活动;(2)被试学校内的外教数量及对所在学校教育教学的参与程度;(3)学生对外教课堂及与外教交往的感受和收益。

同时,学生的跨文化国际理解也会受到学生家庭背景的影响,因此也设计了一些学生家庭中的跨文化元素及活动,包括:(1)家庭亲戚的外语能力;(2)家庭亲戚中的留学或境外定居状况;(3)与家人出境/国旅游的情况。

同时,项目组运用现代技术手段,项目组将生成的问卷设计成网上问卷,保证问卷的顺利实施和数据的准确回收。

(二)黄浦区学生跨文化国际理解力的整体评价

从样本数据看,参与调研的学生性别构成基本平衡,男生的比例稍高一些(男生占 53.73%,女生占 46.72%)。从数据整体看,可以得出以下结论:

(1)黄浦区学生构成初步具有多元化和国际化的特征,95.5%的学生为中国大陆汉族学生,3.1%的学生为大陆地区的少数民族学生;同时有 0.5%的学生来自中国港澳台地区,另有 0.9%的学生来自其他国家和地区。

(2)从 13 个指标来看,学生普遍具有跨文化国际意识和视野,对于问卷中涉及的国内和全球议题,几乎都有所耳闻。

(3)学生对于风俗习惯文化、气候等与日常生活相关的国内国际议题,了解相对比较多;而对于政治经济社会相关的议题,则只听闻而不知其内在逻辑。

(4)在知识的了解和理解方面,在对不同的议题上,大部分以"有所耳闻但说不清楚"或者"有所了解并能大致描述","很熟悉且能很好地进行解释"的比例相对不高。

(5)学生普遍具有跨文化的技能,在同理心、适应力跨文化交流意识方面,学生的自我报告都很积极正面。

(6)学生对跨文化素养态度普遍正面积极,对于全球关注议题都有较强的行动力,对于其他文化普遍有好奇心,持尊重的态度和开放的心态。

(7)学校是学生学习跨文化国际理解力的重要场所,例如,学生参加学校组织的英语演讲、戏剧表演、与国外学校和学生的互访交流等,不过,这些活动的参与学生名额有限。学校教师和课堂教学通过小组合作、项目制学习、综合主题活动,以及教师引导对全球新闻和时事议题的关注和讨论,有效地促进了学生的跨文化国际理解力习得。

(8)学生的家庭和社区具有丰富的外语学习资源,大部分学生家庭具备双语甚至多语能力。

(三)学校培育学生跨文化国际理解力的有效途径

1. 学生在学校学习到的跨文化国际理解力收获

依据学生的回答,学校在学生的跨文化国际理解力提升中起到了很重要的作用,1/3 以上的学生表示"经常"在学校学习到信息技术能力、外语能力、世界知识和全球问题,回答"有时"的学生比例则在 37%～53%。仅有不到 5%的学生表示"从来没有"。

2. 学校组织的跨文化国际理解力学习活动

在学校组织的各项跨文化国际理解力学习活动中,学生参与较多的是庆祝中国传统文化节日的活动,表示"经常"和"有时"参加的学生比例分别为 46.33%和 35.95%;对于其他国家的传统文化节日和世界性节日,大概有近一半的学生"经常"和"有时"参加,约有 20%～25%的学生没有参加过这些活动;有一半左右的学生没有参加过英语演讲或戏剧节、接待外国访问团或到国外学习交流。仅有 15%左右的学生表示"经常"参加过上述活动。

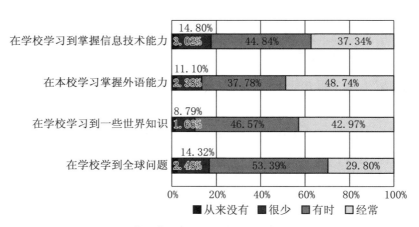

图 2-16　学生在学校学习到的跨文化国际理解力

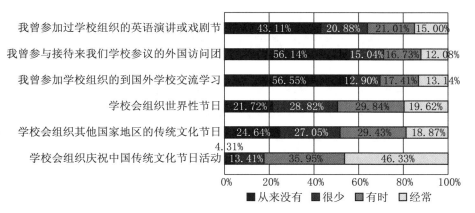

图 2-17 学生所在学校的跨文化国际理解力学习活动

3. 课堂和教师提供的跨文化国际理解力学习活动

学生的回答是,教师和课堂教学为他们提供了很多提升他们跨文化国际理解力学习的活动,例如,有 90% 以上的学生表示老师"经常"或"有时"教导他们要"与他人和平共处""通过媒介帮助学生了解时事新闻",有 70%~80% 的学生表示教师在课堂教学中会组织开展小组合作、项目制学习、综合实践活动,会关注全球议题,并邀请学生对国际新闻发表看法。以上议题,回答"从来没有"的学生比例都在 10% 以下。

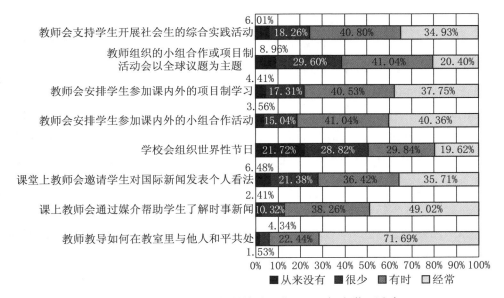

图 2-18 课堂和教师提供的跨文化国际理解力学习活动

四、启示:面向未来的教育国际化的思考和展望

作为全国和上海教育综合改革实验区,黄浦区教育局和教育学院一直为打造最具海派文化特点的中心城区精品教育、创办高位均衡的基础教育发展示范区而坚持不懈地努力。以黄浦区八年级学生为样本的"学生跨文化国际理解力项目"的实施,为黄浦区进一步落实《黄浦区教育国际化"十三五"实施方案》和《黄浦区跨文化国际理解教育"四个一"行动计划》提供了来自学生和学校层面的反馈信息,为检验"外教进课堂"、教师培训项目和各类学校间的国内外交流合作项目开展的实施效果,以及进一步提升黄浦区教育决策的科学性和针对性提供了有力的支持。

本报告也同时分析和说明本项目基于样本对象、实施时长等原因带来的局限性,以便区域更为科学地利用本报告,有针对性地丰富黄浦区区域和学校层面的跨文化国际理解力相关学习活动,多维度地促进学生的跨文化国际理解力发展,提升黄浦区整体的教育国际化程度,服务于黄浦区海派文化特点的中心城区建设。

基于本项目上述数据分析和结论,参照黄浦区教育国际化发展目标,尤其是"十三五"期间提出的实施方案和各项政策措施,以保障区域均衡、丰富和充分利用学校—家庭—社区资源为原则,本研究得出以下启示:

(一)推进区域均衡发展的启示:跨文化国际理解力的视角

本项目分析发现,在跨文化国际理解力的知识和理解、技能、态度三个维度,黄浦区学生普遍表现积极,具有对本国传统文化的理解和认同、跨文化国际意识和视野,并具备开展国际交流所需要的同理性、开放性、适应力、跨文化交流意识和全球意识。

同时,依据学生的回答,学校是学生学习跨文化国际理解力的重要场所,例如,学生参加学校组织的英语演讲、戏剧表演、与国外学校和学生的互访交流等,这些都有助于学生跨文化国际理解力的提升。这也证明了黄浦区教育局和教育学院,尤其是教育国际交流中心在"十二五"和"十三五"期间开展跨文化的各项国际理解力交流合作的有效性,包括区域内中小学与国外中小学的校际合作、派出区域内学生开展出国修学、交流和浸润式学习、举办外语文化节、开展国际理解演讲比较等各种活动,都取得了显著的成效。

然而,从学生的回答中也发现,学校组织的英语演讲、戏剧表演、与国外学生学校间的互访活动,只惠及部分学生,有相当一部分(50%左右)的学生表示没有机会

参加这些活动。从丰富区域跨文化国际理解力资源、促进学生和学校间跨文化国际理解力资源分配的均衡性,建议:

(1) 教育行政部门应该为更多的学校提供更多姐妹结对学校,学校覆盖面要更广;

(2) 学校内的学生跨文化交流活动,要覆盖更多的学生,例如姐妹校之间要有更多的交流;

(3) 学区、协作块和教育集团之间在跨文化国际理解方面要做到资源共享。

(二) 丰富(跨文化)国际理解课程的启示:区域和学校的视角

作为中国红色文化发源地和海派文化聚集地的上海中心城区,黄浦区学生显示了他们对本国文化的了解和认同,以及对世界全球文化宽广的接触面和开放度。本项目的调查和分析发现,学生普遍具有本国认同、跨文化国际意识和视野,对于问卷中涉及的国内和全球议题,几乎都有所耳闻。同时,也需要清楚的是,在知识的了解和理解方面,在针对不同的议题上,大部分学生"有所耳闻但说不清楚"或者"有所了解并能大致描述","很熟悉且能很好地进行解释"的比例相对不高。例如,对于中国本国知识,学生对于风俗习惯、文化、气候等与日常生活相关的国内议题,了解相对比较多;而对于政治经济社会相关的议题,则只听过而不知其内在逻辑。对于全球知识,气候和环保等议题相对关注度和了解程度较高,而对贫困、平等议题,以及需要在不同要素间建立联系的经济议题,则不太关注或者了解不深入,无法清楚阐释。

究其原因,一方面是我国初中课程设置内容可能还不涉及相关内容,另一方面是学校教学中没有引导学生对相关的议题做深入的探究和表达。呼应《黄浦区教育国际化"十三五"实施方案》和《黄浦区跨文化国际理解教育"四个一"行动计划》,在区域层面,黄浦区要做好跨文化国际理解力课程和活动的顶层设计,设计出具有海派特征、黄浦特色的跨文化国际理解力品牌活动,具体包括:

(1) 围绕中国国情和优秀传统文化,开设一系列的跨文化国际理解力课程和主题活动,提升黄浦区学生的家国情怀;

(2) 立足多元文化和国际背景,开设一系列的跨文化国际理解力项目化学习和主题活动,拓展黄浦区学生的国际视野。

(本文系上海黄浦区初中生跨文化国际理解力测评研究报告,
作者为上海市向明初级中学　冯　强)

第三章

深化现代技术应用

　　加快信息化时代教育变革是中国教育现代化面向2035的十大战略任务之一。随着大数据、人工智能、物联网、5G等新技术的发展，信息化时代的教学、管理、服务日益与现代技术相融合，以主动适应新一代信息技术对学校形态的重塑。面对时代的发展与变革，黄浦教育深化现代技术应用，利用现代技术加快推动人才培养模式改革，实现区域性推进与个性化培养的有机结合。

　　本章不仅呈现了区域层面立足教育现代化的整体推进，还展现了学校在现代技术应用方面的特色探索，聚焦的主题主要有云教育、人工智能、思维可视化、数字化综合素质评价和儿童监测分析等。黄浦教育积极顺应人工智能时代育人方式的转型需求，为学校课程教学的实践赋能，以教育信息化助推教育现代化。

第一节　以教育信息化助推海派教育现代化

教育信息化是教育现代化的基本内涵和显著特征，是信息时代促进教育改革，引领教育创新，提升教育质量，促进教育公平的有效手段①。黄浦区作为上海市中心城区和信息化建设先行区，在区域教育现代化的推进过程中，以信息化为引领，以改革创新为动力，抓牢基础教育和信息化融合创新发展顶层设计，系统、整体推进区域信息化发展，努力打造面向未来、有品质的海派教育。

一、背景与意义

信息技术对教育的影响日益深入，以教育信息化全面推动教育现代化已成为我国教育事业改革发展的战略选择②。面对新时代、新发展，国家层面越来越密集出台政策，明确意义并部署教育信息化建设。2010 年国务院印发《国家中长期教育改革和发展规划纲要（2010—2020 年）》，提出"信息技术对教育发展具有革命性影响"；2012 年教育部印发《教育信息化十年发展规划（2011—2020 年）》明确"以教育信息化带动教育现代化"；2016 年教育部印发《教育信息化"十三五"规划》，2018 年教育部印发《教育信息化 2.0 行动计划》；2019 年中共中央、国务院印发《中国教育现代化 2035》文件，指出"加快信息时代教育变革"。与此同时，上海市也密切响应国家号召，陆续推出省级层面的教育信息化专项规划和实施计划。

---

① 杜占元.以教育信息化全面推动教育现代化[DB/OL].http://edu.china.com.cn/2017-10/24/content_41782598.htm，2017-11-15.

② 吴砥，邢单霞等.走中国特色教育信息化发展之路——《教育信息化 2.0 行动计划》解读之三[J].电化教育研究，2018(6)：32—34.

在国家和上海整体部署推动、信息技术高速发展的时代背景下,区域层面的教育信息化工作至关重要。黄浦区一直以来高度重视教育信息化建设与应用,起步早、推进扎实。自 20 世纪 90 年代被教育部命名为"全国现代教育技术实验区"以来,黄浦区教育信息化工作始终走在全市前列。率先在全市建成"万兆双环主干,千兆到校"的光纤教育城域网,实现校区无线网覆盖,完成下一代网络 IPv6 实验等,为教育教学的信息化应用提供了技术保障。

近年来,黄浦区更是注重以信息化带动教育发展。不断完善区教育信息化工作管理体制和机制,相继制定了区域教育信息化专项发展规划和配套政策,做好顶层设计,规范项目管理,提升应用成效。在整体布局上,以区域为主导,提供发展保障;在工作落实上,以校为本,百花齐放,让信息化更贴近学校师生的需求,服务于教育综合改革发展的需要。全区以"发掘学生潜质,激发学生兴趣,指导学生学习,成就学生价值"为基本目标,通过发挥信息技术的优势支撑教育改革和创新,助力教育信息化实现从"量变"到"质变"的转变。

进入信息时代,教育信息化要从 1.0 向 2.0 转型升级,抓住 5G、大数据、人工智能、物联网等新技术的发展机遇,实现信息化时代教学、管理、服务的思路与方法融合创新,对黄浦区教育现代化和教育综合改革具有重要意义。

二、思考与认识

教育信息化是实现区域教育现代化的重要基础。黄浦区不断深化对教育信息化工作的认识,调整教育信息化工作理念,力争做到技术应用有前瞻性,服务教学有针对性,指导学校发展有引领性,积极推进智慧校园建设,满足学生个性化学习的需要。

一是规划领先,采取滚动发展的建设方针。致力于黄浦区教育数据中心(EDC)建设,将原来传统的数据中心改造为虚拟化数据中心,在此基础上逐步建设黄浦教育私有云,从而提高资源利用率和管理效率。通过黄浦教育私有云的开放,提高中小学幼儿园数字校园的应用水平,进一步提高安全性和运行效率。

二是以应用为导向,注重教育信息化的内涵发展。构建黄浦区教育用户身份认证体系,提供跨业务平台的统一基础管理服务。以应用平台支撑区域教育改革发展。尤其是加强以学生为中心的平台建设,如学籍及招生考试管理平台、学业质量监测系统(含学生学业成绩、体质监测数据及教学反馈系统)等。同时加强以教师为核心的平台建设,包括人事管理系统、教学评价反馈系统等。

三是科学决策,注重教育信息化在教育教学中的实际应用效益。将建设重心及时走向应用创新,在区域统一协调中,逐步由教育资源积累向促进教与学方式的转变,形成百花齐放的个性化应用格局。如区域层面着力推动整个教研系统深入到信息化教育教学运用的第一线,加大研究力度,以此引导和带动教师将信息技术与教育教学深度融合,推动教育信息化应用的常态化。

四是重视教师培训,提高教师的信息素养。不断加强中小学教师信息技术应用能力的提升,促进教师以下三个方面的提高:一是教师在信息化教学情境中的教学经验,创造性地应用于其他新的信息化教学情境中,从而驾驭信息化情境中的基本教学原理、方法与策略;二是在课堂信息化教学情境中,实现师生之间的多元化教学交往以及学生信息化学习的评价能力;三是教师与同事、专家合作,构建基于信息技术和传播技术的集体教学,不仅支持学生的有效学习和创新能力的发展,同时也促进教师自身的专业发展。

三、实践与探索

黄浦区坚持"统筹规划、统一建设、集中运行、分步推进"的教育信息化实施理念,从区和校两个层面齐头并进。区层面从基础建设和教学应用两方面入手,加强区教育数据中心项目建设,为教学应用提供保障;学校层面以特色应用为主,顺应课程教学改革和师生需求,聚焦于学生成长,全方位开展信息化探索。在推进教育综合改革过程中形成了教育信息化建设的不同做法和典型经验。

（一）开展黄浦教育数据中心（EDC）建设

通过虚拟化技术将原传统的数据中心建成黄浦教育私有云,为区内各教育单位提供基于云计算技术的网络计算资源和网络储存资源,降低学校信息化运维成本。经过两期的建设,目前数据中心虚拟化改造已经完成,黄浦教育私有云初见成效。一是数据中心主干链路南北向带宽已升级为万兆,提供快速的服务交付通道,在今年在线教学过程中为全区5万名中小学生提供了区级课程资源平台的点播服务,高效可靠。二是拥有较充足的计算资源,配置了主备存储系统,为各类业务运行提供存储资源。三是数据中心目前运行的虚拟机数量已超过250个,黄浦教育私有云服务基本完成,已全面开放。

（二）打造多个基于标准规范的应用平台

黄浦区教育数据中心系统平台的工作基于三个维度：一是为各类教育业务软件系统的开发和建设提供统一的数据标准和技术规范；二是开展包括人事管理系统、财务管理系统、学籍管理系统等在内的各类区级教育业务平台的开发建设工作，实现区教育业务子系统的有效整合；三是针对区教育数据中心软件系统积累形成的有效数据构建数据仓库，通过数据清理、数据集成和数据转换等处理，开展数据挖掘，形成有效的教育业务相关知识信息，从而为教育行政管理提供决策支持。目前已成熟应用的重点项目如下：

1. 围绕学生主题开展平台建设、构建数据系统

主要涉及的应用平台包括：学籍及招生考试管理平台、学业质量监测系统等。围绕教师主题开展平台建设、构建数据系统。涉及教师的应用平台主要有：人事管理系统、学业质量监测系统、学生综评系统、教师专业化发展管理平台等系统。构建黄浦区教育用户身份认证体系，提供跨业务平台的统一基础管理服务。实现了区内在人员组织机构管理和用户统一身份认证方面的信息化管理要求。集中解决了用户组织机构管理、人员角色权限设置、数据字典维护和单点登录服务。为无线登录认证等提供统一的用户身份认证。

2. 构建黄浦 e 课堂

录制并整合形成涵盖基础型、拓展型及综合素养提升类的优质课程，形成区级课程资源平台，打造特色课程共建共享的环境，打破了学校围墙，让更多的学生能享受到优质课程资源，满足了全区近 5 万名中小学师生的点播教学需要。区域共享的多层面课程管理平台是由黄浦区承担的市教委研究项目，目前智能化排课系统已在全区近一半高中和部分初中、小学得到应用。不但提高了高中走班制背景下的排课效率，实现学校班级课和走班课的一体化统筹安排，提供学生人手一个课表的个性化的学程体验，而且以各校课程体系、课程结构、课程设置为基础，面向区、校多层面建立标准化区域课程信息实体，通过区域课程信息云实现区校课程信息的共享，促进了学校课程管理水平的提升。

3. 应用网络教研平台

有着 15 年建设和应用历史的区学科教研平台（学科网），目前已成为黄浦区教师搜集学科信息、处理教学问题、在线教研互动、师生知识学习、课程建设和教学管理的重要平台，成为学科教师每日关注最多的教学资源库，实现黄浦网络教研的常

态化。区教育科研网也实现了全区各级各类课题的申报、中期交流、结题等的过程性管理,并形成了数字化档案管理体系。在"零起点"政策背景下,在研发区域小学一二年级语文、数学、英语三门学科的学业评价方案的基础上,开发了区校两级小学低年级学业评价平台。目前,评价平台已安装到全区全部小学,实现了校本化应用。区域课堂观察平台的组织架构依据信息化平台的组织与架构原则,以网络为虚拟载体,为教研员和教师提供具有专业性、实用性、便捷性、开放性的课堂观察流程导引和课堂观察工具。

（三）学校聚焦于学生成长,形成具有特色的信息化应用

1. 探索学生综合素质评价的一体化衔接

格致初级中学以格致中学的学生评价体系为基础,根据绿色指标,结合学校办学实际,学校确立初中阶段学生"五能"评价体系,包含了道德素养、学习素养、身体素养、心理素养和创新素养,简称德能、学能、身能、心能和创能。学生"五能"评价实现了初高中育人的贯穿,让学生的发展有了持续性。同时,格致初中与格致高中共建创新素养"格致链"课程,进一步拓宽了学校拓展型课程,让学生获得更丰富的体验和全面发展的平台。

2. 优化学生思维的教学与评价

大境中学开展了基于 IMMEX 优化学生思维的教学与评价研究。它通过创设一个问题情境,借助于先进的技术手段,真实记录学生解决问题的思维过程,用图形化、可视化的形式描绘出学生在问题信息项之间"游走"的足迹,为教师洞察学生思维过程提供技术支持。方便教师能根据学生的思维特点,及时调整教学方式方法,向学生提供个性化的教学干预。

3. 指导学生个体动态全面成长

上海市实验小学把育人过程建立在数字化平台之上,开发的"上海市实验小学学生成长平台",以"爱祖国、守规则、敢开放、讲诚信、负责任、会学习、懂简朴、有快乐"八大基本元素,作为平台设计的"灵魂",引导学生个体全面成长。该平台不仅让学生便捷使用,更为主要的是借助大数据,可以提供学生个体成长状态图、项目状态比对图及多元积分管理,通过记录计算、统计分析、比较判断等,实现通过数据还原过程、指导学生以动态的眼光审视自我的成长。

4. 打破学生学习时空的限制

卢湾一中心小学以"互联网＋"教育整合了"云课堂",创设了随时、随地、随需

的学习空间,激发学生去自主学习、开拓创新,记录下学生的成长轨迹。蓬莱路第二小学的"蓬莱小镇"为更好地培养学生的阅读兴趣和习惯,建设了"书香花园"数字化阅读平台,推动并指导学生阅读。储能中学自行开发了网络互动教学平台,打通了学生学习的课前及课后每个环节,初步实现了三类课程的易于共享、推广应用的数字化学习模式。

5. 助推幼儿健康管理的科学化

思南路幼儿园开发了"思优"健康监测与干预平台,系统内容包括幼儿生长发育各项指标,幼儿在园每日膳食原料食入种类与数量,膳食中蛋白质、热量、碳水化合物等营养元素的摄入量,每班每日出缺勤率、病事假率、全园传染病和流行病发病率,幼儿在园运动项目、运动时间、肥胖儿运动后心率记录、运动达标情况登记。这个系统为园长、保健教师、班级教师了解幼儿健康状况的信息以及为生长发育提供了保障,实现了对孩子、家长的个别化服务。

6. 促进残疾儿童身心全面发展

阳光学校为中重度智力障碍及多重残障学生提供教育、康复和保健服务。学校通过构建"医教结合"信息平台,初步实现对每一个残疾儿童进行精准的分析,使他们都有属于自己的一个医学诊断、一份健康档案、一份特教方案、一个康复方案,促进并实现残疾儿童身心的全面发展。

四、成效与反思

在推进教育综合改革实践中,通过教育教学模式创新、学习环境与空间建设等方面的探索,区域及学校的教育信息化建设应用都获得了丰硕的成果,教育信息化建设取得了快速的发展。

(一)主要成效

1. 以高效优质的软硬件建设满足学生个性化发展

区域贯彻落实"统筹规划、统一建设、集中运行、分步推进"的实施理念,建立了符合黄浦区区域特色的教育信息化建设及应用的数据标准与建设规范,网络硬件上给予学校有力的保障和支持,以高水平、高质量的支持系统,保障新型教育教学的探索实践。为学校提供了明确、科学、递进的指导策略,帮助学校完善建设方案,提高应用实效,满足培养学生多元素养和信息化思维能力的需要。

2. 以贴合需求的教育资源来推进教与学方式的转变

在有序推进、滚动发展的过程中,信息化建设紧密围绕学校、教师、学生三大主题与中心,具前瞻性和可扩展性的技术与架构设计,促成了技术应用的实效性。在信息技术和数字资源的利用方面呈现三方面的表现:一是与教学内容一致,符合教学目标要求,呼应教学重点与难点;二是体现学科特点,不喧宾夺主,优化教学内容呈现方式,凸显学科学习价值;三是支撑学习方式的改变,有利师生互动,有助于及时准确获得反馈信息。

3. 助推校长实现办学思想,鼓励学校特色发展

黄浦区重视基础建设,保障各类应用平台的可用性、可访问性与安全性,为学校的特色发展提供了技术保障。同时在区统筹规划下,学校以校为本注重育人发展,积极参与信息化标杆培育校的试点建设,加强信息化教学资源及教学、管理等软环境在学校的构建和应用研究,开展有特色的智慧校园建设,探索教育教学变革,校长特色办学思想在信息化应用中得以充分体现。

(二)后续思考

1. 聚焦智慧校园的建设

在努力实现教育优质均衡发展的过程中,始终把推进教育信息化作为重要抓手,将进一步关注智慧校园的建设,把推进智慧校园建设作为下阶段区域推进教育信息化的重要任务,从而更好地实现以人为本的服务目标。

(1)开展智慧校园建设的区域基础服务系统建设。区域做好智慧校园建设的一门式服务平台建设,为智慧校园建设提供基础服务系统建设。做好学校的教师基础信息、学生综合素质信息、教学教研活动和教学研究活动等区域整体设计和建设,提供统整性的智慧解决方案,为学校开展智慧校园建设提供基础服务工作。

(2)开展智慧校园环境建设的探索与实践。根据学校教育教学及教学管理的需要,充分利用传感技术、网络技术,改造和优化现行的校园信息化环境,构建智能化的校园教学管理系统、课堂教学支持系统、学生智慧学习系统等,形成个性化的学习环境,提供智能化、集成化的校园管理以及人本化、效能化的教育教学服务,使学校的信息化环境与教育教学实践和谐深度融合,相互促进。

(3)开展智慧校园环境下的课堂教学改革探索。构建支持学生主动学习、支持教师有效教学的智慧教室环境,以智慧课堂教学为重点,积极开展信息技术、交互式电子白板与学科教学深度融合的课堂教学的理论与实践探索,转变教师的教

学方式,培养学生自主、合作、探究的学习方式,推动智慧课堂教学模式的创新。

(4)开展智慧校园环境下学生分析实践探索。按照"学校管理精细化、管理模式人本化、工作业务流程化、工作流程协同化、管理数据标准化"的智慧校园管理理念,依托智慧校园的基础环境,开展信息技术环境下学校管理模式、管理策略的研究,探索学校教育管理信息化的最佳途径,使学校教育教学管理从局部信息化向整体信息化转变,实现整体规划、科学管理与科学决策,提高学校教育信息化管理的水平和实效。

2. 以教育数据治理来提升区域教育治理能力

现代化的教育治理能力是教育信息化融合创新发展的关键。在大数据技术应用日渐成熟的背景下,应当充分发挥信息技术在获取、存储、共享和应用教育数据方面的优势,"全面提高利用大数据支撑保障教育管理、决策和公共服务的能力"[1],以教育数据治理来提升教育治理,进而支撑教育信息化的变革。

通过教育数据治理,加强数据分析利用深度和融合创新运用,使各项教育决策更基于全局、更科学,使教育管理业务设置更合理、流程更优化,使教育行政过程可检验、可追溯。同时,利用数据科学,将教育信息准确、直观地呈现给教育管理者、教师、学生、家长以及社会大众,形成多方参与的意见交互,激发多元主体参与教育事务的主动性和责任感,从而为建立区域教育治理体系奠定良好基础。

教育信息化是一个动态的推进过程。伴随着技术的不断革新和教育改革的持续深入,黄浦区要继续利用新技术,深刻变革教育理念和教育模式,不断推动信息技术与教学深度融合,以教育信息化的提升、创新,推动个性化建设,助力实现教育现代化。

(上海市黄浦区教育学院 邢至晖,上海市黄浦区教育信息中心 陆 敏)

第二节 坐看云起——信息化标杆培育校推进时

《中国教育现代化2035》推进教育现代化的八大基本理念,其根本就是"育人"两个字,关心每个学生,促进德智体美劳全面发展。2009年上海市黄浦区卢湾一

---

① 教育部.教育部关于印发《教育信息化2.0行动计划》的通知[EB/OL]. http://www.moe. gov.cn/srcsite/A16/s3342/201804/t20180425_334188.html,2018-04-13.

中心小学起步研究"云课堂",2018年6月,开始了信息化标杆培育校的探索与实践,通过实现从学生数据成长性共享和教学教研的融通,纵向贯通各年段的学生数字画像,横向打通学校数据信息,促进学生的均衡健康发展,提升学校整体教育教学水平。以"发掘学生潜质,激发学生兴趣,指导学生学习,成就学生价值"为基本目标,尝试推进大规模因材施教,提升教师人机协同能力。积极探索信息技术与教育教学深度融合的过程中,采集全人数据,倡导减负增效,为每个学生提供适合的教育。

一、背景与意义

（一）背景

1. 情感教育促成校园情感场

上海市黄浦区卢湾一中心小学一直坚持在继承优良办学传统,吸收深厚文化底蕴的同时,本着一切工作都围绕着"育人"的宗旨,注重学校内涵发展。我校自本世纪初,就积极开展了情感教育的实践研究。此课题立项"十五"全国教育科学规划课题,经过近十年的探索,在学校整体办学中全面注入情感因素,努力建设真正"以人为本"的现代学校。

2. "云课堂"打实标杆培育校根基

我校作为国家信息化第一批试点学校,在创建"云课堂"的实践中积极探索信息技术与课堂教学的深度融合,这也促进我校在原有基础上,将教育教学与信息技术有效结合,进一步凸显情感教育特色,提升学校办学质量。在市教委的关心、区教育局的大力支持下,2010年底,我校在全市范围内率先提出"云课堂"的教学新理念。学校开展"云课堂"教学实践,搭建"因材施教"的系统平台,积极营造"云课堂教育生态系统"。以上的研究实践都为我校成为首批上海教育信息化应用标杆培育校,以及作为培育校进一步的探索与实践打下了坚实的基础。

（二）价值意义

2003年,学校开始"情感教育"的研究。2009年的"云课堂"实践从酝酿、试点、实施到现在已进入第10个年头。一个由师生们通过沟通、交流、互助、分享而形成的"情感场"正在成熟起来。在现今互联网时代,"情感教育"也迎来了发展的新时代,如今的"情感场"是一个在信息技术支持下形成的学校教育生态系统,呈现出和谐的校园生态环境。

"云课堂"概念，以及基于"云课堂"海量数据的学习分析，具有较强的创新性，国内外相关研究较少涉及，在全国是首创。我们尝试运用"云课堂"这一载体，对整体授课情况作学习分析，进行教学改进的一系列创新研究，如利用"云课堂"平台完整记录每位学生的学习过程、生成适合不同学生的个性化练习作业、提出个性化的学习诊断报告等。真正做到充分尊重教师、学生的发展需求，提供有温度、有记忆、有情感的学习空间，为学生完整人格的形成提供保障。

随着"云课堂"的进一步深入，学校通过自主架构校内物联网，自主研发智能设备，自主呈现，以物联网感知和数据挖掘技术为基础，广泛、深入地采集每一个学生的生理数据、行为数据与学业数据，形成了包含兴趣、能力、身心等多维度的立体化、过程性学生个体学情分析体系，实现了教/学模式针对性改进和优化。

而信息化标杆培育校的建设则更注重通过信息技术让学生发展与学校教学过程中不可见的变得可见、难以评价变得可评价、经验的变为科学，逐步形成了以数据了解身心状况、找到兴趣特点、发现能力短长、窥知发展条件，用技术促进身心健康、激发成长兴趣、改进学习方式、优化外部条件，真正做到关注每一个学生的终身发展。

二、思考与认识

从技术视域出发，结合教育学、神经科学、心理学、生命科学、运动科学等多学科理论与实践，科学确定拟采集的数据类型及数据标准，自主研发学生发展"全人数据"体系及基于数据的学生兴趣、身心、学业、能力、条件评价模型。

根据数据采集要求，结合技术发展实际，从解决技术与教育教学融合过程中的不适应、不匹配、不协调出发，由学生学习兴趣入手，自主研发了"云课桌""云手表"等智能设备，建设了"云厨房""彩云图书馆""云剧场""云展馆"等智能场景；以物联网技术为基础，有效连通各类设备、场景，构建"云课堂"物联感知环境；以"云课堂"物联感知环境为基础，伴随采集包括学业数据、生理数据、行为数据在内的"全人数据"。

以前期自主研发的各类评价模型为依据，对所采集的各类数据进行分析、评价，充分尊重学生的直接兴趣，关注间接兴趣，全面了解学生个体的身心、学业、能力及条件状况，全面把握学生的学习目标、学习方法、学习习惯等过程情况，为改进教学、因材施教奠定基础。

以前期分析、评价为基础,帮助教师了解每一个学生、每一步教学的成效,动态调整教学方案;开展指向学生个体的基于数据的学习分析和教学改进研究,在前期经验累积基础上,实现全校、全学科的全面铺开,重构教学场景、优化教育环境、提升教育效能,激发成长兴趣、促进身心健康、改进学习方式、优化外部条件,落实"云课堂"增强教育模式,落地因材施教理念。"云课堂"是基于云计算技术的一种高效、便捷、实时互动的远程教学课堂形式。

三、实践与探索

学校面向未来学校的中长期发展,通过顶层设计、体系化规划,构建教育信息基础设施,支撑已有或未来的教学应用百花齐放。通过数据采集、数据治理、数据挖掘,达到洞察、预测和决策的目的。作为首批上海市信息化标杆培育校,积极探索 AI + 教育,学校围绕"三个数字化",打造集数字化智能物联、数字化教育教学、数字化学生评价于一体的"数字孪生学校",探索 AI 支撑的情感教育途径,从而实现大规模因材施教。聚焦学生、教师、教育教学过程,基于数据驱动逐步走向智慧应用,注重五育并举,进而为每个学生提供适合的教育。

(一)注重教学研究的"减负增效"

针对传统教学中"备课、上课、作业、辅导、评价"五个环节,通过伴随式无感知的学业、行为、生理数据采集,获得动态学情实时反馈,为教师备课和教学提供科学依据,让教学更加具有针对性。

过去,教师们通常会花费较长时间搜集资料、整理制作课件等,而如今的备课系统就像分类清晰的"超市橱窗",教师仅需"动动鼠标",就可以轻松找到自己想要的各类资料、不同版本的教材、供参考的优秀教案、制作课件的素材等,教师查询资料的时间大大减少。节省下的时间与精力是为了增效,变常规性教研为主题式教研,确保一个问题一个问题的研究,一个专题一个专题的落实;建立学习大数据库藏,便于教师即时提取,随意组合,资源再生;丰富课堂素材并实现多预案设定……这一系列"增效点"促进教师智慧凝练,大幅提升课前教研的效率。"线上线下结合,变常规性教研为主体性教研""建立学习大数据库藏、丰富课堂素材并实现个性化推送"等将促进教师智慧的凝练,大幅提升教师课前教学教研的效率。

（二）打开教与学过程中的"黑盒"

在传统的课堂中，一个老师面对全班几十个学生；课堂练习、授课信息的反馈收集等，均需要通过"逐个问询"等相对粗放的方式获取；学生的兴趣点、难点、学习过程的数据藏在"黑盒"里，老师很难进行教学计划调整。

而在如今"人机协同"打开了这个"黑盒子"，让课堂数据透明化，让一切变得不一样。以课堂教学中进行练习为例，传统课堂需要老师通过课堂巡视，讲评个别学生做题来落实知识点，待老师凭经验判断大部分学生已掌握，再推进教学环节。

课堂中，"人机协同"的动态数据实时反馈，通过对学生的答题数据分析，生成学习动态曲线，实时呈现知识点掌握情况、错题与错因分析，为教师下一步教学提供科学依据，让教学更加具有针对性与时效性。有了大数据等高科技因素的加持，结合教师大脑中的智慧教学方案的动态生成，共同建立"教育信息化的大脑"，实现教师和人工智能的有机协作。过程中生成的学习数据，为教师提供了"课堂导航"，以更加科学适切的教学方法，实现学生高效的学习。

（三）为每个孩子描绘专属的"数字画像"

信息化标杆培育校关注每个孩子的个性化发展。以《中国学生发展核心素养》为依据，对德、智、体、美、劳五个维度做系统的解构，勾勒出详尽、真实的学生个人数据画像，清晰地了解学生的学习特性、学习状态与成长特点。

"数字学生"是用户画像在以学生为对象的专业领域里打造而成。通过构建面向未来发展的信息化基础设施，收集全态势、全时空、全要素的信息并进行存储、加工、应用，最终实现数据化驱动、智慧化应用。通过部署"云、大、物、智"等能力，最终支撑"数字学生"的实现。数据体系的设计和多维度的数据采集，是构建"数字学生"的前提和基础。计划将新引入的信息化技术，结合教育学、心理学、生命科学、运动科学等多学科理论与实践，结合学校现状，科学确定待采集的数据种类及多维数据的采集源。随着学生行为分析的不断深入和细化，可以通过数据对学生行为进行语义化标注生成学生标签，完整地抽象出一个学生的信息全貌，由此构建出"数字学生"。

引入可穿戴设备，获取学生体温、心率、皮电、血氧饱和度等生理基础数据，又可作为构建心理分析模型的基础数据。布设人工智能硬件，通过人脸识别、运动轨迹检测等算法，收集学生签到、校园里活动的数据。通过智能语音分析，检测学生情绪等数据。

构建教育大数据平台,汇聚了学生基础数据、学业数据、学习过程数据、社会实践和生活数据等各个层面的大数据。通过数据智能分析和挖掘,构建了涵盖思想品德、学业水平、身心健康、审美情趣和社会实践等五大方面的综合性评价标签以及诸如阅读能力评价等专业知识标签,实现对学生进行全景画像。

(四)打造安全、适宜的学习环境

正在构建的知识图谱,基于行业优秀教师的教学实践与智慧、教学教研系列平台大数据的分析与解构,针对每个孩子学习的关键与薄弱环节,匹配有针对性的作业内容与自适应推荐训练。

除此以外,学校也正在为每一个学生营造安全、适宜的学习环境。伴随式无感知地采集数据,安全采集是首要条件,同时保障学生的数据隐秘。无论是学校门口的安全系统,还是教室内部的空气净化系统,还有整个校园管理系统,乃至走廊人流密集测量等数据,都提高了学生在校园内学习生活的质量。

在数字校园模块,通过物联网技术,学校实现了对校园内灯光、水质、空气质量等环境因素的控制与管理。以空气净化场景为例,教室内容易存在粉尘、二氧化碳浓度过高等空气质量问题,影响学生、老师的健康及课堂教学精神状态。通过空气质量检测器能够在各类被检测气体高于阈值时向后台推送告警信息,并自动触发空气净化器净化室内空气质量,待空气质量恢复正常后自动关闭净化器。

学校通过人工智能技术的应用,推动教学从数字化到数据化,为教师减负增效;推动对学生个性化分析、以学定教、因材施教;为教学管理提供大数据辅助决策与建议,为科学治理提供有力支撑。

四、成效与反思

(一)研究成效

1. 综合教学效能提升显著

"上海市中小学学业质量绿色指标"综合评价结果显示,在保持学业水平达成度始终处于全市领先的同时,反映学生学习兴趣和信心的动力指数持续上扬,学业负担指数持续下降。"云课堂"增强教育模式提升教学效能作用显著。

2. 教师信息素养提升显著

全校教师100%通过了英特尔未来教育项目的专项认证,75%的教师通过了各级信息化培训项目及苹果教育专项认证。两年来,50%的教师在各级刊物上发表了信息化教学的相关案例、论文;19项基于信息化主推教育教学的科研课题被市区两级立项,获得市区两级奖项的占课题总数的50%;近50人次教师参加了市区两级教学评比,均获得好成绩。

3. 学生信息素养提升显著

在与智能设备的密切接触和与高信息素养教师的深度交流中,学生自身信息素养得到显著提升。目前,二年级以上学生都已具备简单的编程能力,25%的学生已精通一门编程语言。两年来,卢一学生在国家级信息科技相关竞赛中共获奖30个,在市区级相关竞赛中获奖近200个。

4. 学校整体文化提升显著

"云课堂"增强教育模式的实施和信息化标杆校的推进增进了师生的有效交流,深化了原有"情感文化"的内涵,驱动师生不断创造、优化技术应用模式和教与学的方式,塑造了学校的"创新文化";激励师生持续深入走进数字世界、钻研信息科技,形成了学校的"数字文化"。学校整体文化氛围得到显著提升。

5. 成果辐射效应提升显著

卢湾一中心小学的相关研究成果获得了上海市教科研成果特等奖,国家教育部基础教育成果二等奖,入选上海市第二批信息化应用场景,获得了"全国教育改革创新学校"称号,被教育部授予"信息化优秀试点单位"等称号。新华社、中央电视台、《解放日报》《文汇报》、上海电视台多次专题报道;10万余人次到校参观、访问、调研,开设全国、市区公开课近千节。上海、青海、陕西、贵州等地的300余所学校学习采纳卢湾一中心的教育教学模式,教育部副部长杜占元、经济合作与发展组织(OECD) Andreas Schleicher 部长、苹果公司 CEO 库克、全国各省教育厅厅长、市委市政府等也专程来校考察。

(二)研究反思

1. 梳理系统构架"云评价"

如何在小学课堂教学评价中有效使用和推进所收集的数据,从而改进教学的各个环节,改变教学方式,改善教学设计、跟进指导;如何建立和完善学业质量监测机制,研制学业质量评价标准,开发相应的学业质量评价工具,开展学业质量监测反馈活动,把"促进教学的评价"真正落到实处等,需要进一步研究的内容。

2. 勾画"云课堂"教育生态系统

"云课堂"教育生态系统探索的目的是培养学生应具备的、能够适应终身发展和社会发展需要的必备品格和关键能力,落脚点在学生发展的核心素养,如何进一步凸显情感教育特色,为每位学生的提升找到适切的突破口,完善学生发展的模式,呈现学生发展的核心素养,也是未来探索的重要目标。

"云课堂"一路走来,我们始终不改如火的热情,我们将继续坚持在探索之路上不断走下去,追求我们的爱与梦想! 我们将看着梦想冉冉升起。

(上海市黄浦区卢湾一中心小学　吴蓉瑾)

第三节　AI＋5G 背景下的高中育人模式创新

人工智能与第五代通信网络技术作为 21 世纪最前沿的科技领域,已经得到世界各国的极大重视,并被引入各行各业。卢湾高中顺应时代潮流,借助企业的核心技术、高等院校的前沿理论,建设人工智能核心团队,升级学校管理平台,开发人工智能课程,探索循证视角下的 AI 课堂教学,主动适应 5G 互联网、人工智能和大数据等新一代信息技术对学校形态的重塑,大力推进"AI＋5G"智慧高中建设。

一、AI＋5G 技术变革教育是社会发展的趋势

以云计算和人工智能为标志的第四次产业革命,影响了许多领域,也带来了教育的改变。AI＋5G 技术作为信息技术的更高发展阶段,毫无疑问会深层次推动教育教学改革与创新发展,进而给未来教育带来机遇和挑战。

(一) AI＋5G 技术可为高中育人模式创新提供更多契机

《国家中长期教育改革和发展规划纲要(2010—2020 年)》明确提出:"推进培养模式多样化,满足不同潜质学生的发展需要。"2017 年 7 月,国务院印发《新一代人工智能发展规划》,明确指出要在中小学阶段加快人工智能创新应用,发展智能教育,构建包含智能学习、交互式学习的新型教育体系。国内学者纷纷提出,应该积极推动人工智能时代育人模式上的创新。大量研究也发现,人工智能的相关技术,如大数据分析、人机自然交互技术、自适应技术等为学习的自适应和个性化、课

程的多样化和可选择提供更强大的支持。从这个意义上来看,人工智能应用于普通高中育人模式创新,是进一步推进普通高中教育现代化的重要抓手。

(二)AI + 5G 时代对学生个体素养提出了新的要求

美国斯坦福大学人工智能、机器人与未来教育中心主任蒋里博士在《人工智能与未来教育》的主题发言中提出在今后的教育中最重要的三点:第一,让所有的学生都了解人工智能,具备人工智能思维;第二,让学生具有把自己和人工智能区别开来的能力;第三,让学生具有与人工智能协作的能力。牛津大学卡尔·佛雷和米歇尔·奥斯本系统分析 365 种职业在未来的"被淘汰率",结果显示:经由简单训练即可掌握技能、大量的重复性劳动被机器人取代的可能性会非常大。这样的研究结果促使我们思考:应对人工智能时代的挑战,不仅需要帮助学生掌握人工智能基础知识,学会应用人工智能技术解决生活中的问题,我们还迫切需要关注不能被人工智能替代的关键能力和必备品格,如社交能力、协商能力、同情心、创意能力和审美能力,以使学生在未来具有更多的适应力和竞争力。

(三)AI + 5G 教育应该成为学校科学教育的重要组成部分

20 世纪初,卢湾高中在分析全球科学教育发展趋势和国内基础教育科学教育现状的基础上,提出了科学教育的办学方向。经过十余载的不懈探索,学校科学教育取得了显著的成效。面对人工智能赋能学校教育时代的到来,学校一方面在思考如何基于已有的科学教育品牌,探索 AI + 5G 技术与学校特色课程的结合,寻找科学教育新的增长点,弘扬科学教育办学特色,开展创新人才培养实验,丰富科学教育办学内涵;另一方面也在思考,如何利用人工智能技术优化教育教学方式,探索人工智能赋能教育教学的实践规律,提高教师的 AI 应用意识,培养学生胜任 AI 时代的必备品格与关键能力,实现学校育人模式的转型。

二、AI + 5G 技术助推高中育人方式转型

第五代通信网络技术及人工智能迅猛发展,对学生的知识结构、能力层级和心智模式都提出了新的期待,这就要求学校创新育人模式,将 AI + 5G 技术与学校教育教学深度融合,提高学生的核心素养,以应对未来更加复杂的社会挑战。

(一)建立融技术与人性为一体的普通高中育人模式

学校从人工智能时代的挑战和机遇出发,提出以"H·AI"为育人目标框架(H

为 Holistic 首字母,代表全人发展,AI 即人工智能,立足于胜任人工智能时代的品格情意与关键能力),探索人工智能时代普通高中育人方式的转型。在育人目标的指引下,借助人工智能识别、分析、建模、反馈等技术为管理层决策提供科学依据,帮助教师提升育人胜任力,形成有效的保障系统;利用人工智能技术优化教育教学方式,开展人工智能技术支持下的普通高中循证型教学转型研究,开发基于证据的教学诊断与改进平台,为教师因材施教提供强有力的数据分析。支持"人工智能+"课程群的构建,将人工智能与其他学科深度融合,构建"人工智能+学科"项目实践课程和人工智能高阶研究课程,加强学生对人工智能的理解与认识,激发学生学习热情和求知欲;开设人工智能时代培养学生全人发展的未来课程,为学生适应未来社会提供必备的品格和关键的能力。借助技术的精准评价,支持学生学会自我调适,规划未来,最终建设成以学生全人发展为目标,融技术与人性于一体的普通高中育人模式(见图 3-1),并对实践验证系统的有效性进行深度研究。

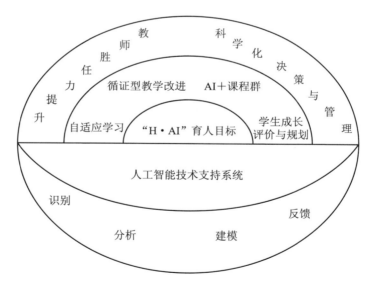

图 3-1 卢湾高中人工智能时代育人模式创新示意图

在此模型中,人工智能是技术和工具,"人工智能+"课程群与循证教学转型是学生实现学习、规划、实践、调整与发展的载体,学校管理与教师队伍建设是贯穿整个过程并最终实现育人目标的重要保障。

（二）开展普通高中"人工智能＋"课程群开发与实施研究

学校成立 AI 课改团队，开展普通高中"人工智能＋"课程群开发与实施研究。基于学校科学教育的办学特色和基础，将人工智能技术与学校课程深度融合，打造人工智能特色课程群（见图 3-2）。以"H·AI"为育人目标，探索在普通高中培养既具有人工智能素养，又具有不被人工智能所取代的具有核心竞争力的人才。

"人工智能＋"课程群以人工智能时代的关键能力和品格情意培养为课程目标，根据学生不同层次发展需求，为学生创新素养提升和综合实践能力发展提供多元化、个性化的人工智能特色课程，以及科学与人文相融的特色课程。帮助学生由浅入深地了解人工智能的相关知识，满足学生走近科学、了解前沿科技的需求，培养具有编程思维和编程能力的人才。同时，关注沟通能力、协作能力、创新能力、审美能力等核心素养的养成，助力学生的未来发展。

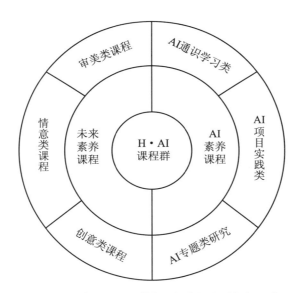

图 3-2 卢湾高中"H·AI"人工智能课程群框架示意图

1. 构建通识类 AI 基础普及课程

以《人工智能》教材为蓝本，根据学生学情进行校本化设计与实施，开发如《智能语音：让机器能听会说》《计算机视觉：让机器能看会认》《自然语言处理：让机器能理解会思考》等系列单元，提升学生对人工智能的理解与认识，满足学生走近科学、了解前沿科技的需求。在教学内容的选择和教学活动的设计中，强调兴趣＋基础,努力激发和保持学生的学习热情。

2. 构建专修类 AI 项目实践课程

通过项目式学习的方式搭建情景性人工智能学习环境,包含大数据、机器学习、计算机视觉、智能语音、自然语言处理等通用核心的技术,让学生在项目实践中学会使用人工智能技术,学会和人工智能交互协作。如基于机器视觉的无人驾驶项目、无人机驾驶快递末端配送项目、基于视觉定位的四轴无人机项目、基于多元感官和智能决策的机器人世界杯足球项目、基于物联网及可穿戴设备的创客设计项目等,使之逐步成为学校科学教育课程新亮点。在教学内容上,选择那些与学生学习和生活密切相关的人工智能应用问题作为教学案例,采用"情境化教学模式""基于案例的教学模式"等方式进行教学,注重理论联系实际。

3. 构建精修类 AI 高阶研究课程

开发人工智能高阶研究课程,鼓励学生开展跨学科、跨领域的人工智能课题研究。建立学生 AI 科创项目专家辅导团队以及第三方的技术保障体系,为学生的 AI 科创项目插上翅膀。引导学生将人工智能算法应用到其他领域进行交叉创新,开展人工智能相关领域的课题研究。根据高中人工智能课程的教学目标、人工智能研究的特殊性以及高中生的认知特点,采用基于问题学习(PBL)的教学模式引导学生深入探索。

4. 构建基于审美、情意和创意培养的未来素养课程

关注那些不能被人工智能所替代的关键能力和必备品格的养成,如合作能力、沟通能力、审美能力、创意设计能力等。让学生在未来与人工智能和谐相处,生活得更美好。

(三)探索大数据驱动下的自适应学习及循证型教学转型

利用 AI＋5G 技术优化教育教学方式,积极构建未来学习的场景,开发基于证据的教学诊断与改进,为教师因材施教提供强有力的数据分析,打造人工智能支持下的课堂教学应用平台。应用语音识别、视觉计算、情感分析、智能挖掘等人工智能技术,记录学生学习过程。应用教学智能分析系统,接入学生课堂行为数据、知识点掌握数据、校园活动范围等数据,并对不同数据进行关联分析。应用作文评价技术、理科解题技术、语言学习智能评价反馈等系统,为学生的作文、解题、口语等提供智能化、个性化的评价反馈等,鼓励学生在课堂实现技术支持下的观点碰撞、交互,以及决策中的协同与合作。

探索循证视角下的 AI 课堂教学改进策略,将人工智能赋能日常教学管理,通过作业反馈和数据积累,为备教与辅研提供精准化服务。借助网络平台提供可视化的知识点状态跟踪表,结合班级的临界生、波动生等情况,依据每个人的知识点掌握情况,进行相应的学习资源推荐,达到因材施教(见图 3-3);结合班级的连续下降、临界生、波动生等关注标记,及时发现问题,解决问题,实现个性化辅导。

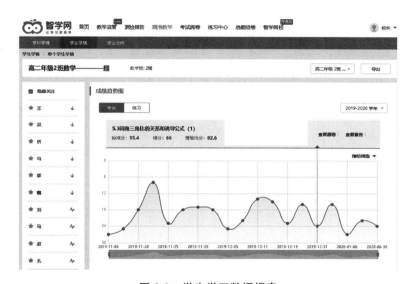

图 3-3　学生学习数据报表

(四)利用 AI + 5G 技术解决新高考的教育生态难题

新高考背景下,"选科走班""生涯指导""综合素质评价""创新课题研究"是教育面临的新问题,用传统的技术手段很难破解,而 AI + 5G 技术可以很好地解决这些教育难题。

1. 基于 AI + 5G 技术开展科创项目孵化

基于 SENSTADY 平台,开展科创项目孵化与辅导,发现和培养一批具有科研潜质和创新精神的青少年科技创新后备人才,促进青少年科技创新活动的广泛开展和人工智能课题研究水平的不断提升。平台为青少年提供选题开题、学习方向、项目原型开发、项目改进、论文写作、项目答辩等辅导内容。跟进选拔有潜质的学生参加全国青少年科技创新大赛、WAIC 国际人工智能邀请赛、明天小小科学家等比赛。

2. 基于 AI＋5G 技术赋能心理健康教育

运用人脸识别技术,分析学生的表情、情绪,并推送可调节情绪的音乐和视频。将人工智能技术与医疗健康可穿戴设备结合,实现对人体和环境的检测,利用平台建立分层检测模型,通过大数据分析及时发现学生的心理困境,进行心理疾病辅助预测,并且相应地开展心理偏差的风险评判和实际干预,及时介入与即时辅导,有效降低危机发生。

3. 基于 AI＋5G 技术探索虚拟"阅读推送"

开发针对学生的"一对一"个性化文献检索及导航功能。通过线下"小阅机器人"和线上虚拟服务"小阅机器人",提供基于图情信息的实时咨询、模拟馆员互动咨询、特殊问题馆员远程可视咨询等,真正意义上为读者提供人工智能时代的实时、动态、便捷、高效的信息服务。满足学生随时随地查阅信息的需求,提升文献检索频率,激发学生阅读兴趣。分析学生借阅图书的种类、平均借用时间、提交读后感等信息,探索智能"阅读推送",培养学生终身阅读的习惯。

4. 基于 AI＋5G 技术实现生涯规划指导

利用互联网、云计算与大数据分析手段,构建学生生涯规划系统,内容涵盖学生个人特质、职业爱好倾向、学生的学科潜能、成绩趋势等内容。通过对学生行为数据的记录描绘,勾勒学生发展轨迹、预测学生发展趋向,发现学生的个性特长,挖掘学生发展的潜能,为学生选课、高考志愿填报、未来职业选择等方面提供科学的生涯指导。开发 VR 虚拟现实职业体验课程,帮助学生全面认知大学专业类和职业行业,结合自身优势及未来职业发展趋势,制定理想的生涯目标,并在做好人生长远规划的基础上,完成高中阶段的选科及志愿决策。

三、AI＋5G 技术创新未来教育的本质思考

这个时代充满着变与不变,5G 互联网、人工智能和大数据等新一代信息技术加快了对学校形态的重塑,推动了人才培养模式的变革,但教育的本质和教育的目标并未改变。在推动学校育人模式转型的同时,我们要思考:

(一)如何超越知识技能,指向胜任 AI＋5G 时代的素养

当前,普通高中对人工智能的探索主要局限于根据高中生的认知能力,将人工智能相关知识和技能转化为知识技能普及与训练类课程。然而,人工智能的兴起

是系统性挑战,正在形塑整个时代。胜任人工智能时代,个体不仅要具备一定的人工智能相关知识,更需要具备人工智能不能替代的相关素养,以应对挑战。因此,从普通高中育人模式创新的角度来看,学校应从系统层面将人工智能与学校育人目标体系进一步融合,指向未来时代下普通高中生应具备的核心素养。

（二）如何实现教师赋能,创设"学用一致"的情境

当前人工智能课程的实施中,信息技术或科学等相关背景的专业教师参与开发多,其他教师较少涉及。随着人工智能时代的来临,增强"AI"意识,自觉关注、了解和运用 AI＋5G 技术以改善工作和生活,是教师和学生在胜任未来中都需要面临的机遇与挑战。让人工智能不仅成为学习的对象,也成为学习的工具,在"学用一致"的情境下创设沉浸式体验,这更有利于育人目标的达成。因此,唤醒全体教师的 AI 意识,使之积极地掌握和应用 AI＋5G 技术,就应成为人工智能与学校教育深度融合的重要着力点。因此,AI 课程要走向课程群的设计,建设人工智能创新教育及开展配套的师资培训工作,帮助教师成为学生认识人工智能的领路人和 AI 教学专家。

（三）如何触发链式反应,推动学校的系统转型

与传统的科技创新不同,人工智能技术对未来社会具有更大的转型意义,在让社会变得更加智能化的同时,对于工作形态、职业生涯、专业素养等都将产生"重新定义"的影响。在这种影响之下,人工智能的兴起势必对学校的内涵与形态也将产生深刻影响,成为驱动未来学校形态演化的重要原动力。因此,在人工智能课程化的进程中,不应该定位于将人工智能课程嵌入传统学校形态之中,成为旧系统的新元件。相反,应将人工智能课程化作为学校形态演化链式反应的关键点,推动学校持续地、系统地变革,在课程体系的多元化、教师技能的专业化、学生成长的个性化等方面有新的作为和突破,为学生的终身可持续发展奠定坚实的基础。

（上海市卢湾高级中学　何　莉）

第四节　基于 IMMEX-C 思维可视化的探索与实践

思维能力是学生重要的学习能力,也是学生终身发展所必备的能力之一,但是,我们对学生头脑中思维的黑箱缺乏了解,怎样能跟踪学生思维过程和分析思维

的变化,更科学、更有效地培养学生思维方法? 长期以来,学校教育中对学生的学业评价,往往过于注重学习成绩和学习结果的评定,忽视学生解决问题思维过程评价和学习分析,不利于学生全面素质的提升和个性特长的发展,因此能否建立基于信息技术的学习平台和学习过程思维分析、学习分析工具,建立起更科学、多元、互动、开放的评价过程,引起了我们的更多关注。IMMEX-C 平台在学生问题解决思维过程和学习分析方面提供了新的视角和方法,它构建一个学生自主、探究、开放的学习环境,实现数字化环境下教与学方式的变革。

一、背景与意义

推进教育现代化的着力点是深化教育改革,目标是培养能够面向现代化的人。上海市黄浦区教育大会将推进创新教育作为深化教育改革的载体,根据《黄浦区推进创新教育三年行动计划(2019—2021 年)》的要求,高中阶段创新教育的任务是"增强思辨力、重项目式研究的高阶思维"。增强思辨力就是激发和培育学生的发散性思维、批判性思维和创造性思维,帮助学生养成深度思考和创新思维的习惯。学生的思辨力既要对其潜在能力的激活,又要对其生长能力的培育,不论是激活还是培育,必须对学生已有思辨状况进行分析和判断。随着信息技术不断发展,其数据处理功能可以不断丰富教育教学资源,推动课程教学与信息资源的有机整合;其远程互动功能可以促进学习方式的转变,满足学生多元化和个性化的学习需求。

学校着力运用数字化技术对学生思维和学习潜能进行分析,揭示问题解决过程中学生的思维过程,进行思维过程可视化下的有效探索,从而对学生已有思辨状况进行判断和分析。借助 IMMEX-C 数字化平台,对思维过程进行了探索和研究,将学生隐含在脑海中的解决问题的思维过程通过各类数据图表可视化,对在学习过程中学生思维过程的分析,在课堂教学中强调落实激思、深思、反思、创思四个环节,重点关注学生思维过程,注重学生思维品质的培养,促进学生思维发展。

二、思考与认识

2010 年,学校从美国引进了学生思维评价软件 IMMEX-C 数字化平台,学校成立了研究攻关小组,主要包括两个方面的攻关。第一是开发适合上海高中学生和上海高中课程的思维课程,IMMEX-C思维课程内容是由"问题集"组成,每一个问题集必须具备三个条件,一是问题解决需要组合运用高中学生已有各学科知识(或方法),二是问题解决过程可以生成更多问题,三是问题解决方案是多维的,学生在问题解决过程中可以创造性地运用他们已有知识和方法,探寻在不同条件下的不同的问题解决途径。第二是创设 IMMEX-C 的学习环境,包括网络端口、专用教室和专用设备等,IMMEX-C 问题集变式设计注重方法上的变化设计,教师引导学生选择策略和修正命题成立的条件,根据学生之间思维方式的差异性,平台提供可视化的学生思维过程数据图表,以形成不同类型思维方式,对各个层次思辨能力学生的思维特征进行分析。

经过集体攻关,结合高一、高二数、物、化、生、地等多学科,初步形成了不同学科背景下的 IMMEX-C 问题集和学科综合的问题集学习。具体课程内容如表 3-1 所示。

表 3-1　IMMEX-C 思维课程设计

问题集		涉及学科	课时安排
问题集 1	飞跃火车	高中物理、数学	4 课时
问题集 2	交通事故	高中物理、化学	3 课时
问题集 3	有害物质	高中化学、数学	2 课时
问题集 4	劫后余生	高中化学、物理	3 课时
问题集 5	地震救援	高中物理、数学、地理	3 课时
问题集 6	高空蹦极	高中物理、数学	2 课时
问题集 7	法医破案	科学推理、综合	3 课时
问题集 8	有机燃料	高中化学	3 课时
问题集 9	元素周期律	高中化学	2 课时
问题集 10	废物变宝	高中化学	2 课时
问题集 11	跳水运动	高中物理、数学	2 课时
问题集 12	行船经商	高中数学	3 课时

三、实践与探索

根据 IMMEX-C 数字化平台的实施要求,学校组织学科教师对 IMMEX-C 思维发展课程进行了内涵丰富和解法完善,然后将课程内容上传至信息化平台环境中。在课程实施过程中,平台完整记录学生在课程学习中解决问题的轨迹,全面剖析每一节点之间的相关性,描绘轨迹的变化趋势,教师从中可以对学生思维过程和学习过程进行分析,判断学生的思维特征,分析比较不同学生的思维差异。

（一）IMMEX-C 思维课程内涵的头脑风暴

学校成立了 IMMEX-C 思维课程研究共同体,基于 IMMEX-C 平台环境和可提供问题集的适切性,学校 IMMEX-C 思维课程研究共同体通过多次头脑风暴,丰富了课程内涵,将 IMMEX 校本化实施、问题集学科综合化。研究基于 IMMEX-C 的学科问题编制并开发了跨学科、综合性强的多个问题集,问题集具有解决问题方法多样性。问题集包容不同风格的思维方式,如《有机燃料》《废物变宝》《跳水运动》《行船经商》等;探索形成基于 IMMEX-C 解决问题思维过程分析和优化思维的教学模式,确立 IMMEX 教学实验班,每周有固定课时开展 IMMEX 学习;设计基于 IMMEX-C 可视化数据图表的学生解决问题思维过程分析维度和评价量表。

（二）学生解决问题思维过程分析

1. 学生个体思维过程分析

IMMEX-C 每个问题集包含了多个同质异形的变式,变式的练习可以洞察学生在问题解决中思维过程的变化和发展趋势。

图 3-4 所示的两张图表是记录某学生完成问题集《行船经商》13 个变式问题解决过程的效率效果图和一个变式的 US-SPM 图。

通过分析图表数据可以发现该学生所有变式完成都是效率较高、效果较好,可以判断该学生学习态度较好,善于分析问题和概括方法,解决问题能力较强,并且解决问题策略稳定可行,数学知识基础较好;从 SPM 图可分析出其解决问题方法选择的条件都是关键和有效的,没有其他多余的步骤,并且在每个步骤思考的时间都合理,该同学审题认真,计算仔细,思维回路数少,思维属于敏捷型。教师可以提高问题集变式难度,形成梯度教学,引导学生完成更有挑战性的任务,从而形成解决该问题集稳定可行的策略。

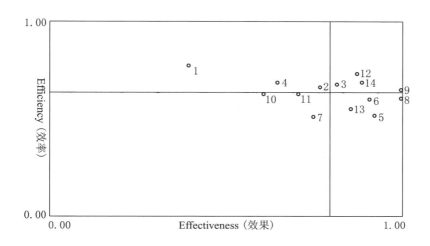

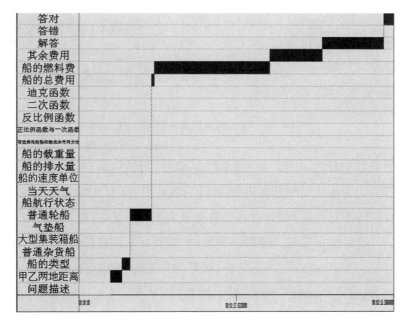

图 3-4 效率效果图和 US-SPM 图

图 3-5 所示的三张数据图表是记录某学生完成问题集《行船经商》问题解决过程的效率效果图和思维回路图。

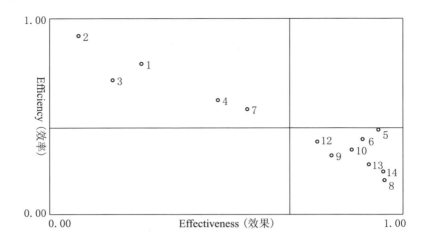

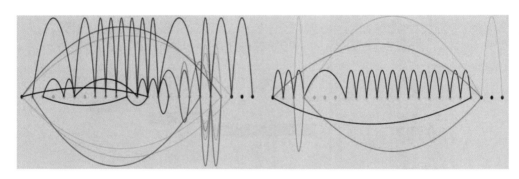

图 3-5　效率效果图和思维回路图

通过图表数据分析知道该学生在解决问题集《行船经商》前四个变式时效率较好、效果较低，说明该生在刚开始时注意力不够集中，没有认真分析问题。从思维路径图中可以得出这样的判断，起初他的思维处于混沌状态，之后变式解决问题效果较好、效率较低，稳定在第二象限，说明该生具有自我调整能力，但由于数学本体知识受限，无法完成挑战性更高的任务，从后面几个问题变式解决过程的思维路径图分析，它们具有共性，都处于思维谨慎状态，说明该学生思维谨慎，容易模式化，不敢寻求思维突破，缺乏创新力。基于学生的思维数据图，教师可以对该生进行有效的指导，既要鼓励其自我调整的优势，也要指出其应调整学习习惯，以更专注的状态进入学习过程，教师也可以为其分析问题和寻找关键，并提供数学知识的支架，帮助其提升完成挑战更高难度任务的能力。

2. 不同学生思维过程差异性分析

表 3-2 所示的两张表格分别是记录学生 S 和学生 G 解决《行船经商》问题解决的思维过程数据表格。

表 3-2 学生 S 和学生 G 思维过程数据表

	变式	用时	步长	回路数	思维过程状态		变式	用时	步长	回路数	思维过程状态
学生 S	1	1031	26	4.5	思维谨慎状态	学生 G	1	1216	39	9.5	思维混沌状态
学生 S	2	181	20	4.5	思维跳跃状态	学生 G	2	451	36	9.5	思维混沌状态
学生 S	3	1005	44	11.5	思维混沌状态	学生 G	3	183	18	3.5	思维谨慎状态
学生 S	4	243	26	2.5	思维谨慎状态	学生 G	4	55	7	0.5	思维敏捷状态
学生 S	5	850	36	8.5	思维混沌状态	学生 G	5	348	19	4.5	思维谨慎状态
学生 S	6	88	10	0.5	思维敏捷状态	学生 G	6	377	27	6.5	思维混沌状态
学生 S	7	82	14	2.5	思维跳跃状态	学生 G	7	220	17	4.5	思维跳跃状态
学生 S	8	134	20	3.5	思维谨慎状态	学生 G	8	77	17	4.5	思维跳跃状态
学生 S	9	177	22	5.5	思维谨慎状态	学生 G	9	324	29	6.5	思维混沌状态
学生 S	10	159	11	2.5	思维敏捷状态	学生 G	10	118	17	3.5	思维跳跃状态
学生 S	11	102	20	4.5	思维跳跃状态	学生 G	11	186	21	5.5	思维跳跃状态
学生 S	12	93	14	3.5	思维跳跃状态	学生 G	12	176	25	4.5	思维混沌状态
学生 S	13	62	10	1.5	思维敏捷状态	学生 G	13	37	8	1.5	思维敏捷状态

通过表中提供的可视化数据分析知道学生 S 思维状态总体上看属于思路清晰,数学建模能力较强,随着解决问题变式的增多,思维状态得到了好的发展,同时可以看出学生 S 不善于概括和归纳,并没有形成稳定的解决问题的方法和策略,也反映出该同学不是很自信;教师可以适当介入引导该生从问题的本质、涉及的知识等角度谈自己对问题的思考,逐步概括出该问题集的解决思路。学生 G 的思维状态总体上看属于较混乱,通过分析该生对数学应用题极不适应,数学建模能力偏弱,不知如何入手,也可说明该生不能静心研究问题,没有思维方向;教师可以指导该生建模,理清该问题的实质,弄清要解决的问题,需要什么条件,从而帮助学生提高思维水平。

（三）基于问题解决的学习过程分析

IMMEX-C 识别学生问题解决的信息，通过平台提供的信息图表和数据，开展学生基于解决问题中知识掌握与运用方法的分析。

图 3-6 是记录学生 Z 解决问题集《行船经商》第一个变式问题解决过程 US-SPM 图。

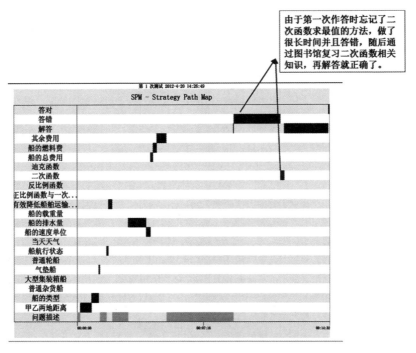

图 3-6　US-SPM 图

数据图表可视化呈现该学生在第一次解答时求解计算式用了很长时间，并且结果不正确，通过进一步分析数据图表知道该学生对二次函数求最值的方法掌握得不扎实，属于认知结构的局限，但是随后该学生通过学习问题集中图书馆提供的二次函数相关图像与性质知识，再次解答正确了，教师可以通过该图清晰分析出学生在解决变式时存在的知识与方法上的问题和不足，从而引导学生夯实基础。

图 3-7 是记录学生 H 解决问题集《行船经商》所有变式的策略三状态图。

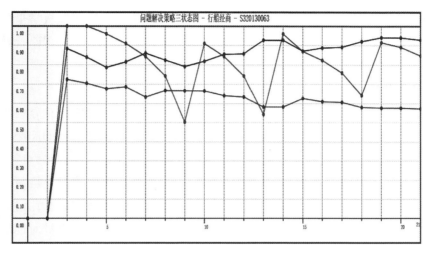

图 3-7　策略三状态图

通过数据图分析可以知道该学生经过多个变式的问题解决还未形成可行的解决问题方法和策略,此时教师应当及时介入干预,了解真实原因,分析是学生的态度问题还是相关知识的缺失造成的,老师要给予学生及时提醒和纠正,引导学生改进。

通过分析 IMMEX-C 提供多样可视化数据图表,教师可以及时掌握学生解决问题的思维过程与动态变化,由于过程中变式难度的改变、方法的改变等因素影响,学生思维过程发展也会出现一定的波动性,还需要教师结合问题具体分析。

四、成效与反思

（一）实践成效

1. 运用信息技术,拓展学习分析视角

IMMEX-C 通过可视化的数据图表呈现学生解决问题的思维过程,清晰再现学生解决问题的思维路径,为教师更客观、真实、科学地了解分析学生在问题解决过程中的思维带来技术支持,为学生思维分析与评价拓展了新的视角和方法。

2. 运用信息技术,优化教与学的模式

IMMEX-C 数字化平台提供有挑战性、开放性问题集,问题呈现信息不齐全,解决问题路径开放且方法多样,构建一个学生自主、探究、开放的学习环境,问题集

"图书馆"为学生解决问题提供学习内容支持。IMMEX-C 思维课程教学呈现思维分析贯穿教学始终,课堂教学采用"发现—优化—干预—稳定—深化"课堂教学模式,课堂教学改变传统授课方式,实现教与学方式的变革。

3. 运用信息技术,提升因材施教水平

基于 IMMEX-C 思维过程与学习分析,引导教师在课堂教学中充分关注学生思维过程,促进教师在教学中更深入了解不同学生的思维特点、存在的问题和个性差异,进而更加关注学生问题解决思维的差异性,改进教师自身的教学对策,因材施教。正如高三一位教师感言:"问题集变式完成,摆在我面前的不再是每个学生的卷子,也不再是学生的分数,而是每位学生解决问题的思维过程,通过分析,我对学生思维特点和解决问题的知识、方法有了更深入的了解,可以更有针对性地开展高三教学与辅导。"

4. 运用信息技术,培育学生思辨能力

基于 IMMEX-C 学习分析不仅仅分析学生问题解决存在的原因,更为重要的意义是通过分析促进学生思维发展,基于 IMMEX-C 学习促进学生思维灵活性、敏捷性、广阔性、深刻性等思维品质的发展,提升思辨能力。

(二)实践反思

基于 IMMEX-C 学生解决问题思维过程分析是定量分析,在解决相同的问题集群体中具有可分析和比较性,由于是在指定解决问题集下的学习思维过程和学习过程分析,具有一定的局限性,由此还需要与学生平时学习状态、学习成绩和教师的评价相结合,给予学生多方面思维诊断与分析;在实践中,基于 IMMEX-C 问题集数量有限,要加强自主研发问题集,特别是适合高中学生思维深度和学科综合的问题集,只有让学生解决更多的问题集,在获得更多的数据图表的情况下开展学生思维状态和学习过程分析才更合理更客观;另外,基于 IMMEX-C 学生思维分析还需要更多的心理学专业知识支撑,特别是学习心理学等。

(三)发展性思考

1. 基于 IMMEX-C 的思维可视化分析,提升学生批判性思维水平

近几年来学校开展以提升学生批判性思维品质为目标,以培养学生问题意识和解决问题能力为核心,以提升解决问题能力为追求,以持续解决新问题为特征的课堂教学模式,学校构建"一问、二理、三探、四析、五评"批判性课堂教学模式,培养和提升学生的批判性思维。学校在深化批判性思维课程建设和课堂教

学模式探索基础上,探索建立基于 IMMEX-C 学生批判性思维能力评价指标、批判性思维评价指标观察点量表设计和"批判性思维指标雷达图"等,力求较为全面客观真实地评估学生批判性思维,实现批判性思维评估方式的创新,进而提升学生批判性思维。

由于批判性思维具有极强的抽象性、复杂性,单纯用量表较难反映出学生真实的思维变化和批判性思维发展水平,学校探索基于 IMMEX-C 量化方式和教师观察描述相结合的方式对批判性思维进行等第分析评价,教师以定量和定性评价相结合,以过程性评价与终结性评价相结合,以技术支持和教学课堂观察相结合,进行综合评价。

2. 基于 IMMEX-C 的思维可视化分析,助力学生"六选三"

新高考制度增加了学生选择内容,保护学生的个性与特长,在过去几年实际工作中特别是"六选三"时,学生普遍遇到科目选择的矛盾和不确定性,原因主要是对自己学科学习思维能力了解不够。由此,学校探索基于 IMMEX-C 思维可视化分析,对学生解决问题集的思维过程进行分析和评价,探索对 IMMEX-C 提供的各类可视化思维数据进行赋分,进而去分析判断学生的思维特点,根据学生思维特点和状态引导学生做出合理选择,为学生选择学习提供依据和标准。

通过实践,希望我校创新教育教学与学习分析方法在信息化条件下开拓促进学生思维发展的学习模式,促进学生个性化学习;能从知识运用与问题解决能力方面,对学生思维过程和问题解决能力进行量化、科学的分析与评价,从而有针对性地优化学生思维,提高学生的思维能力,促进因材施教的落实,进而提高课堂教学效果,希望能在将来将结果和方法进行推广,使更多的学生和教师从中受益。

(上海市黄浦区教育局　姚晓红,上海外国语大学附属大境中学　卢起升、李文斌)

第五节　高中学生数字化综合素质评价

随着《国家中长期教育改革和发展规划纲要(2010—2020 年)》和《上海市中长期教育改革和发展规划纲要(2010—2020 年)》的贯彻落实,"为了每一个学生的终身发展,改变传统的成才观,改变传统的评价方式,更多地关注学生全面素质的培养"的理念逐步成为共识。提高中小学生的综合素质,是落实我国素质教育的重要举措。

一、背景与意义

上海市格致中学作为一所具有百余年悠久办学历史和深厚人文底蕴的首批上海市实验性示范性高中,自 2010 年起率先开展普通高中学生综合素质评价的实践探索,在市内外产生了积极的影响。

一所学校在没有前人经验可鉴的情况下,循序渐进地研究普通高中学生综合素质评价与保障机制,除了学校的掌舵人具有高瞻远瞩的战略眼光、深邃而超凡的教育理解和育人智慧,还基于以下几方面的教育政策背景:

其一,随着《国家中长期教育改革和发展规划纲要(2010—2020 年)》和《上海市中长期教育改革和发展规划纲要(2010—2020 年)》的相继发布与实施,为了每一个学生的终身发展、关注学生全面素质的培养的理念逐步成为现代基础教育的发展共识。

其二,在高等院校考试招生新政不断完善的背景下,越来越多的高校开始实施自主招生,高考成绩不再成为高校招生的唯一标准,对学生进行全方位的评价成为高等院校招生过程中衡量和选拔学生的重要举措。

由此,提高学生的综合素质,既是素质教育的基本内涵,也是我国基础教育发展的基本要求。尤其是在高中教育阶段,学生综合素质评价与保障的缺位,往往容易导致学校与学生走入"应试教育"的囹圄。因而,构建综合素质评价与保障体系对于推进素质教育、促进学生综合素质全面发展,有着重要而深远的现实意义。

二、思考与认识

伴随着我国第八次课程改革的广泛实践,高中学生综合素质评价的研究也渐渐兴起。有据可查的研究高中学生综合素质评价的文献,可追溯至 1999 年国家基础教育实验中心沈丽艳等学者联合发表的《高中学生综合素质评价调查报告》。该报告介绍了对东北三省 20 多所中学教师的问卷调查结果,并划分了高中学生综合素质评价三级指标体系,包括品德素质、智力与学习素质、身体素质、审美素质、劳动素质、心理健康素质这六项一级指标。①

2002年《教育部关于积极推进中小学评价与考试制度改革的通知》中,提出学生综合素质主要包括"道德品质、公民素养、学习能力、交流与合作、运动与健康、审美与表现等六个方面"。②此后,随着《普通高中课程方案(实验)》的推出,各省、直辖市陆续开始在国家相关教育政策文件的指导下,研究制定各地的普通高中学生综合素质评价方案。

在综合分析了大部分省市出台的综合素质评价方案后,华东师范大学崔允漷教授认为虽然"各地所界定的综合素质评价维度相差较大",但"都把综合素质大体等同于学生所拥有的非学术性能力"。③

全面梳理现有相关文献的研究结论、总结各省市高中综合素质评价的发展经验、归纳有待进一步完善的具体方向是本研究的逻辑原点。结合我校的办学特色与实际现状,探索普通高中学生综合素质评价体系的雏形,为上海市普通高中学生综合素质评价实施办法的制定提供可资借鉴的个案研究和实践经验,是本研究的使命与价值追求。

"普通高中学生综合素质评价与保障系统设计及其应用研究"是以促进学生综合素质提高、帮助高校科学选拔人才为深层目标而展开的一项长期研究。我们认为,要研究普通高中学生综合素质评价与保障的策略和制度,其基本逻辑是:首先,通过理论研究,初步制定学生综合素质评价指标体系;其次,选取部分学生进行试点,完善评价指标体系并根据各评价子系统,基于数据库和网络技术开发"综合素质评价系统";最后,在学校内全面实施学生综合素质评价的过程中,建立由学生综合素质评价领导小组、教师、学生、家长等全员参与的"综合素质评价保障系统"。

三、实践与探索

自2010年起,学校本着"让每一位学生在创新中发展"的办学理念,着力探索以教育评价促进学生综合素质全面提升的育人模式。在绿色评价理念的指导下,

① 沈丽艳,姜英杰,李泽宇.高中学生综合素质评价报告[J].现代中小学教育,1999(7).
② 中华人民共和国教育部.关于积极推进中小学评价与考试制度改革的通知[Z].2002-12-27.
③ 崔允漷,柯政.关于普通高中学生综合素质评价研究[J].全球教育展望,2010(9).

逐步建立和实施"'五能'学生综合素养评价和保障体系",根据学生每一学期的成长记录,处理评价数据,为每位学生呈现一份以"五能雷达图"为特征的评价结果,形象、直观地展现学生的综合素养。在评价过程中,学校以素质教育目标为导向,以发展性评价为手段,以过程性管理为保障,在长达十年的跨越式实践中,走过了一段从先行试点到全面铺开,从价值性思考到多元化实践的研究过程。①

(一)凸显格致特色,构建综合素质评价基本框架

学校确定了综合素养评价的五项核心指标:(1)道德操行素养评价,主要由学生基本素质的监控与评价、学生个性化发展的监控与评价、班级日常管理的监控与评价三部分构成;(2)学习研究素养评价,指在学能素养评价小组指导下,由学生对自己的学习情况进行自我监控与评价,包括学习态度、学习习惯、学习能力和学习成绩;(3)健身运动素养评价,根据《国家学生体质健康标准》,对学生的体能素质和生理素质两方面进行监控与评价;(4)心理心智素养评价,通过相关心理测试量表(如 SCL-90,16PF 等),对全体学生进行测试,建立心理档案;(5)创新实践素养评价,从创新素养、个性特长、课题研究能力三个方面进行全面监控与评价。②

学校以基于 Web 和数据库技术的综合素质评价系统作为评价数据收集的平台,并将系统中评价学生综合素养的信息归为三类。一是调用类信息,主要是学业成绩数据、体育成绩等。二是统一输入类信息,以营养评价指数为例,该数据由学校卫生室每学期统一测定并输入。三是学生自填类信息,如参与主题教育、社团活动等。学校将学生参与该类活动的角色分为骨干和参与,通过权重系数和质量系数,实现分值标准化。③

(二)多轮实践改善,优化学校综合素质评价

2010 年 9 月,学校成立了基于 Web 与数据库的学生综合素养评价研究团队,着手在高二年级确定两个试点班级进行先期评价试验,积累实践经验,以完善相关评价指标和评价实施流程。两个试点班级分别为理科班和创新班,以便于对各评价指标的权重进行测试与修订;对评价系统的各项指标设置进行测试与优化。

① 张志敏,何刚."五能雷达图":让学生综合素养评价形象可感——上海市格致中学"五能"学生综合素养评价体系探索[J].中小学管理,2014(10):13—16.
② 徐倩.探索学生综合素养评价的格致经验[J].上海教育,2014(28):40—41.
③ 刘骏.基于网络和数据库的学生综合素养评价——以格致中学为例[J].上海教育科研,2014(07):53—56.

　　2011 年 3 月,工作组在高二确定了两个试点班级,积累经验,以完善相关评价指标和评价实施流程。在试点的基础上,学校做了三个方面的调整。一是在评价名称方面,将学术味较浓的"综合素养评价"调整为"学生成长档案"。二是在评价指标方面,对一些重复的二级指标进行整合与优化,同时增加了部分测评指标。例如:将道德操行素养中"主题班会"改为"主题教育",在健身运动素养中增加了"运动技能",在心理心智素养中增加了"生涯规划与期望",在创新实践素养中增加了"特长申报"。同时对相关指标的权重进行了调整。三是在评价流程方面,在原有的学生自评、教师评价和学校审核三个评价环节的基础上增加"班主任审核"环节。

　　经过两轮的调整与实施,自 2012 年 9 月,综合素质评价在我校全面推行并实施至今。通过对评价实践的进一步研究可以发现:师生逐渐改变了分数唯上的观念。学生积极记录成长信息,主动进行自评;教师及时关注学生动态,给予精准指导。一些曾经的"后进生"通过自主评价找准了发展定位,凸显了闪光点,在师生互动中不断增强信心,提高了学习的主动性。"五能雷达图"为教师、学生、家长提供了一份形象和直观的综合素养成果图。

　　然而,也有学生反映若能在评价图中直接查看更多的具体信息就更好了。为此,学校在"五能雷达图"的基础上,增加了"学生成长树"这一更加直观的呈现方式,实现了学生评价结果的多元呈现。"学生成长树"(如图 3-8)由五部分组成,五个枝干代表五个一级评价指标,枝干下的树叶和果实呈现学生成长的具体信息。五颜六色的树叶和果实表示经过审核的有效信息。其中树叶表示经过标准化处理的一般信息,果实表示经过标准化处理后的高质量信息,一个果实相当于五片树叶。当鼠标移动到枝干、果实和树叶上时,相关的评价内容概要就会呈现出来。这种呈现方式,更加直观、形象、具体。"学生成长树"能把学生一个学期所有自主评价的结果都在一幅动态的多媒体图中呈现。学生只要移动鼠标,就能在一幅图中获得所有有用的信息。同时,硕果累累、枝繁叶茂的图景也让学生有了不断努

图 3-8　学生成长树

力的动力。

（三）落实学生综合素质评价，建立学校保障机制

学校为了更好地落实学生综合素质评价，形成与综合素质评价五个方面相对应的评价保障机制，建立并完善了德育校长→德育处→年级组→班主任四级管理保障机制，以学生自主记录成长数据、提交佐证材料，班主任核验数据的有效性并加以认证，作为综合素质评价的主要实施方式。通过拓展校外实践基地，保障学生开展社会实践和志愿服务。通过涵盖"学习态度""学习习惯""学习能力""学习成绩"等方面的学生学习情况自我评估量表，支持和保障对学生"学"能的有效评价。运用"国家学生体质健康标准登记卡""体育校本课程教学质量监控与评价量表"等保障"健身运动素养"评价数据的全面、真实、有效。综合心理学中常用的 SCL-90、16PF 等多套经典测试量表，结合我校心理健康教育的实践经验，制定"学生心理活动评价量表"支持学生心理心智素养评价的有效开展。以青少年科创比赛、社会研究等综合活动为引领，开放创新实验室，辅以"学生实践创新素养监控与评价表""学生课题研究监控与评价表"共同促进学生创新实践素养的提升和相关评价的实施。

四、成效与反思

（一）创新评价结果呈现方式，激励学生综合素质全面发展

综合素质评价系统根据 21 个二级指标的学生成长记录情况进行加权计算，形成分项得分，以"五能雷达图"和"学生成长树"两种可视化的形式呈现每位学生的评价结果。

通过动态跟踪学生 3 年的过程性评价，不难发现综合素质评价系统对促进学生全面发展的导向作用显著。以下通过若干学生成长典型案例说明学生综合素质评价的实践成效。

图 3-9 记录了一名学生高一、高二共四个学期综合素质发展的变化情况。该生在高一第一学期，只有"学能"突出，其他方面表现欠佳。到了高一第二学期，他及时调整，在保持"学能"稳步提升的情况下，其他方面有所改善。高二第一学期，他全面均衡发展，表现优异。高二第二学期，受学科调整及学业压力加重的影响，他除学习能力继续保持领先外，其他方面的表现略有下降。

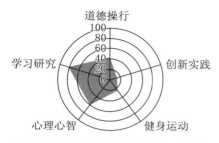

高一第一学期，只有学习研究素养突出，其他方面表现有待提高。

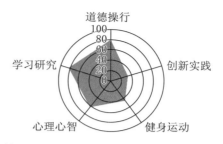

高一第二学期，发现问题，及时调整，在保持学习研究素养水平不变的情况下，其他方面有所改善。

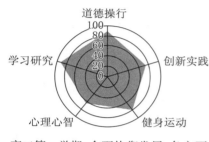

高二第一学期，全面均衡发展，各方面均表现优异。

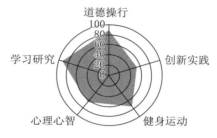

高二第二学期，受四门学科会考影响，创新实践等方面活动参与较少，评分有所下降。

图 3-9　一名学生四个学期的综合素养评价雷达图

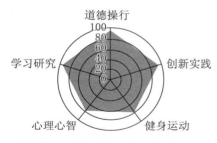

该同学五项表现优异，全面均衡发展。

图 3-10　综合素养全面型学生的五能雷达图

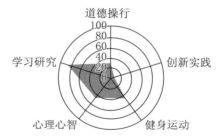

该同学学习研究素养特别突出，但创新实践素养和道德操行素养得分较低，需要引起重视。

图 3-11　学能突出型学生的五能雷达图

　　图 3-10 记录的这位学生综合素养全面发展，在学校"五能"评价中名列前茅，不论是社团活动、课题研究，还是志愿服务、活动组织，各方面表现都很突出，是综合素养全面发展的优秀学生。

　　图 3-11 记录的这位学生在学能方面表现突出，但其他素养乏善可陈。如果按

照学业成绩排名,则其表现优异,但在综合素质评价中,他的表现一般,特别是创新素养和道德素养得分较低。

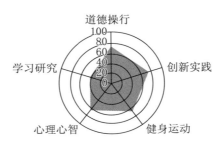

该同学学习研究素养一般,但创新实践素养突出。

图 3-12　创能突出型学生的五能雷达图

图 3-12 记录的这位学生学业成绩一般,但创新素养格外突出,按照传统的评价方式,这类学生常常被归为不受欢迎的"后进生"。但他特别爱好发明创造,参与多项市、区级科技创新大赛,并多次获奖,动手能力极强,创作的"折叠桌"获得了国家实用新型专利,设计并制作的以发光二极管为主要材料的"爱 7 班"班牌深受师生好评。通过"五能"评价,该生的综合排名位于年级前列。①

（二）学校的评价实践得到社会认可

随着研究的不断深入,格致中学学生综合素质评价实践得到了学生、家长的普遍接受和认可,绝大多数学生在综合素质评价"五能雷达图"的有效指引下扬长补短、查缺补漏,实现了综合素质的全面发展,在德、智、体、美等方面取得了累累硕果。学生们普遍不再把应对考试看作是高中三年学习生活的全部,而是在学校规划和老师的指导下,深入社区有序开展社会公益实践活动、以小组为单位探索研究型课题、积极参加各项体育锻炼、发展个性特长和创新实践,由此积累了良好的社会声誉。一些具有较大社会影响力的知名媒体也纷纷慕名前来,报道我校开展学生综合素质评价的基本思路和总体经验。

2015 年 4 月,上海市教育委员会印发了《上海市普通高中学生综合素质评价实施办法(试行)》。在该《实施办法》的前期制定过程中,对我校多年来开展学生综合素质评价的实践经验做了充分的研讨、分析和借鉴。

---

① 何刚.基于数据库和网络技术的学生综合素质评价体系[J].黄浦教育研究,2015(5).

（三）问题与反思

首先,综合素质评价采用指标量化的方式,其科学性还需论证,有待开展更大样本的实证研究,同时,参照上海市绿色评价指标要求,适当调整评价的一、二级指标。其次,如何建立更为有效的学校—家长即时反馈机制,将学校对学生综合素养评价的方法、过程和结果及时反馈给学生家长。倾听更多来自学生家长的意见,得到来自学生家庭的理解和支持。再者,如何建立跨系统的互动平台。随着智能终端的普及,基于综合素质评价的学生数字化成长档案建设越加迫切。要进一步扩大来自学生的自主信息反馈,及时掌握各年级学生的动态变化,及时把握学生的实际需求,才能真正完善和实现基于学情、校情的学生综合素养评价与保障体系。

在上海建立并启用普通高中学生综合素质评价信息管理系统的背景下,如何对我校的“普通高中学生综合素质评价系统”进行二次开发,使其功能定位、目标侧重、评价特色与上海市普通高中学生综合素质评价信息管理系统形成差异与互补,将是我们下一步重点研究的工作与使命。我们始终认为,开展学生综合素质评价既是为高校选拔人才提供参考和依据,同时更为重要的是,它是一种促进学生过程性发展的重要手段,通过每一个周期的阶段性评价结果,引导学生在今后的时期内,合理调整、自我修正,不断完善自身的综合素质发展与提升。因此,最适切学生的综合素质评价体系,势必是基于学校发展文化、学校办学理念、学生学习实际而构建的,只有遵循这样的综合素质评价体系开发逻辑,才有可能使综合素质评价体系成为学生综合素质发展的动力与保障。

（上海市格致中学　吴　照、季金杰）

第六节　医教结合背景下区域学前儿童健康监测与分析工作实践探索

2014年黄浦区发布了《黄浦区托幼机构“医教结合”工作实施方案》,以学前教育保教并重的要求为宗旨,构建了医教结合领导小组协同管理下的“医生进园服务成常态、专家进园指导抓专题、监测分析平台助推进、家长进园互动促合力”推进模式。以此为指导,基于平台的区域学前儿童健康监测与分析工作探索从2015年启动研发。

一、背景与意义

幼儿身心健康发展一直以来都是学前教育发展的本质要求与重要目标,2010年《国务院关于当前发展学前教育的若干意见》文件中明确指出,坚持科学保教,建立幼儿园保教质量评估监管体系,健全学前教育教研指导网络。结合上海发展特点,"医教结合"成为落实这一方针的重要具体行动。从2010年起,上海市率先开始"医教结合"试点项目,市级及各区学前教育三年行动计划和《关于在本市中小学和托幼机构开展"医教结合"工作的指导意见》(沪卫疾妇〔2011〕43号)文件纷纷出台,旨在充分发挥教育与卫生两方面的作用,形成优势互补、依责履职的合作工作机制,从而在学前教育阶段切实落实"保教合一、保教并重"的要求,合力促进幼儿身心健康发展。

2018年《中共中央国务院关于学前教育深化改革规范发展的若干意见》强调注重保教结合,充分利用互联网等信息化手段完善过程监管。在提升保教质量的过程中,教育、卫生等管理部门需要时刻了解现状及发展趋势,适时发现问题并找出原因,以便制定管理决策。实践证明,利用信息化技术,开展儿童发展动态监测,可有效预警,提供决策支持。然而上海市乃至全国目前还没有建立统一的采集、整理、分析0~6岁学前儿童发展以及教育质量相关数据的监测平台。在此背景下,建立卫生、教育、妇联等多部门合作的协同工作机制,开发与应用集研发、培训、数据采集、分析于一体的监测平台,合作完成对区域幼儿发展的监测与评估,共同推进幼儿健康发展,就变得非常重要。

二、思考与认识

(一)医教结合保教管理业务标准及监测分析点研究

2015年,黄浦区启动幼儿健康监测工作的研究与探索,并以黄浦区幼儿园幼儿健康监测与分析平台(下称健康监测平台)建设为背景,开展基于黄浦区保健管理基础的业务规范梳理。

以《托儿所幼儿园卫生保健管理办法》(卫生部教育部令第76号)为指导,全面落实《托儿所幼儿园卫生保健工作规范》(卫妇社发〔2012〕35号),本市贯彻保教结合、预防为主的方针,陆续出台、确立了一日生活制度、膳食营养、体格锻炼、健康检查、卫生消毒、疾病预防、伤害预防、心理行为保健、健康教育、卫生保健资料管理等方面的业务要求。健康监测平台在此基础上,全面贯彻医教结合工作精神,以切实加强对各类幼儿园保教质量的管理和评价,建立医教结合的家庭教养指导和预防性干预系统要求,以幼儿健康水平的监测和评估为目标,探索以数据为支撑,系统化支持监测、预警、分析、干预的工作模式。通过理论构建、统计分析验证、数据挖掘优化,平台将围绕疾病伤害、生长发育、膳食营养、心理行为保健、儿童发展等方面逐步构建业务工作标准、流程以及监测分析点框架。在平台建设初期,以文献研究、政策分析和访谈意见汇总为依据,结合数据情况,平台完成第一阶段监测点框架构建(如表 3-3 所示),重点针对疾病伤害、生长发育和膳食营养设立监测分析点,在实现动态监测的基础上,平台可进一步开展数据相关性分析等数据挖掘和探索研究。

表 3-3　黄浦区幼儿园幼儿健康监测与分析平台监测分析点框架(第一阶段)

监测板块	监测分析点	监测标准参考
疾病伤害	缺勤率监测	疾控预警经验
	聚集性事件监测	《上海市公共卫生苗子事件报告技术规范(试行)》《上海市托幼机构和中小学校消毒隔离工作要求》《上海市儿童保健工作常规》《上海市托幼园所办学等级标准(试行)》
	传染病监测	
生长发育	体检率监测	《上海市托幼机构保育工作手册》《上海市儿童保健工作常规》《上海市托幼园所办学等级标准(试行)》
	矫治率监测	
	视力异常监测	
	听力异常监测	
	营养性疾病监测	
	龋齿监测	
	尿检异常监测	
膳食营养	五大膳食平衡标准达标监测	《营养与食品卫生学》《上海市儿童保健工作常规》《上海市托幼机构保育工作手册》《中国居民膳食营养指南 2016》
	微量元素监测	
	食材多样性监测	

（二）黄浦区幼儿园幼儿健康监测与分析平台建设思路与方法

从保教管理业务标准和监测分析点出发，以需求为导向，平台建设团队利用问卷调研法、半结构化访谈法和观察法等方式深入了解幼儿园信息化保教业务管理情况，进一步明确监测平台用户的核心业务需求，即在保障数据安全的前提下解决跨平台、跨领域、跨语言、跨架构的数据资源有效利用问题，快速精准定位幼儿健康问题，帮助幼儿家庭和园所快速获取核心关注的信息、知识和管理措施，在各方卫生机构、学前教育行政监管机构与幼儿园之间高效开展网络合作协同管理工作等问题。

全面分析黄浦区学前教育领域数据资源情况可发现，区内拥有招生管理系统、在园管理系统、区儿童保健管理系统、阳光午餐、因病缺课缺勤网络直报系统等多类系统，并在 2019 年积极试点手环、电子秤等智能数据采集手段，数据呈现多样化、多源化特点。在多系统并存、多种数据标准、多用户需求的环境下，平台建设流程将主要分为四步，如图 3-13 所示，即数据整合、数据库建设、数据统计与分析展示、数据监测与预警干预：

1. 数据整合

充分结合黄浦区学前领域数据平台特点、数据结构、数据类型、数据体量和数据采集方式，制定数据标准和数据清洗规范，兼顾未来可扩展性完成数据接口和对接方案设计。

2. 数据库建设

针对已经整合的数据，以安全、可靠的硬件配置实现数据存储为前提，结合各类数据的更新频率和使用模式，完成数据库设计与建设，确保数据库支持数据分级

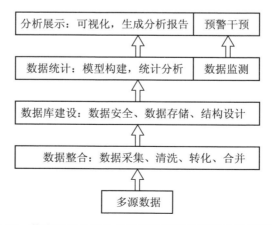

图 3-13　黄浦区幼儿园幼儿健康监测与分析平台建设流程图

管理与共享、并发取用、实时准确等要求。

3. 数据统计与分析展示

建立数据模型,开展数据统计分析,为教育行政和卫生管理部门、园所(教师和园长)、家长分别提供以监测和决策支持为侧重、以日常管理为侧重、以幼儿发展情况为侧重的数据分析展示。

4. 数据监测与预警干预

基于黄浦区学前监测指标体系,结合医教结合业务需求,设计监测模型和预警干预流程,梳理国内外相关监测标准,确定各类预警阈值,开展动态监测和预警干预实施。

三、实践与探索

(一)平台模型建设与研发

结合需求分析和设计思路,基于系统架构模型设计的方法构建平台数据库逻辑结构模型。采用主流软件开发工具研发健康监测分析平台,通过数据标准制定、数据接口设计等手段,既实现晨检终端采集设备、手环、电子秤等多种采集终端数据汇总和多方应用管理平台数据对接,又可灵活支持未来数据扩展。梳理权威标准形成适合本区监测分析评价的知识库,同步建立长效更新机制。运用常用数据统计模型,完成不同层面数据分析报告生成与展示。结合标准知识库,开展数据分析与数据挖掘,实现多方面监测预警,完成干预流程设计与实施。

健康监测平台已实现疾病伤害、生长发育、膳食营养及情绪干预四大核心模块的工作记录及基础监测预警功能。平台整体架构如图 3-14 所示。

1. 疾病伤害记录与监测预警模块

通过对接晨检数据、因病缺课缺勤网络直报系统、黄浦区在园管理系统等,汇总幼儿每日健康状态(缺勤监测、晨检全日观察、幼儿服药),监控传染病发生情况,提示意外伤害防范要点,辅助园所及时上报,教育卫生部门适时开展干预,助力传染病和伤害防范,传递科学育儿理念。

2. 生长发育记录与监测预警模块

建立一人一档的幼儿动态健康电子档案,提供幼儿生长发育状况分析数据,辅助园所、家长开展干预工作,实现医、园、家健康干预远程互联互通。

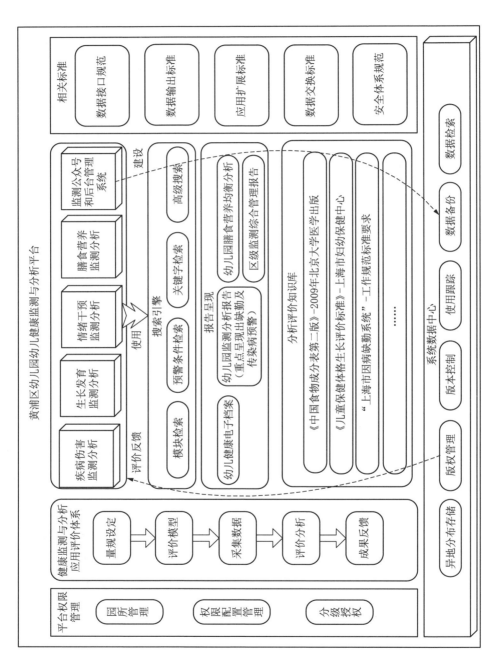

图 3-14　黄浦区幼儿园幼儿健康监测与分析平台

3. 膳食营养记录与分析模块

制定膳食计划,记录每日食材消耗,提供膳食平衡情况分析报告,协助园所及时调整菜谱结构、食材配比,确保儿童平衡膳食。

4. 情绪干预记录模块

采集来离园和在园幼儿情绪记录数据,从关注幼儿心理健康方面,辅助园所教师和家长调整育儿方式,鼓励幼儿自我表达。实施科学保教,促进在园幼儿身心健康发展。

健康监测平台完成阶段研发后,开始在全区 28 家公办幼儿园内广泛应用,一方面支持园所日常保健工作,业务数据不断积累,另一方面按照业务流程设计尝试开展数据分析及监测预警。在实际应用中,研发团队不断获取各级各类用户的使用感受,通过意见分析与问题诊断,进一步明确了后续平台研发重点和优化方向。平台在"建中用,用中建"的迭代研发中,功能日趋完善。

（二）依托平台,结合实际应用场景的医教结合协同机制探索

家庭、教育、卫生专业机构的联动推进是医教结合工作的重要机制,如何实现"卫生机构—托幼机构—家庭、医生—教师—家长"的有效对接,是工作能否切实落地的关键。

2019 年以来,随着建设、培训推进工作逐步完成,健康监测平台开始成为全区幼儿园日常保健工作的重要载体,并以日为单位积累真实、有效的业务数据,从而使得探讨如何在信息化技术支持下基于客观数据的多条线、多角色协同管理有了抓手和基础。

在充分调研、分析后,选择"传染病预警与处理""幼儿防病矫治"两个幼儿园保健工作中涉及多部门协同管理的应用场景开展研究,并分步骤推进平台功能的不断实现。下面以"传染病预警与处理"为例。

以往传染病预警与处理的传统模式是:教师将缺勤幼儿传染病发生情况报告保健老师、园长,园所核实判定后通过电话、纸质传报单等方式上报上级主管部门。上级主管部门通过电话、现场调查等方式给予园所防控指导意见,再由园所根据实际条件,开展线下、线上家长防控宣教工作。隔离期满,幼儿凭医疗机构出具的证明返园。传统流程中由于卫生机构、托幼机构和家庭之间的联系均依赖人际沟通,容易存在信息不准确、上报延时、工作标准不统一等问题。

平台支持下的工作模式是:平台可实时、自动将请假数据与监测预警标准进行

比对,自动向园所(园长、带班教师、保健教师)发出预警信息。信息上报可通过平台直接完成。上级主管部门的防控指导意见(消毒、隔离、家长指导等)、园所对家长的指导意见可在统一知识库内调用、完善,并依托平台完成推送,确保抵达。隔离结束,平台发送预警解除信号,有关资料在平台上自动汇总、归档。

借助健康监测平台在数据的实时采集、预警的自动触发、知识库的规范与应用以及资料的自动归档等方面的精准性和自动化,家庭、园所、区教育、区卫生的对接更为便捷和高效,从而使得综合监管、立体跟踪、线上线下相结合的医教结合协同工作机制发挥更好的效用。

(三)探索数据分析支持管理与决策的方法与路径

根据不同用户的业务、管理角色确定核心监测要点,并以数据大屏方式展现园、区级监测界面,及时预警、便于监控。区级管理者可通过平台实时获取区内不同层级(区域/园所)考勤情况、疾病症状、意外伤害等情况。根据实时预警信息,聚焦重点,及时落实方案制定、任务部署,并动态跟踪事件处理情况。

充分结合黄浦区保健工作实际与特色,健康监测平台可按月、按学期、按年度形成园所/区级监测数据报告,提供幼儿考勤、疾病防控、膳食营养等方面客观数据统计及发展趋势分析,为园所及区级部门工作管理及规划提供参考依据。园级管理者可通过月膳食营养分析报告,了解本园五大膳食平衡情况、微量元素摄入情况以及各类食物、调味品每人日推荐摄入量达标情况等,以便及时调整菜谱结构、食材配比,确保儿童膳食平衡。

数据分析与挖掘必须基于一定的数据积累和知识积累。随着系统应用的不断深化,通过引入回归模型和机器学习等算法深入挖掘,数据分析将从原来的简单统计模式逐步过渡到复杂的模型验证与优化,可进一步提升预测准确性,有效提高决策支持力度。

四、成效与反思

(一)平台应用与推进成效

黄浦区幼儿园幼儿健康监测与分析平台是上海市首个区级保健工作管理平台。截至 2019 年 12 月,全区 28 家公办幼儿园使用该平台开展日常保健工作,平台及其微信端用户约 8000 个,积累数据 315 万多条,已为黄浦区逾万名在园幼儿建立了健康电子档案。健康监测平台的使用有效提高了园所保健工作效率,降低协同成本,为黄浦学前教育的高位均衡发展提供有效支撑。

围绕核心应用场景,平台实现动态监测、分析、反馈、干预、改进全流程,确保幼儿健康信息与指导在家庭、幼儿园、卫生专业机构之间互换、互通、互享,从而提高预警效率,降低各类传染病暴发率,保障幼儿健康安全。

平台对接卫生、疾控工作标准,可自动生成符合业务管理要求的分析报表,为园所及区级管理部门提供可视化监测界面,定期生成数据分析报告,为有关决策提供客观依据。

(二)工作思考与展望

黄浦区幼儿园幼儿健康监测与分析工作还在不断研究和探索中,后续将在此基础上,重点在以下几方面进一步深化:

一是进一步完善基于平台应用的"医教结合"跨部门合作机制,全方位实现动态监测、分析、反馈、干预、改进的协同运行。

二是进一步完善健康监测平台,提高平台的易用性和智能化程度,有效支持保健工作开展与监测、分析服务。

三是加强平台应用分析的建模研究,在已有分析数据的基础上,进一步拓展监测维度,完善监测与分析模型,深入挖掘幼儿健康数据,为各层级工作管理与决策提供强有力的支撑。

(上海市黄浦区教育局 张佩华、徐燕雯,
上海市黄浦区学前儿童发展监测中心 王燕、陈相蓉、姜觅)

第四章

重构现代学习环境

教育现代化的今天,是科技不断进步、创新驱动发展的新时代,传统认识意义上的学习环境亟须"变革"与"重构",为此,需要把"新技术"和"创新"深度融合于学习环境的建设中。现代的学习环境,不仅仅是利用现代科学技术提供各种资源、支撑学校课程深度发展的环境,还是需要满足师生、生生、家校等人际互动需求的环境。黄浦区作为中心城区,充分利用现有的学校空间资源,从校园环境整体布局、创意空间设计和创新实验室建设等方面进行了探索。

本章既有区域层面,针对空间环境创意设计和创新实验室方面的规划和举措,也选取了学校的学习空间设计、FabLab 创智空间和智造工坊等实践案例,反映了黄浦教育的工作和成效,以及累积的经验和体会,展现黄浦区面向教育现代化所做的改革和探索。

第一节　空间环境创意设计:小空间,大智慧

为进一步简政放权,加快建立现代学校制度,黄浦区将校园环境改造的自主权下放,鼓励校长、教师和学生成为梦想改造家,推进了小学、幼儿园"空间环境创意设计"项目,展现了"经典黄浦、精品教育"的深刻内涵。

(一) 空间环境创意设计项目的基本理念

黄浦区作为中心城区,地理空间资源十分有限,学校的校舍空间也十分有限。随着教育转型、课程改革的实施,学习的形式和场所已经不再局限于课堂之内,而是扩展到整个校园,对学校的校园环境设计提出了新的要求。通过合理布局与创意设计,发挥校舍环境的多功能性,最大限度地满足学生的需要,也是我区立足区域特点,实施校园"空间环境创意设计"项目的重要目标。

由于校舍空间的局限性,黄浦区小学、幼儿园的校舍改造一直有"螺蛳壳里做道场"以及"热水瓶罩里换胆"的难度和美誉。为体现办校理念,彰显校园特色,凸显隐形课程,黄浦区倡导"花小钱想大事,花小钱办大事,花小钱成大事",对改善办学条件的投入从原先较低层次的"修缮翻新"转型为能调动学校积极性、体现办学特色的"创意设计",大大提升了以人文思想推进内涵发展的品质,发挥了校园环境培育人、滋养人和塑造人的功能。因为通过营造温馨和谐的环境,可以把彰显人文思想的"魂"渗透于每一个学生的心灵中,同时也可以把弘扬校园艺术的"韵"滋润于每一个学生的血液中。

二、空间环境创意设计项目的实施过程

基于以上思考,黄浦区小学、幼儿园空间环境创意设计项目采用学校申报、专家批审、政府经费拨付的工作机制,通过将空间设计的自主权交给学校,充分激发一线校长、教师们挖掘空间环境资源为教育教学服务的内驱力和创造力,受到基层学校的广泛欢迎。

教育局每年会围绕教育综合改革的热点,以教育转型和课程教学改革的方向对项目设置不同的主题,包括"创新""零起点教学""丰富学生经历""守护童心"等,引导学校结合自身实际情况,提出设想、形成方案、申报项目。评审专家的组成既有课程教学专家,又有基础建设、设施设备的行家,甚至还包括了专业的财务人员。他们对申报项目从可行性、安全性、与课程结合的紧密度、与当年主题的契合度等多方面予以考量,好中选优,每年筛选出约 70% 的项目准予立项,并进行指导和监管,确保立项项目整体设计、分步实施、风格一致、做精细节。

项目运行以来,黄浦区小学、幼儿园涌现出一批极具特色的优秀校园空间环境创意设计,展现了"经典黄浦、精品教育"的深刻内涵。具体可分为以下五大类:

（一）公共空间的校本化建设利用

黄浦区地处中心城区,普遍存在校舍老旧、空间有限的问题。如何巧妙布局,合理利用好有限的活动空间是摆在黄浦区校长面前的难题,校长们都动足了脑筋,巧妙构思。

曹光彪小学以"从孩子的视角发现校园的精彩"为切入点,对学校一楼大厅和观光楼梯进行了重新设计,集美化、育人为一体,让全校师生一走进"金色大厅"就能够感受到浓浓的校园人文气息。学校的观光楼梯通向各个年级的教室,学校按年级楼层铺设不同色彩的地胶,犹如一道彩虹直插云霄,取名为"彩虹桥"。"彩虹桥"与大厅墙壁中的彩虹相连,自然形成一个整体设计,昭示着学校是孩子们"金色童年的成功起点"。

卢湾二中心小学原有的一年级走廊与垃圾桶区域相通,陈旧、简陋,存在诸多安全隐患。学校将原本没有利用起来的走道改建成一个充满欧式风情的小水池,水池里不仅有小朋友喜欢的小鱼,还配合学校的自然课,不间断地更换一些微型小生物以供学生学习。水池旁边新建了垃圾回收站,原先裸露在外

的垃圾桶被围了起来,不仅美观而且也使学生养成在规定时间有序倒垃圾的好习惯。

黄浦区星光幼儿园像许多位于城区中心的老园一样,幼儿活动空间小,建筑陈旧。幼儿园着手对操场一侧的走廊进行了新的设计与思考,让长廊成为一片"小树林"。幼儿园借鉴传统屏风的作用,沿着走廊的外墙下方创设一道树林立柱,用各种可以拆卸的运动器械与树干进行灵活组合,让这个树林具有平衡、悬挂、钻爬、摇摆等各种运动的功能,让幼儿能够自主选择、尽情运动。

城市花园幼儿园的"城市童乐园"的设计着手对户外场地进行重新规划与设计,将原来的场地按功能划分,形成由"悦声广场""城市赛道""百变花池""幻影迷宫""双层云梯""勇者攀岩"等多个区域组成的能满足3~6岁各年龄段幼儿户外游戏运动的"城市童乐园"。让孩子们在这一环境中充分接触自然,通过自己的身体、各种感官感受并体验户外活动的快乐。

思南新天地幼儿园通过对原先"利用率高、采光不佳、欠缺规划、争抢使用"的一楼大厅进行创意设计后,通过合理布局、功能拓展、整体盘整,使其成为真正的"多功能厅",既分又合,为孩子创造了活动和交往的充分空间,彰显出独特且与园舍办园相适应的开放性与整合性。

(二)遵循成长规律的人性化设计

对全区一年级教室的改造,是通过设定"零起点教学"主题,促使各校积极关注幼小衔接,通过创意设计来帮助孩子们顺利过渡、快乐成长。第一,各校在设计时都会考虑使用明快的色彩,使教室明亮又活泼。第二,各校都充分考虑了低年级学生学习过程中的师生互动需要,无论是学生课桌椅还是教师办公桌的选择,以及可移动黑板和交互智能平板电视的结合等,都体现了灵活多变的可互动要求。第三,教室中有意识地进行了功能区域划分,如学习区、活动区、阅读区、展示区、收纳区等。第四,教室里都安排了专门的储物收纳区,通过为孩子们提供一定的收纳空间,一方面可使教室里学生物品的呈现相对简洁,另一方面收纳空间的整理与使用也为学生们良好行为习惯的养成提供了载体。第五,教室墙面的布置也一改原先的严肃、生冷,而鼓励学生参与,如教室宣传栏的设计布置、涂鸦墙(区)的设置、学生作品的展示等,显得更为丰富多彩。第六,教室的设计还延伸到了教室外的走廊墙、地面以及就近的屋顶平台,甚至还考虑到了教室门口的班牌设计。这些符合一年级学生心理和年龄特点的教室设计,使童趣与快乐始终伴随着学生迎接学习的挑战,受到了学生和家长的喜爱。

（三）丰富审美内涵的创意表达

空间环境创意设计项目的开展使得学校旧貌换新颜,经过重新装修和布局调整,原有的陈旧设施和单一功能区被焕然一新的活动空间取代,学校更加美观、更富有童趣,丰富了以美育人的内涵。

董家渡路第二小学原美术室室内面积狭小,但是室外却有一个近40平方米的朝南阳台。通过改造把阳台变为室外教学区域,部分美术室的辅助功能移到室外,室内教学区域的储物空间紧缩,学生的课堂教学活动空间得以最大化,宽敞的教学环境更是给了学生课余艺术活动别样的空间。

黄浦区第一中心小学的"童真创意"工艺美术创意空间,拥有创意美术、少儿茶艺、陶艺制作、国画书法等专业教室。教室外面的走廊,一侧的整面墙壁上是美术教师手绘的水墨画,另一侧展示的是孩子们的绘画作品。古色古香的书法教室里,最前端的"静"字是活动的,拉开之后就是白板。又因为学校地处市中心,空间受到限制,因此,有些大教室就直接被一分为二,中间是一堵黑板墙,两面都是黑板,可以推拉移动。儿童茶艺教室里古色古香的小课桌一半是茶桌,一半是棋盘,一桌两用。两座教学楼之间的连接走廊,铺上木地板,搭上遮阳伞,几把靠椅一个茶几,就成了一个可供教师交流、师生沟通的惬意空间。

荷花池幼儿园对餐厅进行主题式系列改造后,幼儿生活空间既美观又充满童趣。海洋主题餐厅蓝色与白色的色调对比清晰、明亮,给幼儿带来了愉悦的视觉享受;白色的桌椅也是特制的,增大了幼儿进餐的空间,减少了拥挤的现象;墙面上海洋鱼类的装饰让人赏心悦目,幼儿好像沉浸在海洋世界中。

奥林幼儿园打造了都市生态理念下的自然环境创意设计——雨水花园。雨水花园的核心理念是节能环保。"雨水花园"中堆肥箱、雨水净化塔和生态水塘的打造都成了幼儿与生态环境进行互动的有效场所,把节能环保的理念融入其中,引导幼儿体验变废为宝的乐趣。都市生态环境真正成为幼儿的"隐形课程",促进幼儿个性活泼、身心健康地发展。

文庙路幼儿园在"奇妙童书屋"空间设计中,以鲜明的海洋主题为创意原点,整个教室的空间结构是以一个大船舱的概念塑造起来,并利用半圆形的玻璃窗营造船头主舱的感觉,让小朋友在阅读室中宛如置身于一艘行进中的海洋大游轮之上,使海洋主题得到生动形象的感官提升!

（四）激发科学创新的氛围营造

校园创新文化环境对创新型人才培养具有导向作用和激励作用。学校围绕自身的科技特色和创新理念精心改造空间,提供师生奇思妙想的空间,潜移默化地熏陶、感染、激励师生的创造精神。

海华小学建造的融科学、艺术和信息技术为一体的"探索之路"活动室综合运用数字、图像、音频等科学技术手段,将原本枯燥乏味的科学知识融于妙趣横生的情境之中。在设计专区学生可以发挥想象进行绘画、小制作等活动;在实践专区学生可以动手做小实验、小发明,通过多种形式的互动,感受人类与科学的依存关系;在主题专区不同造型主题墙的安装,实践与展示着"海华特色"校本课程,教师可以利用活动室的资源,解决科学课程的教学困难,让学生真正感受到与科学零距离。

中华路第三小学的"百草园"科技谷原来是一间75平方米的规范配置的自然教学室,两张狭长的桌子拼成一个正方形桌子,周边是储藏室、水槽等教学所需的功能区,整体显得灰黄、暗淡。改造后巧妙运用不同空间元素的特点与优势,将整个教室空间划分成两大功能区,第一功能区集学习、实验、展示为一体,第二功能区集教学准备、储藏为一体。一个门洞连接起第一功能区和第二功能区,有分有合。"科技谷"外的走廊采用动静结合的方式,多媒体互动区、科学常识知识区使走廊成为教室学习的延伸,为孩子们打造了一个集教育教学、动手创造、成果展示、互动体验为一体的学习乐园。

重庆南路幼儿园的科学探索室,利用原建筑不规则的特点,以科学探索为核心,打造了一个"多方位探索空间",包括科学实验区、操作体验区、创新实践区。其中科学实验区以幼儿个体探索为主,操作体验区以合作探索为主,创新实践区以满足幼儿个体活动需求为主。从材料结构上来划分,呈现从高至低的结构区分。科学实验区呈高结构状态,旨在培养对科学实验的细致、求真、独立思考的科学精神;操作体验区呈高、低结构相结合状态,旨在培养幼儿协作发现问题、解决问题的能力;创新实践区呈低结构状态,旨在培养幼儿想象力、创造力,拓展思维。孩子们通过亲身操作实践感知科学原理,体验游戏协作,激发自身潜能,从而独立探索、学习和思考,丰富知识经验,并在这一过程中通过探索,感知快乐。

（五）传承学校文化的空间布局

学校通过校园空间环境可以直观展现学校的特色和文化,借助校园景观布置这一信息载体,可以有效地激发学生的好奇心和求知欲,激发学生对于学习和探索的积极性,潜移默化地陶冶情操、启迪智慧、愉悦身心、提供正能量,体现了环境以文化人的育人作用。

蓬莱路第二小学的"公共汽车教室",作为校园创新课程实验基地,其核心是校本拓展课程"小镇公交公司"及与之相关的社会生活类课程,同时将学科基础型课程和其他活动类课程作为有益补充,充分实现了以小镇为主体的体验式教学场景在校园中的延伸和优化,不仅让学生在这个社会化的小世界中尽情地自由交往、探索创新、发展个性,还在无形中催生了传统教学理念和方式的变革。

中华路幼儿园紧扣"民间游戏"的办学特色,为孩子打造了一个"白相小上海"的游戏体验空间,通过巧妙的构思,将空间从单一、平面、固定改造成多元、立体、可变化,打造了"猜东里猜弄堂""嘎三胡茶馆"等妙趣横生、民俗传统的互动空间。

上外—黄浦外国语小学在长廊、连廊等学生每日的必经之路上创建了"中国心　世界眼"中外文化宽课程空间。该空间由"漫步世界国旗廊""玩转桌面世界""推开世界之门"三个部分组成。课程旨在培养学生的宽知识面、宽视野、宽思路,使其能在对本民族文化了解、认同、自信的基础上,知晓、理解、尊重其他国家、民族、地区文化,成为中外文化兼容,能走向世界的现代中国人。

回民幼儿园在多功能厅设计过程中,大量运用了民族元素特别是穆斯林建筑的拱、廊、柱等建筑造型特色,以抽象写意的表现手法勾勒出富有民族特色的艺术造型,从而体现出鲜明的民族文化。

三、空间环境创意设计项目的实施效果

经过多轮实践,目前"空间环境创意设计"已成为黄浦教育每年的常规工作与长效机制。该项目实施 8 年来,小学段学校共申报项目 204 项,其中 166 个项目立项完成,小学空间环境项目的学校覆盖率达到 100％。幼儿园立项完成数为 141 项,符合参与条件的公、民办托幼园所的覆盖率达 100％。

（一）强化自主意识,激发办学活力

黄浦区教育局将空间环境设计的自主权下放,鼓励所有校长带领自己的团队来设计创造这项原本只由基建部门来完成的学校改造工程。项目实施以来,整齐划一、千校一面的校园不见了,越来越多的校长将课程理念植入空间环境的打造

中,对学校特色、课程设置、空间环境作结构性思考,为实施各类课程找到新的生长点。而教育行政部门更多的是作引领与保障,指导帮助校、园长依法规范履行相应的办学自主权。通过参与这一项目,校长的"自主办学"意识被有效强化、整个校园团队的办学活力被有效激发,积极性与创造力尽情挥洒,受到学校热烈欢迎。

（二）彰显校园文化,凸显隐形课程

空间环境创意支撑着各学校校本、园本课程特色的深度发展,让校园文化根植于校园环境,让环境成为学生学习的隐形课程,进而让环境成为学习空间,体现学校的办学特色和文化内涵,让环境具有打动人心的力量。

空间环境创意设计项目使黄浦老城厢的学校再次焕发出新的生机与活力,丰富的地域文化资源、悠久的办学历史,通过空间环境改造和信息技术的支撑得以充分挖掘和展示。而空间环境创意设计中独到的立意、对办学特色的总结和梳理、与时代特征的融合,都促使学校保持一种良性发展态势,与时俱进、推陈出新,丰富学校文化内涵,提升学校文化品格,彰显学校文化的传承、创新与发展。

（三）美化校园空间,助力学生成长

通过环境的改造,校园内的一条道路、一处空间,甚至一草一木,都体现着校长、园长们的灵动巧思。一个个空间由小变大,由暗变明,由单调变多彩,日复一日、年复一年地向学生传递着学校所倡导的特定理念和精神,可谓"创意让空间活了起来"。

空间传递着校园文化,校园环境成为一位无声的老师,起着无声胜有声的教育作用。空间环境变化汇聚成一种关乎育人本质的力量,让我们的孩子在他们喜欢的环境中健康、快乐地成长,让我们的学校真正成为学生成长的沃土!

（上海市黄浦区教育局小学教育科、学前教育科）

第二节　区校合力打造科技人文并重的创新实验环境

学校是学生创新素养培育的基地,课程是学生创新素养培育的载体。为促进学生创新素养的提升,黄浦区在所辖中学建设各种类型的创新实验室,积极为学生提供参与体验创新活动的氛围和环境。与创新实验室相伴而生的还有一批兼具探究性和选择性的优质校本课程,旨在通过更加开放、灵活的教学,培养学生的创新兴趣和实践能力,拓展学生的知识范畴和能力空间,鼓励更多的学生从小的平台起步,走出无限可能的精彩。

一、创新实验室建设的背景和意义

2016 年,中共中央、国务院印发《中长期青年发展规划(2016—2025 年)》指出,坚持立德树人,深化教育改革,把增强学生社会责任感、法治意识、创新精神、实践能力作为重点任务贯彻到学校教育全过程。同年,中共中央、国务院印发《国家创新驱动发展战略纲要》也强调要鼓励人人创新,推动创客文化进学校,设立创新创业课程,开展品牌性创客活动,鼓励学生动手、实践、创业。

习近平总书记也始终关心青少年创新素养和能力的培养,他强调,创新决胜未来。2013 年青年节,他在同各界优秀青年代表座谈时指出,青年是社会上最富活力、最具创造性的群体,理应走在创新创造前列。

由此可见,创新人才培养是党和国家青少年发展战略的重要目标与任务,是教育的应有之义。面对世界多极化、经济全球化、科技革命日新月异的挑战,谁拥有了大量创新型人才,谁就掌握了未来发展的主动权。正是在这样的背景下,包括上海在内的部分经济、教育较为发达的地区,相继出台有关政策,配合国家这一重要战略的实施。

从学校教育来讲,新一轮的中学课程改革目标更加注重满足学生全面而富有个性发展的需要,加强引导学生创新实践:在课程结构上,更加注重引导学生适应社会需求的多样化,加强选择性与综合性;在课程实施上,更加注重构建学生主动学习的环境,加强合作交流与解决问题;在课程内容上,更加注重精选学生终身发展所需的基础性内容,加强科技发展与社会进步的内容;在课程管理上,更加注重学校的自主权与学生的有效选择权。不难发现,建设创新实验室,从多方面满足了课程改革进程的相关要求,对于丰富课改内涵,把握课改方向有着积极的意义。

总之,创新实验室是学校实施拓展型、研究型课程和开展学生自主探究实验活动的场所,提供满足学生个性化学习需求的课程资源,以及融学习内容、学习方式和设施设备于一体的学习环境,为培养学生创新志趣、开发学生创新潜质、开展研究性学习和实施探究性实验搭建了新的平台。

二、创新实验室建设的实践与探索

（一）个别试点，积累经验后以点带面

黄浦区学校创新实验室的建设经历了从高中开始试点，逐步向初中推进的过程，充分发挥了先行学校以点带面的示范作用。先期开展这项工作的学校通过探索积累了先进经验和有效做法，区教育局和教育学院通过各种途径，将这些学校的经验和做法向全区推广。由于创新实验室确实对学校发展和学生成长产生了积极影响，越来越多的学校陆续加入建设行列。在黄浦区的分类指导下，各学校根据自身现状和发展需求，建设符合学校实际的创新实验室，然后在不断积累经验的过程中，互相交流，及时借鉴，进一步推动了创新实验室在黄浦区的普及与发展。

（二）基于课程，着眼于培养学生的创新素养

黄浦区在推进学校创新实验室建设的过程中，始终要求学校以相应的课程为建设的基础。在创新实验室的设计阶段，各学校便确立了课程先行的宗旨。近年来，得到市、区扶持建设的实验室，或是基于学校比较成熟的课程群的需求而建设，或是已有一定的课程实施基础。区层面从学校的办学理念、课程基础、课程资源等角度统筹规划，协助学校提高创新实验室的建设水平，完善创新实践活动的教学体系。

（三）合理定位，强调实验室建设的完整性和可行性

尽管学校创新实验室分布比较广，定位也各不相同，区教育局要求，无论哪种类型的实验室，学校都要在设计之初就必须通盘考虑，对实验室的功能定位、基础配置、相关课程、经费使用、日常管理等进行全面规划，力求实验室建设的完整性。同时，还要求学校将创新实验室的创建与学校自身发展的特点相结合，与学校的师资状况、生源状况相协调，要符合学生现有的知识和能力水平，使实验室的建设更具操作性和可行性。

三、创新实验室建设的初步成效

在创新实验室实施和推进过程中，黄浦区教育局鼓励各校创出特色，力争在课程建设和创新实验室建设两方面取得同步双赢。

2010年，格致中学和向明中学首先开始创新实验室的建设工作，拉开了黄浦

区建设学校创新实验室的大幕。2014 年起,创新实验室在区内中小学全面开花,截至 2019 年底,全区 35 所中学共建设有 90 个创新实验室。总结创新实验室建设的初步成效,有以下几方面的特征比较明显。

（一）创新实验室形式多样,提供了更丰富的学习内容

创新实验室项目让学校对课程设置、特色形成以及学生能力素养的培养和提升有了进一步的思考和规划,黄浦区创新实验室建设首先表现出了形式多样、内容丰富的显著特点。

从创新实验室的功能形式上看,黄浦区创新实验室的建设没有"整齐划一",而是呈现出了因地制宜、各放异彩的特点。有的为学校基础型课程的校本化实施服务,如向明中学的"科学与艺术实验室";有的主要作为学校拓展型课程和探究性活动的场所,如向明初级中学的"微生物探究空间"。

从创新实验室涉及的主题方面讲,也是多种多样,如科学、人文、艺术、技术等,不管是学科探索平台、艺术体验空间、创意实践区域,都充分关注到了学生的全面素养、学习体验和能力提升。如向明中学的"原创音乐实验室",以校本教材《歌曲写作》为依托,根据高中学生的特点,既介绍学习作曲必要的音乐基础知识,又包括了电脑音乐制作的一些浅显原理,使两方面内容有机融合为一体,并且让学生在学习的同时尝试音乐创作,极大地激发了学生的兴趣,提升了学生的艺术素养。民办立达中学的"立达创新实验室——微型课程数字学习中心"则以学生探究式学习和创新能力培养为核心,以微型课程建设为主线的软硬件一体化实验室,为学生构建一个可以随时（课内、课外）随地（教室、校园、博物馆、家庭等）接入的、多种资源支持的（包括教师支持、同伴支持、专家支持）的体验式探究性学习中心。

正是这些形式多样、内容丰富的实验室项目,为学生营造了一个个立体开放、多元多彩的学习和体验空间。

（二）创新实验室基于课程,培养了学生多方面的能力

创新实验室绝不是凭空而建的空中楼阁,因此学校在设计开发创新实验室项目时,都无一例外地秉承着课程先行的宗旨,将培养学生的创新精神和实践能力作为目标。

格致中学在上海市中小学第一、第二批创新实验室创建中先后建成四个创新实验室,分别是:呈现天、地、行和谐统一的地理创新实验室,激励学生在科学探究的星空展翅翱翔的物理探究实践大平台,让创新发生在每一位师生身上的生命科

学创新实验室,在化学的殿堂张开想象的翅膀的化学创意实验平台。而每一个创新实验室的创建都有课程作为先行保障。例如,地理创新实验室的建设就是一个系统工程,由天文实验室、地质实验室、环境教育实验室以及以多媒体网络化地理专用教室组成,学生置身于这样的实验室中,可以尽情地探索天地的奥秘。为此,学校精心设计了"天文类实验课程""地质类实验课程"和"环境类实验课程",利用实验室资源,开展特色活动,培养学生探究问题、解决问题的能力。

大境中学的"化学数字化创新实验室"就是在基础型和拓展型课程中,大力推进数字化信息技术在化学教学过程中的应用,逐步实现教学内容的呈现方式、学生的学习方式、教师的教学方式和师生互动方式的数字化变革,为学生的学习和发展提供丰富多彩的教育环境和有力的学习工具。借助实验室,学校优化了必修教材中的部分实验、开发了化学数字化实验课程,力求满足学生个性发展的需要。

大同中学在"爱生命·爱科学"创新实验平台里,建设了包括"基因工程创新实验室""生物进化走廊""动物及人体生理学创新实验室"等主题的专门实验室。以《微生物学》《生物化学》《分子生物学》《植物生理学》等专业内容为基础开设了与生命科学相关的拓展型、研究型课程。

市十中学的"版画创新实验室"是结合教研组的特色,通过美术基础型课程、版画拓展型课程的实施,在全校普及版画知识,使学生人人了解版画、个个能够掌握版画的制作过程,从中体会到版画创作的乐趣,逐渐形成校本特色,加强版画校本课程的建设,为学校校本课程的实施与推进探索一条新路。与此同时,也开拓了学生的创新思维,开发了学生的空间智能、自我认识智能等多种智能,发展了学生的爱好和个性,促进学生认识自己、接纳自己、肯定自己、相信自己、发展自己,成为"最好的自己"。

(三)创新实验室有助于教师成长

创新实验室旨在培养学生创新意识和能力,但与此同时,也客观上促进了教师的专业发展和个人成长。从设计到创建,创新实验室发展的每一个环节都离不开教师的参与,在这个过程中,教师既是传统意义上知识的传授者和学生的管理者,又是学生创新素质养成的促进者;既是传统意义上课堂的主导者和课程的主讲者,又是学生创新活动开展的指导者和配合者;既是传统意义上教育教学活动的实践者和研究者,又是创新实验室发展进程的参与者和探究者,从这个意义上讲,教师和学生在创新实验室这个平台一起学习、互相探讨,共同成长、彼此成就。

中山学校的"童艺视界"创新实验室在为学生提供创新平台的同时,就显著促进了教师的发展和成长。该实验室前身是一个专用美术室,空空荡荡,毫无生气,别说学生不喜欢,教师也觉得鸡肋。当教育局启动创新实验室申报工作后,一位美术教师毛遂自荐,提出了对美术教学空间进行改造的想法。他打通了美术教室和准备室,空间更显大气,窗台下一排矮柜,既能满足学生或老师小憩,又能满足美术材料的收纳;整个色调运用了最简单的黑白灰,凸显文艺气息;天花板做全轨道设计,搭配小面积的隔断,能做各种格局的间隔,便于进行小组学习;两头配备教学设备,如投影仪、移动黑板等,能同时容纳两个班级的学习。还设计了两套灯光系统:一套是普通的平面灯光,用于日常教学;另一套则是射灯,射灯打在作品上,美术教室华丽转身,成为"美术馆"。对于学生来说,自己的作品能变成"美术馆"的展品是莫大的鼓励。2017 年全区高中、初中、小学的美术教师一体化教研现场会也在"童画视界"举行。

不难发现,在创建过程中,被激发的不仅仅是学生的学科素养,还有教师的专业素养和工作激情。在项目的驱动下,教研组从实际出发,走向理想,学校提供这个平台,让教师能在理想和现实之间搭建桥梁,完成自己心目中美好课堂的设计,教师们需要的是信任,是能够自我建设的满足感。在这个过程中,教研组为了完成任务,会进行各种形式的自我研修和学习,教师的专业素养和能力得到提升。

（四）创新实验室提供了社会文化服务

为社会提供文化服务不仅是学生学以致用,在实践中学习知识、锻炼技能的需要,更是培养学生公民意识、参与意识、社会责任意识和主人翁意识的重要途径。学校是文化传承的地方,更是健全人格的场所,通过系统的教育教学活动传承民族文化、培育民族精神也是教育的应有之义。黄浦区很多创新实验室立足于中华文化沃土,面向全社会,在开放的环境中培养学生创新意识和创造能力,在学生的成长中提供力所能及的社会文化服务。

兴业中学的非遗文化"海派剪纸创新实验室"是兴业中学校友、上海市文联副主席、全国非物质文化遗产传承人李守白先生亲自指导、设计的,这个实验室以海派文化为环境设计背景,配备了可用于剪纸作品制作的专业设备。这里既是学习剪纸艺术的教室,也是同学们剪纸作品的陈列室;既是浸淫传统文化海派文化的课堂,也是利用新技术弘扬传统文化的实验场。同时以创新实验室为基点,学生们从剪纸课堂走出来,步入校内的艺术节、文化周,并将传统文化向社区、学区延伸开放,使周边更多的学生和居民获益。

四、创新实验室建设的发展设想

（一）推进整体布局规划,彰显内涵特色

在创新实验室建设方面,很多学校已经针对如何丰富内涵、辐射影响、形成特色有了长远的目标和未来的设想。未来几年,黄浦区教育局将着力打造与学校特色相结合的创新实验室,使实验室的用途更加广泛,内涵更加丰富。同时,通过由点及面,由内到外,进一步延伸创新实验室的空间,打造更美的创意空间,搭建共享交流的平台,增强学校之间的沟通合作,力求使实验室的功能辐射到更多学校。区级层面还将进一步统筹规划,合理布局,整合区内相关资源,梳理所辖学校异同点,加强对各学校创新实验室的统一协调与指导,形成合力,彰显区域特色。

（二）加强师资队伍建设,突破发展瓶颈

由于创新实验室的项目内容多样,内涵丰富,对教师综合能力要求较高。针对上述问题,黄浦区将持续加强教师团队的建设,借力新中考跨学科案例分析,让不同学科背景的教师形成合力,互相借鉴,同时,鼓励学校开展项目化学习,借助外力培养师资,使教师能更好地利用发挥创新实验室功能,为学生学习展现一片新舞台、空间。

（三）创新共享管理机制,扩大服务范围

为了满足更多教师和学生的发展需要,进一步彰显创新实验的教育功能,学校要从课程设置和实验室管理两方面入手,为师生提供更为充足的实践时间,为实验室人员的投入和管理提供各方面的支持。同时,从区级层面来说,要使创新实验室项目资源共享,就必须早日制定统一性和灵活性兼备的管理制度,以便于各学校根据需要实现设施设备的网络化、自动化管理,通过多种形式实现校际共享使用,让实验室走出校门,让不同学校的学生走进更多的创新空间。

（上海市黄浦区教育局中学教育科）

第三节　面向未来，"重塑"学校育人新空间

随着教育综合改革的全面推动和不断深入，育人理念的提升、课程教学的优化、学习方式的转型、教育资源的利用等，这一系列变革所处的主要空间场域，近年来也在随之悄悄发生着变化。一开始，这些校园以及具体学习空间上的形态变化，往往是被需求牵引的、被动的、局部的更新，起到的是"配合"的作用。但如今，许多学校教育教学改革实践正在从量变走向质变，面向未来去"重塑"学校的育人新空间，正在成为教育变革主流中不可或缺的一部分，是与各项教育变革与发展"共生"的重要组成部分。

回顾"学校环境"的变化历程，从早先教书先生和私塾学堂的搭配，步入到教师与校舍的组合及教育管理的跟进，教育效率提高是重大的进步。但事实上，学与教最重要的核心部分并未发生根本上的变化，仍然主要围绕着"知识和技能的传授"在转。当下，科学技术的发展正在引发学校教育教学的深层变革，信息和智能时代的到来，也将使学生获取知识的渠道和方式变得更加多元立体，许多学生自主获得的知识储备可能已经超越了教师，而在思想、道德、情感、心理等诸多方面还需要在师生互动、与同伴与社会的群体交往中获得更有意义的成长。因此，现有校园场域的功能和价值就需要被重新审视了。

一、为何"重塑"学校育人新空间

美国著名学校设计师普拉卡什·奈尔曾经说："学校不是一个地点的标记，而是一种空间的选择，需要重新想象学习和教学空间，重建学校的物理空间规则，让学生的学习与学校环境的互相作用不断地迭代，为教学空间增加新的价值。"这种变化反映了学校的教育观是以学校为中心，还是以师生的共同学习成长为中心。

人与空间环境之间存在着奇妙的互动关系，人对空间环境的感受和体验，会直接影响人的心理状态，建筑空间产生的实体变化会让人产生心理的变化，甚至带来行为模式的转变。因此，如果把学校的各种空间视作无处不在的"课程"，通过包括支持探索的设计、支持表达的设计、支持互动的设计、支持成果共享的设计、方便学

习资源获取的设计、促进"静思、合作、交融"等不同学习形式存在的设计、保障安全与考虑人体工学的设计等设计方式,就能让学校的各种空间真正为师生而设计、为学习而设计、因学习而灵动、让学习无处不在,促使当下教育界追求的许多有价值的变革导向被赋予"有形"的视觉意义。

那么,学习空间的"重塑",究竟会驱动哪些变革,这些变革对于学生学习的意义是什么呢? 我们通过八年持续努力,在推动学校空间重塑上,有三点感悟:一是凸显"把学校筑成师生共有的文化空间和精神家园"这一办学追求的物化表达,让理念不再是从文字标语张贴,而成为实实在在"有意蕴的文化之境";二是促进学校育人方式变革,回应课程教学中师生共同的"高阶学习需求"的迫切要求;三是呼应了师生关系、生生关系、家校关系等人际互动在开放性、私密性、共享性等多方面的人际互动空间需求,并无形支持着学习者的行为约束与规范。

二、怎样"重塑"学校育人新空间

基于上述理解思考学校育人空间"重塑",学校就绝对不会把学习环境改造看成是后勤部门和建设单位独立完成的一项工作,而需要多维度、多视角的系统参与、设计和落实。以我校2018年暑期完成的"童慧科苑"自然探秘课程空间(以下简称"童慧科苑")为例,我们尝试总结了四条学校育人空间"重塑"的行动策略。

(一)物化校园文化,增强办学理念渗透

学校多年来坚持"以人为本,追求人的发展"的办学理念,用真情和智慧打造师生喜爱的精神家园,形成了"创新、自主、和谐"的校风,"开拓、自立、和洽"的教风和"进取、自勤、和悦"的学风。

在"童慧科苑"的学习空间改造项目中,我们坚持把理念和价值融入"两室、一廊、一区"的空间构成和功能划分的顶层设计中去,以"学习环境怎样促进人的发展"为核心问题,将学生面向未来的自主发展、在社会场域与他人的共同发展及创新精神和实践能力发展作为空间支持育人的首要考量,进而对"学习空间如何支持教学方式变革,培育学生核心素养""学习空间怎样激发学生的好奇心和学习兴趣""学习空间怎样培养学生在学习中互动交流的习惯""学习空间如何引导学生创新能力发展"等具体问题进行回应,力求让环境设计的每一个点,都能提供来自环境的"文化暗示",体现让师生"在文化中浸润""在教学中相长"和"在实践中求知"的设计理念。

与此同时,我们发现通过校园环境"重塑"引导的师生文化理解和文化认同,也反过来塑造着学校的"文化环境"。比如:在"童慧科苑"的"畅思屋"里有一堵整面软木包裹的墙,墙面嵌着立体的木质恐龙骨架造型,让整个教学空间充满自然气息。它既是一面装饰墙,同时也是一面提供给师生自由张贴自己奇思妙想的"畅思"墙,任何一个创意、一款设计、一些想法都可以上墙交流。"匠心坊"里也有许多依墙而建的展格,作为学生摆放自制车模、船模、建模作品的科技和劳技作品展示区域。这些学生学习成果的"展示空间"中不断丰富的作品,构成了学校"环境文化"的一个重要部分。

(二)重构学习环境,助力教学方式转变

学校育人环境的重塑也要与课程教学改革的方向"同向而行"。在"童慧科苑",我们融入了这样的"匠心":首先从空间的使用功能上不仅满足自然、劳动技术等基础型课程的日常教学需要,同时也是学校科技教育、学生社团活动等拓展和探究型学习的探索空间。其次在设施设备的配置上创意优先。其中"畅思屋"设置了一张独立的环形大实验台,教师可以在桌子中间进行实验的教学演示,学生可围坐一圈近距离观摩;学生也可以在各自的区域独立动手做实验。环形的设计既方便了学生之间的交流,也方便了教师对学生实验过程的观察指导。"匠心坊"里传统的讲台不见了,取而代之的是教师移动工作台和移动工具箱,这使教师不再拘泥于黑板和讲台,而是尽可能融入学生中去。"匠心坊"的彩色长条形课桌也给学生带来了新颖的学习体验:桌面上配有隐形插座,桌肚里安装了40个抽屉,抽屉里是每人一套的劳技课专用工具。同时,不同颜色座椅的设计,既让环境本身变得更加生动,也让教师能够根据座椅颜色对学生进行快速分组。此外,师生还可以在二楼室外平台打造的"拾绿园"中一起观察小型动植物的生长过程,开展长周期探究活动,绘制自然笔记。

这些环境的变化都为教师在课程改革中设计体验式、互动式、合作式、探究式的教学提供了极大的环境支持,甚至出现因为学校的学习环境变革引发的教师教学设计改变,促进了环境与教学的"双向作用"。

(三)增强空间互动,培养主动学习习惯

学习空间的趣味性是学生喜欢学校环境、激发学生好奇心和学习兴趣的外部前提之一;学习环境的互动性则为培养学生积极主动的学习习惯和创造能力的提升提供了有益条件。"童慧科苑"的"求知廊"就很好地体现了这样的趣味性和互动性。

"求知廊"充满浓浓的"科普味"让学生仿佛置身自然博物馆,大自然的动物和植物、地球上的岩石和泥土、宇宙中的星系和外太空等他们非常感兴趣的知识,通过与学习环境中的文字、表格、标本、画面、小视频等巧妙地结合在一起,形成了强烈的视觉冲击和代入感。

最受学生喜爱的是"科普翻翻乐"。这是镶嵌在墙上的几排四面转格,上面有各种各样贴近真实生活的问题,定期更新。每翻动一格,学生就能进一步找到对问题的解释和描述。学生在"翻格子"的游戏中,自然而然、循序渐进地了解了更多知识,让他们越翻越感兴趣,越翻越长知识,这样的互动学习装置受到了普遍欢迎。

（四）灵活配置资源,满足多样成长需求

我们发现,学校环境不仅是"校本课程"的落实场所,也应该是学校特色课程开发的一个环节,为校本课程更好地满足学生的个性化发展,灵活配置各种资源和设备作为学习支撑尤为重要。

于是"匠心坊"配备了一条十几米长的全透明玻璃钢水槽供船模试航,喜欢船模的孩子们在社团活动和科技节上专注而兴奋地装船模、试船速,学生直呼"好专业"。"畅思屋"的实验台也可以随时变身成学生烘焙社团的操作台,与身后藏着的一排烘焙设备一起构成隐藏在自然课程空间里的小小烘焙室。"拾绿园"则为每一个热爱大自然、希望接触大自然的孩子提供了在真实环境中探究的学习环境。所有开合的空间都配备了 SEEWO 交互智能平板设备,各类教学软件和传统板书在这里得到很好的集成,同时配以 360 度高清摄像头,教师只需操作移动把杆就可即时将自己或者任意学习小组的实验操作呈现在屏幕上进行示范或交互。

三、实践成效与推进经验

（一）目前取得的实践成效

学校通过八年在学习环境"重塑"上的持续努力,可以说取得了初步的成效,主要表现在以下五个方面:

1. 学校校园面貌焕然一新

学习环境的现代感、设计感和技术融合凸显,基础性、功能性和实用性得到很好保障,从环境和硬件条件上更加趋近于一所现代化学校。

2. 有效促进了课程教学改革的深化

教育教学突破了以往学习环境的一些局限,在新型学习空间支持下确保了常规基础型课程的高质量落实,开展了指向学习素养培育的以学习为中心的教学、项目化学习、探究学习等教学实验,丰富了学校的校本综合实践活动实施载体。

3. 学生全面而个性的发展成果喜人

学校相关测评和义务教育学业质量"绿色指标"评价结果反映:学生的学习动力得到了很好的呵护和激发,学生在学习中主动探究、互动交流和反思的高阶思维能力发展得到一定程度提升,学习过程中的情绪、师生关系趋向积极,学习能力和创新能力持续增强。

4. 促进了教师专业水平的提升

教师们在教学设计中开始有意识地思考环境如何更好地被融入教学设计中,支持学生学习方式的深度变革,标志着教师对于教学改革中各要素的理解和认识又更深了一步。越来越多的教师也开始努力学习各种信息技术,通过提升自己的技术应用能力让自身的专业发展更好适应信息化时代和智能时代的教育挑战。

5. 系统提升了学校管理团队的实战能力

在学校育人空间"重塑"的具体落实上,必然会遇到需要平衡各方需求、兼顾教学标准、突破客观限制等问题,我们用这三条"平衡策略"来解决问题:先是处理好"需求倾听"与"价值引领"之间的关系;再是平衡好"属性保持"与"个性凸显"之间的距离;还有是把握好"细节串联"与"因地制宜"之间的尺度。

(二)可复制推广的经验

我们还从明确定位、工作规划、外部支持、合作沟通、教师认同等方面,尝试总结了五项可供同类学校复制和推广的工作管理经验:

1. 清晰表达好公办学校学习空间的"标志属性"

不单纯照搬好的文化空间设计,不照抄国际学校的空间设计。文化观念、管理体制和课程体系等存在的差异,注定了公办学校必须走立足本土基础上的借鉴和创新之路,设计符合学段学生认知特点和身心发展规律的物化空间,呵护学生对文学艺术、自然科学等不同领域的兴趣萌芽,尽最大可能地满足他们学习过程中具身认知的需求,这比建立高技术含量的"创新实验室"更为重要。

2. 整体思考下的分步实施必须做到"步步为营"

若非新建或整体改建的学校,要实现空间转型绝不可能是一蹴而就的事,需要分步逐年落实。但这个"分步"和"逐年",不是东一榔头西一棒槌地零打碎敲,而是要有一个全局性的顶层设计构想,前瞻性的布局谋篇思路,它和学校年度发展的规划是紧密联系在一起的,校长心中要有一盘"大棋"。

3. 利用好教育部门各类平台项目的"政策红利"

上海市教委自 2011 年起开始创新机制,每年都设置市教育创新实验室的项目申报,近几年还有市"城乡一体化"项目的申报平台,黄浦区教育局自 2012 年起也设立了小学环境空间创意设计的申报平台,每年学校还可以在区教育局规定的可行定额中有计划地自主使用一部分公用经费用于优化和改善校园空间布局、添置和修缮教学设施设备,整合利用好这些机制和平台,也是一种管理智慧。当然所有项目申报、审批、实施、监督、评估等流程的规范性,都必须通过学校"三重一大"加以落实。

4. 在与设计团队的沟通中必须坚持"学校立场"

学校对空间改变的诉求表达要始终落点在"育人目标"上、聚焦在"服务学习"上,并通过与设计、施工团队的反复沟通,在深化外部团队对教育空间改造深度理解的基础上,加以更加精准的设计与施工落实。

5. 让使用者在学习环境重塑中收获"同步成长"

空间"重塑"最终是为师生的成长发展服务的。让更多的教师通过了解使用功能,便捷自己的教育教学行为,改进工作方式和行为习惯,从而进一步推动教育理念的更新。让所有学生都能在全新的学习空间环境中焕发新的求知欲望,生成新的求知通道,结成新的求知团队,这些愿景的达成需要师生在不断改变的校园新空间中通过积极主动的感知、体验和实践,在反思、磨合、认同中发挥好"物"和"境"的最大价值。

四、进一步的思考

在信息化、大数据、人工智能对教育逐渐产生影响的今天,空间的概念应不仅仅停留于"有形",线上和线下同步统整设计数字化学习空间,迫在眉睫。同时随着项目化学习、主题式综合活动等多样化的综合学习方式的创新与传统课程体系中教与学模式的不断优化,对于学生素养培育的支持,也将是一个系统复合的要求,会对学习空间的设计带来新的挑战。此外,随着紧密型学区化集团化办学进程的不断推进,学习空间资源的有效辐射、交叉步点和特色互补,也是未来教育管理创新的一项新课题。面向未来,重塑学校育人新空间会给我们带来哪些更大的惊喜和支持？让我们一起拭目以待。

(上海市黄浦区第一中心小学　张　烨)

第四节　构建 FabLab 创智空间,探索创新实验室的现代管理机制

创新人才培养是一项系统工程,除了课程开发、师资培养、创新实验仪器装备等显而易见的核心因素外,探索创新实验室的现代管理机制也是落实创新人才培养的一项重要外部因素。上海市格致中学作为一所以"理科见长"为办学特色的百年名校,不仅承担着探索拔尖创新人才培养模式的重要使命,在创新实验室管理等现代学校治理问题中亦积累了丰富而独到的实践经验。

一、背景与意义

《上海市中长期教育改革和发展规划纲要(2010—2020 年)》明确提出"加强研究性学习和实验实践环节,提高学生科学思维能力,培养激发学生的创新意识和实践能力",将"建设若干个区域性中小学生创新实验室和 50 所高中专题创新实验室"列为新时期上海教育的重点发展项目。

上海市格致中学是上海市首批实验性示范性高中,有着 146 年的悠久历史,现有黄浦、奉贤两个校区。在全面贯彻落实《国家中长期教育改革和发展规划纲要(2010—2020 年)》和《上海市中长期教育改革和发展规划纲要(2010—2020 年)》的过程中,学校始终以"为了每一位学生的终身发展,关注学生综合素质的培养"为出发点,推进学生创新思维与创新实践全面成长。

在上海加速建设具有全球影响力的科技创新中心的发展背景下,如何培育青少年科技创新人才;如何建立青少年创新素养培育的"格致模式"是近年来高等学校考试招生新政下学校锐意探索与实践的教育改革方向。

2014 年,由美国麻省理工学院指导的中国大陆首家标准 FabLab(Fabrication Laboratory)创新实验室——格致创智空间,在上海市格致中学揭牌成立。FabLab

创新实验室是由美国麻省理工学院比特与原子研究中心尼尔教授在 2001 年创立的教育实践研究项目。该实验室是一个展现创意作品的平台,拥有诸多先进的数字制造设备,并得到麻省理工学院的开放软件和程序资源支持。目前全球范围内已先后建成近 2000 个 FabLab 实验室。FabLab 的开发团队,每年都会组织召开全球性的交流展示活动,借以分享最新的实践成果。①

二、思考与认识

创新实验室建设与学校课程改革紧密相关,是一项理念与操作同步变革的创新工程。课程是学校一切教育教学活动的总和,完善课程体系、提高课程的多样性和选择性,是学校课程改革的普遍经验。在新课程改革的实施过程中,创新实验室应当能根据学生发展的不同需求,提供多元化的工具载体和设施服务,而这种载体和服务,不仅"颠覆"了传统的课堂教学形式,更是一种对既有课程的超越和重构,也是一种对传统实验室管理机制的革新。

如今,已经有越来越多的先进仪器进入中小学课堂,创新实验室已不再局限于"实验室"的传统概念,它为学生开辟了一个崭新的学习环境。在这个环境里,学校要根据学生的不同需求,提供多样化的课程和学习资源,注重促进每个学生的行动和思维的协调发展,培养敏锐的洞察力和动手能力,学生可以自主选择感兴趣的课题,灵活运用学习工具,组织实验资源,在教师(实验室管理者)的协助下求证或寻找探究事物的规律,这种学习是开放的,是具有生成性的,因而创新实验室也应当是一个开放的环境,对于创新实验室的管理方式也要与时俱进,实验室管理者不再只是扮演传统的维护仪器设备的角色,而是要随时做好学生进入实验室开展创新实验的准备并为学生提供技术指导、启迪创意灵感。

学习环境的变化往往能产生令人意想不到的效果甚至会诞生奇迹。曾有研究和统计表明,截至 2016 年,上海约 75% 的公办高中已建立创新实验室,188 所高中的高二年级学生做到人人有课题,约占全市高中总数的 74%,每年都能从创新实验室中走出一批学有专攻的创新型学生。

---

① 苏军,钱钰.格致中学与麻省理工学院合作创建 FabLab 内地首家创新实验室将投用[N].文汇报,2014-03-10.

　　然而,创新实验室的建设、管理和持续发展没有定式。从已有的实践经验来看,建设和发展创新实验室往往需要与学校的传统相融合、聚焦学校的特色建设、与现代信息技术紧密结合。与此同时,创新实验室往往都与高校、科研机构、社区合作。大量的成功案例都表明,"拓展学习时空,转变学习方式",充分利用和盘活各类资源能更好地满足广大学生个性化、多元化的发展需要,多元主体的支持是保证创新实验室常态化运作的有力依托。

三、实践与探索

(一) 格致 FabLab 创智空间的硬件环境

　　格致 FabLab 创智空间的实验装备与国外 FabLab 标准实验室配备接轨,配置了系统、成套的硬件设备,包括 3D 桌面机、3D 扫描仪、激光切割机、精密雕刻机、3D 打印机等数字制造设备。[①]

　　实验室空间宽敞,可充分满足一个教学班规模的学生开展创意设计和教学实践活动。为实现上海市格致中学两校区"一体两翼"协同发展的办学理念,学校在黄浦、奉贤两个校区均建设了 FabLab 创智空间。

　　格致 FabLab 创智空间由"会议讨论区""组装加工区""工具区""作品展示区""制造加工区"五大区域组成,区域分布如图 4-1 所示。

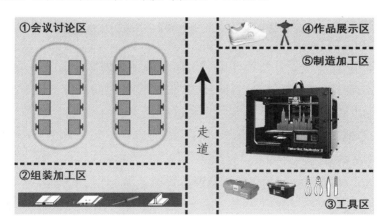

图 4-1　格致中学 Fablab 创智空间区域分布示意图

---

① 　关于 FabLab 标准化实验装备可访问 https://www.fablabs.io/machines 查看,此处不再赘述。

"会议讨论区"配备了环形会议桌椅和三十余台装备了各类创意设计软件的台式计算机(见图4-2)。这样的实验环境布置和硬件配备便于学生在拓展型课程与研究型课程中开展设计前的交流讨论,借助计算机进行3D设计。

"组装加工区"配备了各类电子元器件、万用表和焊接工具,供学生进行硬件改装、制作电子技术类作品。

"工具区"配备了多种规格类型的电池、金属丝线、马达、电钻等各类零部件,供学生设计作品时挑选使用。

图4-2 格致中学FabLab创智空间"会议讨论区"全景

"作品展示区"展示了各色各样由学生制作的优秀创意作品及各类获奖作品,每一件作品均清楚地标注了作品名称、作者姓名、创作时间和所获荣誉。

"制造加工区"主要由一系列数字化制造机及快速成型机组成,是学生进行创意制造的核心地带。如图4-3所示为"制造加工区"一角。

(二)开发与实践格致创意课程体系

基于FabLab创智空间的格致创意课程体系由基础型、拓展型、研究型三类课型组成。

劳动技术基础型课程面向全体在校学生,以FabLab创智空间作为高中"劳动技术"课程的教学环境,依据劳动技术课程标准,对高一、高二年级劳动技术基础型课程的教材内容、教学设计进行全面的整合与优化,实现了劳动技术基础型课程

图 4-3　格致中学 FabLab 创智空间"制造加工区"一角

的校本化实践。

　　将劳动技术基础型课程纳入学校创意课程体系,既是借助学校 FabLab 创智空间的硬件优势资源对国家课程的优化实施,同时也充分发挥劳动技术基础型课程培养和提高学生技术素养的课程内涵,体现国家课程无可替代的育人功能。

　　拓展型课程"3D 打印创意制作"面向学校两校区高一年级、高二年级学生,由两支精干的师资团队分别在两校区授课,每周教学时间为两课时,教学周期为一学期。该课程已纳入上海市"双新课程平台"。学校充分落实实验设备及配套耗材的管理与保障机制,支持每一位学生将创意设计转变为实体作品。通过 5 年多的课程实施,绝大多数在校学生分批次完成了"3D 打印创意制作"课程的拓展学习。

　　研究型课程"创意设计"面向有志于开展项目研究、参加科创比赛的资优学生。教师鼓励学生从现实生活中发现问题,带着项目来研究学习,在"做中学"的过程中体会创意设计的本质。学生的优秀创意作品,通过校级选拔有机会参加国际青少年科技创意大赛。

　　融基础型课程、拓展型课程、研究型课程三位一体的"格致创意课程"体系结构图(如图 4-4)所示。

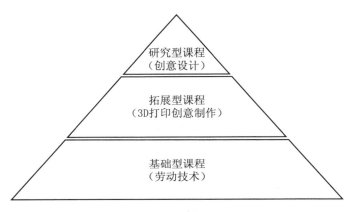

图 4-4 "格致创意课程"体系结构图

（三）优化 FabLab 创智空间的运行机制

传统的理科实验室通常由专职实验员承担日常管理与设备维护，实验室常规开展的各项教学实验由教研组长和备课组长统筹，实验员在实验教学中配合辅助即可。这一运作模式未发挥实验员的主观能动性，且实验室运行的核心全部围绕学科教学，难以激发实验员开发创新实验的动力。

通过对国外 FabLab 实验室的考察和学习，我们深刻感受到在引进 FabLab 创智空间的同时，还需要为实验室寻觅一位一专多能的技术主管。美国一些成熟的 FabLab 实验室有大批技术主管参与实验室的日常运行。这些技术主管的构成包括专职实验员、普通教师以及社区学者、有专长的家长等大批志愿者。规模庞大的志愿者队伍，可根据不同项目，对每一位参与研究的学生进行一对一全程指导。而国内创新实验室的技术主管构成比较单一，往往只是由实验员负责，相关的社区、家长资源没有充分利用，没有足够数量的志愿者队伍，无法做到对学生一对一深入指导。一些具有研究价值的学生研究型课题，有时受制于无法匹配专业对口的指导教师，只能开展一些相对粗浅的研究，有的项目甚至被迫搁置。

格致 FabLab 创智空间的管理和运行，既充分借鉴了美国麻省理工学院对 FabLab 创新实验室管理的标准与模式，又进行了必要的本土化改造。实验室采用团队管理模式与运行机制，由实验室主任、技术主管、运营主管及资深专家组成管理和运行团队。

实验室主任总体负责实验室的各项工作，包括对外交流、宣传以及项目推广等，是带领实验室发展的"方向盘"。目前，格致 FabLab 创智空间实验室主任由学校科技总辅导员兼任。

技术主管由创意课程的授课教师担任,负责课程的开发与实施,是实验室运行的"主心骨"。格致 FabLab 创智空间技术主管队伍的组建充分吸取了国外管理经验,在专职教师的基础上,招募社区学者及部分有专长的家长,构成了 20 人的技术主管团队。专职教师主要由 6 位教师组成,其中,专职授课教师 4 名(两校区各 2 名),专职实验员 2 名(两校区各 1 名)。部分骨干教师曾先后远赴美国麻省理工学院实地学习 FabLab 创新实验室的基础建设、设备使用、课程开发与学生指导,具备了开展创意课程教学实践的素养与能力。社区学者主要是学校周边科研院所的专家、学者,家长主要由家委会招募和遴选。目前,这支技术主管团队,基本能够满足实验室的运行需求。随着项目的开展,技术主管团队还在不断扩大。

运营主管由专职实验员担纲,负责实验室的日常管理和统筹协调。由于 FabLab 创新实验室中开展的研究项目融合了物理、生物、化学、劳技等多学科领域。因而实验员的主要工作不仅限于准备相关实验器材,还需要触类旁通了解各学科实验器材的使用与维护,是实验室运行的"大管家"。

学校还聘请相关领域的著名学者和专家,对实验室的各项活动进行高端指导。格致 FabLab 创智空间专家指导团队成员包括 FabLab 创始人尼尔教授、美国麻省理工学院张曙光教授等国际知名专家,以及市、区教育主管部门、高校、科协等专家。在 FabLab 创智空间投入使用后,专家指导团队成员多次来校实地指导学生创意实践活动。

格致 FabLab 创智空间的运行理念是全开放的,学生可以随时进入 FabLab 创作、学习。排入课表的时段由任课教师负责教学管理,未排入课表的时段由实验员负责登记,并对学生进行必要的指导或辅助。如果学生研究的领域或实施的项目超出实验员的指导范畴,可由学生本人提出申请,学校认可后再聘请校外资深专家进行专项指导。①

四、成效与反思

（一）管理机制成熟促科创教育有序推进

开放与有序始终是管理中的矛盾与难题,城市管理如此,学校管理、创新实验

---

① 何刚.创新实验室"新"在哪儿——上海市格致中学 FabLab 创智空间建设实践[J].人民教育,2017(07):69—72.

室管理亦如此。格致中学在全面开放 FabLab 创新实验室、提升 FabLab 创智空间利用率的同时,始终在管理机制上谋求创新。譬如,以格致创意课程为引领,合理分配课型与教学批次;配备实验室技术主管,负责学生创意实践的个性化指导。这一系列举措,不仅极大地发挥了创新实验室的教学功用,亦有效促进了学生科创活动和科创人才培育工作的高效、有序开展。近年来,百余件在各类科创比赛中获奖的学生创意作品在 FabLab 创智空间中诞生,在创作与筹备的过程中,学生训练有素、实验室管理员合理统筹,使得 FabLab 创新实验室的运转井然有序,面向集体的课程教学与个别学生的创作两不误。

(二)协作共生,牵头组建全科创教育联盟

格致中学开展 FabLab 创智空间建设,不仅在课程建设、运行机制、实践平台三个方面形成了独特的实践经验,还始终致力于发挥学校的示范辐射作用,扩大科创教育的示范性与影响力。

学校于 2014 年 11 月,联合全国范围内二十余所具有代表性的科技创新教育学校齐聚上海共同揭牌成立中国 FabLab 校际联盟。联盟致力于交流分享各成员学校在科技创新教育方面的成功经验,推动青少年创客人才培养的新模式。不少联盟成员学校已先后组成师生访问团,前来参观 FabLab 创新实验室,选派学生代表在实验室中体验科技创造的魅力。2016 年和 2017 年,第二届、第三届"国际青少年科技创意大赛"先后在中国 FabLab 校际联盟成员学校——福建省泉州市第五中学、安徽蚌埠落下帷幕。经过为期三年的实践摸索,以中国 FabLab 校际联盟为依托,以全国青少年科技创意大赛为载体的青少年科技创意成果交流推广平台已基本搭建成形。

(三)开放与辐射,普及公益性质的科创活动

随着格致创意课程的不断成熟,学校锐意进取,深化 FabLab 创智空间社会辐射功能。在节假日期间,学校面向社区学校和市民学校开发 FabLab 学习课程,让更多来自周边社区的适龄青少年体验科技创意的乐趣。通过开设公益性质的"科创夏令营""科创活动日"等形式,邀请部分初中学生进入 FabLab 创智空间,预先体验 FabLab 创智空间的学习氛围。这些集科普和公益于一体的益智活动得到了社会各界的高度认可。

(四)对 FabLab 创智空间持续发展的反思与展望

2014 年至今,FabLab 创智空间虽已成为学校科创教育的一张响亮名片,但学

校也始终在实践中反思如何进一步做好创智空间的可持续发展和后续规划。譬如,FabLab 创智空间内的作品展示区,积累并陈设了历届学生制作的优秀创意作品。然而,这些作品对于当下的学生来说,可能是把"双刃剑"。一方面,在这些代表性作品的感官刺激下,学生的创作灵感能得到一定程度的激发,能快速入门数字制造。但另一方面,近年来,学生设计的作品出现了同质化的倾向,学生的创意似乎被展示区内的优秀作品所束缚。由此,如何围绕发展学生的创意思维和创新品质这一核心,进一步优化创智空间的环境布局、更新课程内容、提升教师的指导能力,是推动 FabLab 创智空间可持续发展的重点工作。目前,学校已逐步开始对FabLab 创智空间教学资源进行新一轮整合,通过开发以项目为载体的长课程,鼓励学生以解决现实生活中具有一定复杂性的真问题为研究起点,综合运用现代制造工具,发展学生的系统思维和问题解决能力,减少较低水平的同质化重复。同时,通过进一步调整创智空间的内部环境布局,建立线上创新作品展示库,将原有的作品展示区转化为实验功能区,拓展 FabLab 创智空间内供学生开展创造活动的空间。

(上海市格致中学　吴　照、季金杰)

第五节　智能图书馆为学生"摘星"架云梯

"互联网＋"时代的到来推动了社会生活与信息技术的深度融合,教育乘着科技的东风蓬勃发展。图书馆作为"学校信息资源高地和师生智慧中心、成长中心、活动中心"[1],是校园文化中必不可少的一部分。曹光彪小学近五年努力打造适合现代城区小学的智能图书馆,并对如何充分发挥其育人功能,重构学习方式,做了积极有益的探索。

一、智能图书馆得到发展的必然

智能图书馆这一概念的出现源自知识共享的理念,是运用现代科学工具将学

---

[1]　教育部.中小学图书馆建设与应用的新起点、新高度——解读《教育部文化部国家新闻出版广电总局关于加强新时期中小学图书馆建设与应用工作的意见》[Z].2015.

习资源数字化,并通过互联网等平台实现资源的整合与传播。智能图书馆的兴起与发展不仅有其内部发展的需要,外部推动力同样不可忽视。

(一)社会发展推动智能图书馆的建立与发展

第三次信息技术革命以来,现代社会飞速发展。科学技术的进步,使得我国数字化硬件和软件建设水平大幅提高,为智能图书馆的建设提供了强劲支持。我国经济实力的提升则为学校建设智能图书馆提供了雄厚的物质保障。教育者们更是意识到了学校智能图书馆在培养新一代青少年、实现伟大复兴中国梦的道路上的重要作用,这驱使着他们为学校智能图书馆的建设不遗余力。总的来看,社会发展为学校智能图书馆的建立提供了经济、技术和文化等方面的保障,是其得到发展的重要基础。

(二)智能图书馆符合教育转型的需要

智能图书馆的建立体现了我国教育方针的转变。在 2010 年的《国家中长期教育改革与发展纲要(2010—2020)》,2016 年的《教育信息化“十三五”规划》和《国家信息化发展战略纲要》之中都提出了建设教育信息化要求。经过十多年的努力,各中小学基本实现网络覆盖,多媒体也成为课堂上必不可少的教学工具,而智能图书馆的发展也是我国教育信息化方针落实的重要表现。

其次,智能图书馆的建立符合新课改的要求。在“教育要面向现代化,面向世界和面向未来”的重要指导思想下,未来图书馆的发展方向也走向现代化,实现信息化、智能化和数字化。2003 年,教育部印发《中小学图书馆(室)规程》,强调“中小学图书馆的现代化是中小学教育现代化的重要体现”,因此要“加强数字图书馆和图书资源中心的建设”。2018 年,教育部对该章程进行修订,加强中小学图书馆规范化、科学化、现代化建设,落实立德树人根本任务。各中小学开始着手建设符合自身特色的智能图书馆。

(三)智能图书馆是学校未来图书馆发展的趋势

随着信息技术的迅猛发展,信息数量和种类不断丰富,书籍、文献资料的智能化需求,都对传统图书馆产生了极大冲击,也使得智能化图书馆应运而生。智能化图书馆可以凭依信息技术快速实现资源整合与传递,提高学习资源共享的范围与质量,提高图书管理效率。

随着学校的不断发展,曹光彪小学早已意识到原本陈旧、狭小的图书馆已然无法满足现代城区小学学生学习的需要,建立适应现代化发展的智能图书馆已势在必行。近几年,学校借助区创意环境项目、市创新实验项目不断改善学校的校园环境,彩虹桥、阳光谷、萌芽园相继建成后,便思考如何利用学校有限空间,打造一个智能化的图书馆,落实教育现代化和信息化,为师生创设现代、智能的学习环境。

二、中小学智能图书馆研究现状

教育转型和人才培养的需要进一步加快了智能图书馆在我国的发展,加之政策的支持,中小学智能图书馆的建设成为学界研究的热点。目前,研究领域主要集中在公共图书馆与高校图书馆,针对中小学图书馆的研究相对较少,可见这一领域尚有较大的研究空间。

中小学智能图书馆的研究可以分为两大部分——智能图书馆建设与管理研究以及智能图书馆与教育教学研究。比如,马高峰[①]、刘茜[②]、程彬彬[③]等一线中小学老师结合自己所在学校的智能图书馆建设现状,讨论了建设过程中的问题与解决策略;金学文结合《图书馆法》和《中小学图书馆(室)规程》,从提高图书馆软硬件设施、提升相关人员的素养等方面提出优化智能图书馆建设[④]。刘朝辉指出,中小学图书馆要突破"各自为政"的运作模式[⑤]。这些都为中小学优化智能图书馆建设提供了思路。

智能图书馆与教学的结合是研究的另一大热点。学者们基本认同智能图书馆在教育教学上的积极作用,比如李洪凤认为数字图书馆与学科教学的有机结合是对传统的接受型学习模式的变革[⑥];李永生表示中小学数字图书馆可以助推教学与阅读,带来师生阅读介质、阅读习惯和阅读时空的变化[⑦];吴思佳则探讨了智能

① 马高锋."互联网+"时代中小学数字图书馆的建设略谈[J].学周刊,2020(2):181.
② 刘茜.浅析中小学数字图书馆的建设[J].青春岁月,2019(20):272—273.
③ 程彬彬."互联网+"时代中小学数字图书馆的建设策略[J].电脑迷,2019(1):127.
④ 金学文,李阳阳.中小学图书馆管理:数字图书馆应用研究——以《图书馆法》及《中小学图书馆(室)规程》等为指导[J].边疆经济与文化,2018(8):115—117.
⑤ 刘朝晖.教育信息化背景下的中小学数字图书馆建设[J].发明与创新:教育信息化,2016(4):46—51.
⑥ 李洪凤.浅议数字图书馆在现代教学中的意义[J].教育教学论坛,2009(11X):162—163.
⑦ 李永生.让中小学数字图书馆助推教学阅读时代[J].中国现代教育装备,2010(8):11—13.

图书馆在改善英语阅读教学中的作用①。

整合中小学智能图书馆的相关文献,我们既了解到其优越之处,也发现了其发展困境。一是图书馆资源利用率不高。部分学校片面追求数字化资源的量,忽视了本校师生真正的教学与学习需求,导致资源的浪费;二是图书馆管理系统无法跟上知识体系的更新速度,导致馆内资源更新不及时,资源整合效率低下;三是师生信息素养有待提高。现阶段,大部分师生信息素养不能适应数字化发展的需求。

这些发展中的现状与问题,也为我校建设智能图书馆及合理运用资源、最大化发挥其作用带来了思考与挑战。

三、"手可摘星辰"——光彪智能图书馆的探索与实践

上海是我国发展智能图书馆的先锋城市,经过多年探索变革,智能图书馆建设路径逐渐成熟。各大中小学不断创新探索模式,走出了自己的教育现代化道路。2015年,曹光彪小学依据上海市教育委员会等9家单位印发的关于《促进本市城乡义务教育一体化的实施意见(暂行)》的通知,申建"智能图书室和阅览室设备改造"项目,从学生视角出发,融品格教育于创意环境之中,大力建设智能图书馆,使环境育人最大化。同年,学校改建图书馆,取名"摘星阁"。2018年,学校又在"摘星阁"旁设计了一间主题式教学教室——"星学堂"。二者既可以隔断成两个独立的空间,又可以打开连成一体,是学校打造智能图书馆与教育教学深度融合的努力尝试。

(一)礼仪规范——"摘星阁"的第一堂课

"摘星阁"源自德国著名哲学家康德的一句名言:"世界上有两件东西能够深深地震撼人们的心灵,一件是我们心中崇高的道德准则,另一件是我们头顶灿烂的星空。"这一名言,把知识比作星辰,意在点亮学生心中的理性与道德,体现了学校对学生德、智发展的双重重视。

"摘星阁"整个空间的基调为蓝白两色,天花板设计成星空的样子。穿过白色的拱门,一直走到底,便可看见整堵墙是手绘的一幅摘星图,左侧便是一个月亮船

---

① 吴思佳.数字图书馆模式下的英语阅读教学研究[J].创新创业理论研究与实践,2019(12):47—48.

样子的读书角。白色的书架上整齐地摆放着各种书籍，一些可爱的小饰品点缀其中；开放式的书架将140平方米的图书馆自然分割为学生阅读区域与教师阅读区域。蓝色凳子或圆或方，或呈不规则形状，为学生提供了自由舒适的阅读空间。我们想借由这样的创意环境告知学生：深邃神秘的夜空好像我们的理想，似乎很遥远，但书籍就如同天空中璀璨的星星点亮夜空，指引着我们去实现自己的理想。我们希望每个孩子都能在"摘星阁"这座知识宝库中摘得许许多多的星星，让它们帮助自己去实现美好的理想。

"摘星阁"建成后，学校没有马上对学生开放，而是制作了"摘星阁"介绍与"摘星阁"借阅两部宣传片，举行了隆重的启动仪式。我们用这样的方式让学生"未谋其面先晓其规"。之后，"摘星阁"开放，每一位前来的学生都能自觉遵守这里的规范礼仪：排队换鞋套—有序进入—文明借阅—安静阅读—还书归位，他们享受着美好环境带来的静心阅读体验。如今，图书馆建成近五年了，依旧保持如新，这也得益于学生们长期良好行为规范的养成。

（二）自助借阅——尽享自由"悦"读

作为智能图书馆，"摘星阁"配有先进的硬件与软件设施。硬件方面主要是RFID无线识别技术，具体包括RFID读者身份识别系统、RFID图书电子标签系统、RFID书架标签系统。此外，还有多功能型数据工作站、图书自助借还系统、触摸查询系统、智能通道检测系统、智慧云点检系统，以及其他配套硬件设施。这些硬件设施使图书编目、排架、流通、管理、监控和分享变得更加便捷，真正实现了图书管理的信息化、专业化、智能化，提高了教师图书管理效率，进而方便师生阅读教学活动的开展。

每天中午，学校以班级为单位到"摘星阁"借阅图书。学生可以通过图书信息发布系统，了解个人借书排行、班级借书排行、新书推荐、好书排行、实时流通状态；也可以利用触摸查询系统，查找自己喜爱的书籍，根据定位系统到指定的书架上取书阅读。他们或站，或坐，或趴，每个人都以自己最舒适的方式愉悦地进行阅读。临走时，还可以用"摘星阁"图书卡有序自助还书，或自助借阅新书。各学科教师也可提前与图书馆负责老师预约，带学生到这里来上阅读课或进行学科的相关阅读教学。

而图书馆中放置的"中文自修"电子书籍阅读，扩大了图片馆藏书量，更是方便了师生扫码借书带回家阅读。

（三）"大众点评"——引导阅读新风潮

为了最大限度地发挥这些硬件的优势,学校建立了图书信息发布系统、图书馆智能化管理云平台和查询平台等多个局域网,将全校的图书信息汇集在一起,实时关注师生的阅读动态与兴趣,及时更新图书信息。学校还联手第三方公司设计开发了智慧云图书馆。它具有个人借书全校排名、添加图书心愿单、扫码查复本、别人读过的好书推荐等功能。智慧云图书馆的微信端还具备发布活动功能,支持学生点赞和评论。结合本校学生特点,我们对其功能进行了筛选,做了个性化设计。例如,师生只要登录这个数字化平台,便可通过"我的"查看自己的借还记录、书评记录;点击"排行榜"了解全校范围内的读者借阅图数量与图书排名;"热评好书"可以根据读者的评分和评论数量优先显示书籍;借助"图书推荐"可以查看最新馆藏入库图书信息及"大众点评"点赞数领先的书籍等。为了使全校师生用好这一智能化的数字台,学校还特意制作了数字化平台操作指南,通过校本培训指导教师如何使用,着力提高电子资源利用率。语文老师针对学生阅读粗浅、缺乏深入思考等问题,率先利用这一平台进行了推进阅读与表达的尝试。要求学生阅读一本书籍后,在平台上发布自己的书评。然后进行"大众点评",要求每位学生都要阅读小伙伴的书评,并给自己最喜欢的5～10篇书评点赞,同时也可以交流自己阅读后的不同体会。这样的方式极大地激发了学生的阅读与交流兴趣,提高了学生的阅读思考及写作表达能力。

（四）信息联动——拓展教学新空间

"星学堂"充满梦幻感的环境设计与"摘星阁"浑然融为一体,这是一间可开展主题式教学的多功能教室,配备了智能互动黑板与视频平台。智能互动黑板是传统黑板和多媒体教学之间的有机结合,可以做到无缝切换,既实现普通黑板的粉笔书写功能,也提供了高清显示和互动触控,包含播放教学课件、视频、图片、动画以及批注等各种丰富的多媒体教学功能,使传统教学与现代科技深度融合,带来最佳的教学体验。而42台iPad为学生查阅资料,进行深度学习带来了便捷。我校语文学科带头人朱玮老师利用这些先进设备,设计了"介绍一种事物"的作文指导课。课堂上,她不仅使用智能互动黑板与视频平台呈现教学知识点、教师范文、学生例文,还让学生使用iPad当堂搜索资料,完成写作任务,并给予指导与修改。这样的上课方式,让师生们充分感受着现代信息技术带来的学习便利,也深切感受到了信息素养培养的重要性。

四、成效与反思

"摘星阁"与"星学堂"相互辉映，将我校图书馆打造成为集信息资源、学习研修和文化活动于一体的图文资源中心，为培养学生阅读素养、开展自主学习提供良好的学习环境，也为教师用好现代信息技术引导学生学习提供了强有力的支持。

（一）极大地拓展了学习的时空

智能图书馆使学习场所不再囿于教室这一方天地，学习内容也不局限于所学书本，而是拓展到与实际生活紧密关联的更广泛的领域。学校智能图书馆已成为学生观察世界的窗口，为学生提供了更为广阔的平台。

（二）改变了师生学习的方式

智能图书馆为学生提供了探索未知的必要工具，在教师的指导下，学生可以利用智能图书馆进行自主探究学习。在这一过程中，师生角色发生变化，教师由知识的"权威者"转变为"引导者"，学生则从知识的"接受者"变为"探索者"，提高了学生自主学习能力和创新能力。

（三）发展智能化生存的能力

学生在使用智能图书馆进行学习的过程，就是发展自身信息化能力、阅读素养和批判性思维的过程。21世纪的新型人才要学会"互动地使用工具"[1]，即人在使用工具获得知识和信息的同时，工具同样也会促进人的发展。而我们的学生在利用智能图书馆这一平台获取所需信息的同时，智能图书馆也在潜移默化中增强了他们识别、筛选和获取信息的能力。

目前，学校智能图书馆在教育教学方面的作用慢慢显现出来，但对于如何使云平台能更大程度上激发学生主动阅读、如何以主题式综合学习活动为载体探索利用信息技术与跨学科教学的深度融合等问题，我们在实践中仍在不断反思。首先，我们已经在设想开发更多的云阅读功能，例如开发语音交流方式，使书评不局限于文字，还可以是朗诵、分角色朗读、讲故事等，以符合低年级学生特点；又如，设想把统编教材各年级各册教材中《快乐读书吧》整本书的阅读内容作为平台内容之一，

---

[1]　DeSeCo. The Definition and Selection of Key Competencies：Executive Summary[EB/OL]. https://www.pisa.oecd.org/dataoecd/47/61/35070367.pdf.

用各种阅读任务促使学生参与阅读,从而掌握一些阅读方法,使得课内、课外能更好地紧密结合。其次在主题式教学的多功能教室——"星学堂"与"摘星阁"的多向联动方面,用好配套学习软件,展开更细致的实践,以便更好地服务于跨学科学习的需要。让智能阅读环境点亮学生,成就其更美好的未来。

(上海市黄浦区曹光彪小学　卢　雨、盛翼华)

第六节　注重真实体验,创新学习空间

技术教育是以技术教育课程为核心,以技术活动为载体,在特定的学习空间、情境中进行真实的学习体验,以培养学生技术素养为目标。2017 年,教育部出台了《普通高中课程方案》《普通高中通用技术课程标准》,提出"技术教育是以设计学习、操作学习等实践学习方式为特征的,其丰富的实践性和创造性,要求通用技术课程的实施具有一定的实践空间和装备保障"[1]。我校根据通用技术课程标准和初高中学段技术课程特点,将通用技术课程归纳为 DECIT 五大主题的课程体系,即数字传媒(Digital media)、工程结构(Engineering structure)、创意设计(Creative design)、智能控制(Intelligent control)、传统工艺(Traditional craft)及各子类课程。而课程目标的实现、教育转型和教学方式的变革必须建立于一定的学习空间上,也必须对原有的学习空间进行重构。为此,我校进行了与课程配套的"智造工坊"的建设与实践。

一、背景与意义

(一)空间建设可以确保通用技术选择性必修模块落地实施

现有通用技术课程标准中有 2 个必修模块、11 个选择性必修模块、4 个选修模块。其中选择性必修模块体现的是"设计与技术"的综合应用,绝大部分选择性必修模块,如智能家居应用设计、服装及其设计、机器人设计与制作等具有很强的专

---

① 中华人民共和国教育部.普通高中通用技术课程标准(2017 年版)[M].北京:人民教育出版社,2018:83.

业性,需要相对专业的设备、专用教室和专业师资。因此,有必要对通用技术课程建设专用学习空间,以保障选择性必修模块的有效落地,满足学生对通用技术选择性必修模块的学习需求。

（二）空间建设可以让学生在学习通用技术过程中有更多选择

通用技术课程融科学、技术、工程于一体,涉及设计、材料、工艺等多个领域,多门学科,具有很强的综合性。学生的学习是经历"需求的产生、方案的设计、材料的选择、工具的使用、评价与改进"的过程。学科定位及课程标准均显示出这门课程紧跟时代,反映出学生是"选择通用技术、选择工具与材料、选择加工方法"而实现运用技术方法进行解决问题的目标。通用技术课程的特点决定了在空间建设中应创造以学生为中心的学习环境。因此,有必要对通用技术课程建设专用学习空间,以满足学生合作学习的需求,为学生提供一定选择的空间、提升学习自主性、实现按需选择,从而得以应用技术完成挑战性的任务。

（三）空间建设可以帮助学生在真实情境下运用技术解决真实问题

通用技术关注的是运用技术去解决生活中的问题,而当前学校教育最薄弱环节是教育与真实社会情境的脱离,通用技术学科教育尽管有大量的实践操作,但还有很多是局限于工具的使用,当学生面对真实问题的时候,不知道如何迁移、运用学科知识与技能有效解决问题。因此,有必要对通用技术课程建设专用学习空间,在学习过程中尽量创设真实的情境,使学习聚焦于学生感兴趣的真实任务,在分析、综合、设计的过程中尝试解决接近于真实世界的任务。

二、思考与认识

（一）DECIT 课程

DECIT 课程体系是我校在新时代劳动教育背景下,以学生劳动技术学科核心素养培育为目标,涵盖并统整劳动技术学科基础型课程、拓展型课程和研究型/探究型课程的中学劳技课程体系,由数字传媒(Digital media)、工程结构(Engineering structure)、创意设计(Creative design)、智能控制(Intelligent control)、传统工艺(Traditional craft)五大类及下设各子类课程构成。每一个主题下还有不同的研究方向,比如工程结构主要研究的是机械传动和机械结构两个方向;智能控制研究的是遥控技术、自动控制、电子控制三个方向。不同课程的研究方向需要的学习空间也各不相同,对应于"DECIT 课程体系",我们对高中校区进行整体规划,组织教师设计团队自己设计每门课程的学习空间,建设与课程相配套的"智造工坊"。

(二)空间建设

学习空间(Learning space)通常指整个学校的学习环境,主要研究技术丰富的环境下,如何改造学校的环境,以便适应学生的学习需求。学习空间通常包括正式、非正式和虚拟三种①,其核心应该是把教学之室向学习空间和成长空间的建构上转型。国外的许多研究也表明了满足 21 世纪学习需要的学校空间应当是一个充满创造力的空间,在这样的空间里,能够培养学生在未来从事工作所需的能力,而教师更多的是学习的支持者和推动者。对于技术学习来说,空间建设既要促进教与学的方式的变革,更要适应不同主题技术课程下学生的学习需求。基于我校的 DECIT 课程体系,我们需要设计与课程相匹配的、接近真实情境的学习空间,以满足学生在不同的主题中,学习技术、运用技术去解决实际问题的需要,这样的空间我们称之为"智造工坊",是学生在解决实际问题的过程中利用自己或者团队的智慧共同创造,而非简单模仿制造的学习空间。

三、实践与探索

(一)空间规划体现技术活动的不同阶段,让学生根据需要进行选择

所有的"智造工坊"都带有"学习区、加工区、测试区、展示区"等功能区域,如表 4-1 所示,学生可以根据技术学习的各阶段,自由进入不同区域开展技术活动。

表 4-1　有利于技术学习的学习空间布局

区　域	功　　能	设备、工具配备
学习区	学习、检索、设计、交流	交互式电视机、可移动组合桌椅
加工区	手工加工:基础手工实践	扳手、锉、锤、锯、钳
	机械加工:制造技术实践	电钻、切割机、锯床、钻床、铣床
	智能加工:数字化制造	3D 打印机、数控车床
测试区	测试模型性能	防火台面、小车路径迷宫
展示区	展示作品	带插座展示墙、展示橱柜

① 杨俊锋,黄荣怀,刘斌.国外学习空间研究述评[J].山西电教,2014(2):10—15.

案例一：机械手臂

这个课程的任务是设计并制作一个三自由度的"机械手臂"，实现搬运、取物的功能。课程涉及的知识涵盖计算机辅助设计（CAD）、机械加工（金属加工及各种成型技术）、程序控制等。课程体现的是结构设计与控制，但侧重于结构，以机械手臂为探索主题。

第一个层次是基于人的手臂（肌肉、关节）控制的角度。第二个层次是简单化编程，通过"指令式"的程序来控制。学生通过小组合作的方式来完成机械手臂的设计与制作，并进行简单化编程控制。这里的加工成型技术有很多，学生可以根据需要自主选择材料与加工工具，为此我们在智造工坊里基本都设置了学习区和加工区，以便学生在实施项目的过程中"按需选择"，同时还提供若干个共享加工室（车床室、钳工室）给学生选择使用，如图 4-5 所示。第三个层次是实现物联网控制，我们希望能够让学生自己实践工业 4.0 的概念，基于网络控制的类似仓储系统、流水线式的机械手臂。

图 4-5　"机械手臂"智造工坊和共享教室

课程中的机械手臂分成三个层次，学生可以根据学习兴趣和学习基础选择研究对象，这里的"智造工坊"所提供的学习空间，使得学生在接近真实的加工环境中，按需选择工具、材料，选择不同的成型技术，完成项目设计与制作。

（二）空间设计贴近实际生活，让学生在真实情境下开展技术活动

我们为学生创设真实情境，给学生更多基于项目学习的体验。使学习聚焦于学生感兴趣的真实任务，在尝试解决接近于真实世界任务的过程中进行分析、综合、设计。

案例二：智能家居

这是智能控制主题下的一个课程，它侧重于电子控制在日常家庭中的应用。为了能让学生有一个真实任务，我们设计制作了家庭用房的模型，如图 4-6 所示。

学生通过扫码领取任务,明确所需研究房间的功能,以小组为单位,可以自由地选择研究对象(比如厨房、卧室、客厅、玄关、阳台等),根据不同房间的任务需求,开展智能控制、APP控制等研究,形成解决方案,最后完成控制电路设计、电路板制作、控制程序编译等环节。整个过程中任务接近于真实生活,学生需要选择合适的控制方式,设计并制作出控制电路,最后直接把面包板、电路板接到房子模型,实现既定功能。

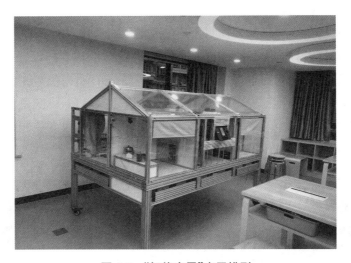

图 4-6 "智能家居"房子模型

这里的"智能家居"提供了一个真实情境的房子模型及配套的材料、工具,房子模型是按比例缩小,不是作为检验的终端,而是作为学习过程中的真实任务,在学习过程中可以不断调试、验证。任务与生活情境基本相似,整个过程学生围绕任务,在完成任务的过程中进行学习。

(三)空间配置提供现代化技术支持,让学生制作出接近真实的产品

从通用技术学科的特征出发,基于真实情境下的学习,其问题或任务是真实的;学习是在不断地解决问题,学生经历完整的技术设计与实践的过程,整个学习过程接近于真实生活,活动的结果应该是产出一个接近于真实的产品。

案例三:服装设计

"服装设计"是通用技术的一门选择性必修模块,共分成服装与文化、服装与材料、服装与结构和服装与制作四个部分,整个模块一共34课时,我们采取集中一周

的教学模式,围绕"设计制作一件汉服"来展开。图 4-7 为相应的"服装设计"智造工坊。

图 4-7　"服装设计"智造工坊

　　学生的学习过程是真实经历了"量体裁衣—打版设计—裁剪—缝制"四个主要环节。其中"量体裁衣"由专业的 3D 人体扫描仪完成,2 分钟可以提供一个包含 27 个关键数据的测量报告,使得零基础的学生能够比较容易体验其中过程。报告数据通过网络提供专业服装 CAD 软件,学生只需要按教师提供的"样式库",对关键数据进行简单修改,并将数据传送给"切绘一体机"形成纸样并打印出来,再按相应的纸样进行裁剪与缝制。

　　整个活动中,学生经历、体验了服装设计的全过程,这个项目学生需要提供"四个一":一份测量报告、一张 CAD 服装设计平面图和样版图、一套自己设计服装的小样、一件成品汉服,如图 4-8 所示。而这"四个一"即是反映出真实的服装设计中的产品,其工艺流程接近于真实,尺寸数据是真人(量体),学习结果是产品而不是小样或模型。

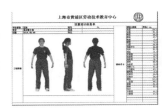

图 4-8　"服装设计"测量报告、CAD 图纸、小样、成品

四、成效与反思

（一）成效

1. 形成了 DECIT 课程体系及其配套的"智造工坊"

围绕 DECIT 课程体系，形成五大主题 12 个高中模块，如图 4-9 所示。每个主题下的各个模块各不相同，比如同属于"工程结构"主题下的机械手臂、斯特林小车，探索的分别是机械结构设计和机械传动设计；而梦想改造家属于建筑工程类，探索建筑结构及房屋改造。

与之相对应的是学习空间的设计，整幢大楼及 12 个"智造工坊"的设计都出自于我们学校的老师，每个"智造工坊"都是为课程量身定做，空间建设的基本策略是围绕学生的发展来建设，空间建设应有利于学生在学习过程中有选择的空间，如可以自主地选择加工工具、选择材料、选择合适的加工方法；有测试及优化的空间，便于学生学习过程中及时调试、及时优化。

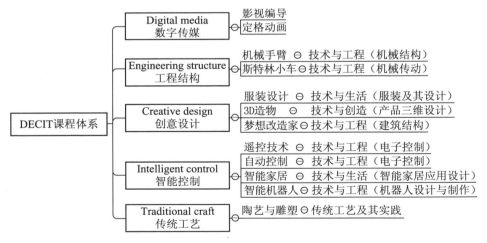

图 4-9　DECIT 课程体系五大主题 12 个高中模块

2. 提升了区域学生的创新意识

"智造工坊"的使用带来教与学方式的变革，学生学习的主体意识和学习能力有一定的提高，学生不再只是满足于"制造"，而是更多地向"智造"转变，一定程度上提高了学生的创新能力。2017 年，学生获得市级以上奖项 179 个，获奖人数 247

人次;2018 年市级以上 136 个,获奖人数 168 人次;2019 年市级以上 101 个,获奖人数 184 人次。而相同数据在 2013 年为 84 人次,63 项。2017 学年有 6 位学生成为市"2018 年上海市青少年科学研究院小研究员",获区 6 项明日之星和市 2 项科技之星,总体获奖含金量有所提高,一部分的未来工程师大赛、上海市科技创新大赛、明日科技之星评选等,记录在教育综合素质测评内的比赛增多且获奖层次有一定提高。

(二)反思

1. 学校软硬件资源尚未得到全面的开发与利用

通用技术领域课程需要有空间、设备等硬件支持,而学校地处上海中心城区,客观上空间狭小,影响了课程实施,没有充分发挥出空间、硬件设施、课程等集中共享的优势,而一校二址也使得学习空间的建设只能分步实施,影响课程的实施。

2. 教师的综合素养仍需提高

尽管学校现有的师资职称结构、年龄构成、学历层次等与同类中心相比优势明显,一批中青年教师教学业绩也比较显著,但通用技术的课程体系、学校 DECIT 课程体系的知识构成覆盖面非常广,对教师的理论素养、实践能力都提出了很高的要求,特别是紧跟时代的新技术、新科技发展迅速,相比其他学科,其对技术教师知识更新提出更高的要求。所以总体而言,教师的持续学习机会和能力需要增加与提高,教师的技术综合素养亟待提高。

(三)展望

1. 持续完善基于通用技术课程标准下的"DECIT"课程体系建设

进一步完善与之配套的课程资源建设,后期我们将结合 2019 年教育部重点课题"新时代劳动教育背景下 DECIT 劳技课程体系的建设与实践研究"进一步加强学段间的课程体系研究。

2. 持续完善学习空间建设,使得正式、非正式学习空间并存且协调发展

加大基于 DECIT 课程体系学校学习空间的软硬件建设,进一步改善"智造工坊"的建设,下一步还将开展基于 DECIT 课程体系的正式、非正式学习空间建设,逐步使学校"智造工坊"成为面向全区学生共享的学习空间。

(本文是全国教育科学"十三五"规划 2019 年度教育部重点课题"新时代劳动教育背景下劳技中心 DECIT 课程体系的构建与实践研究"阶段研究成果,课题编号 DHA190429,作者为上海市黄浦区劳动技术教育中心龚铭)

第五章

创新现代学校办学

　　《中国教育现代化2035》中突出改革创新,将体制机制创新作为教育现代化的根本动力,充分运用新机制、新模式、新技术激发教育发展活力。对创新的追求促使黄浦区各校打破传统、寻求变革,以学生现实需求和未来发展为导向,创新现代学校办学的管理模式。

　　本章呈现了8所中(职)小学、幼儿园的实践探索,这些学校以"创造力、个性化、项目化、社会化、无边界化"为关键词,坚持学校的传统与个性,充分挖掘校内外资源,积极探寻内涵发展之路,构建适合学生的课程内容。黄浦教育中创新现代学校办学的举措,让学生在一样的教学时空里有了不一样的体验和收获,使学校成为孩子们走向创新之路、改变世界的起点。

第一节 课改三十年:探寻适合学生发展的课程

课程是育人的载体,课程改革是基础教育改革的核心。大同中学自从 1978 年恢复为上海市重点中学以来,立足于培养学生"全面发展、学有特长",以课程改革作为学校发展的抓手,在不同阶段针对学校遇到的不同问题对学校的课程进行改革,借以推动学校发展,使大同中学的办学质量不断跃上新的台阶。从一期课改"减少必修课,增设选修课,加强活动课"到二期课改"形成研究型课程方案,建设拓展型课程序列,实验新教材";从以"学校课程统整"为策略开展提升课程领导力行动研究到"基于选择性、个性化学习"的学校课程供给改革。在 30 多年的课程改革中,不断探寻适合学生发展的课程,学校每个阶段都有着标志性的课程改革设想、标志性的课程改革实践和标志性的课程改革成果。

一、结构调适:释放学生个性化发展时空

学校课程"不是单纯静态的'公定框架'、学校的'教育计划',它是师生在一定的教育情境中展开文化探索的动态生成的过程"①。社会在变化,时代对人才培养的需求在变,学校的教育情境在变。学校始终抓住时代育人需求,不断调适学校的课程体系,释放学生个性化发展的时空。

学校立足于促进学生德智体美劳等诸育和"知识与技能""过程与方法""情感、态度与价值观"课程目标的全面和谐发展;立足于学生自身发展需求和个性特长发展的差异性;立足于学生主动学习、主动发展的需求,不断探寻适合学生发展的课

---

① 钟启泉.课程的逻辑[M].上海:华东师范大学出版社,2008.

程,使课程实施更加有利于在减轻学生过重课业负担中为学生的全面发展夯实基础,更加有利于学生兴趣爱好的培养和个性特长的发展,更加有利于学生创新精神和实践能力的培养。围绕学校育人目标,以课程目标整体性、课程结构多元性和课程教学差异性为原则,构建并不断完善大同中学素质教育课程体系。

（一）启程:高中课程结构整体改革

1987年,面对统一的、单一的课程结构,没有跳出为升学服务的轨道;学生被排得满满的统一的必修课程统得很死,很少有自主发展的余地;为了应对高考的需要,各学科在教学改革中不同程度地反映出片面强化本学科的倾向,在时间和内容上都做"加法",相互争夺"阵地",造成学生课业负担有增无减,自由支配时间越来越少,无暇顾及自己的兴趣爱好的状况。在当时的市教育局教研室的指导下,学校"看破红尘,全面裁军",开展了"减少必修课,增加选修课,加强活动课"的课程结构整体改革实验,建立由必修课、选修课和活动课组成的课程结构。

必修课:基于学生发展的共性和人才基础素质的共同要求设置必修课,使学生得到基本素质的各种训练,获得必须具备的基础知识和基本技能。

各学科必修课每周教学时数比教学大纲规定的课时数减少1节,计算机课改为选修课,安排在两年内人人必选、轮换修习。这样,每周必修课教学总课时由原来的34～36节缩减为25～26节,为学生参加选修课和活动课留出了时空。

必修课教学贯彻"少而精"的原则,合理安排三年的教学内容,确定每学年每学期的教学重点,精选内容,精心组织,抓住重点,讲练结合,采取学生自学、集体讨论、教师讲解或单元整体教学等方法,促进课堂教学改革。

选修课:从学生个性的差异和为培养多方面、多层次人才打基础的不同要求,设置选修课,开阔学生视野,培养兴趣爱好,强化素质训练,发展个性特长。

选修课选题,结合社会实际,注重实用性;结合学生兴趣爱好,发挥导向性;结合教学实际,注意可行性。主要设置知识类和技能类科目:知识类科目,主要为加深、拓宽和提高学生的基础知识,扩大学生视野,满足不同层次学生进一步学习的需要;技能类科目,旨在让学生在不同方向上掌握一些实际有用的本领,在不同程度上提高实际操作和动手能力。

每学期每个学生可选三四个科目,三年中学生可选修8～12个科目。

活动课:通过活动课,进一步满足学生自我发展的各种需要,为学生自由充分地发展个性进一步提供条件。

表 5-1　大同中学课程结构图(1987—1995)

课程类型	科目	
必修课程	语文、数学、英语、物理、化学、生物、政治、历史、地理、体育	
选修课程	文科类	新闻写作与报道、俄语、日语、辩证唯物主义常识、天文知识与观察等
	理科类	计算机、数论、物理(化学)概念与实验、数学理论与实践等
	劳技类	英文打字、电工常识、盆景花卉等
	讲座类	新科学知识讲座、国情教育等
	基础知识	基础知识补偿课
活动课程	学科活动	数学、外语、化学、物理兴趣小组、半导体小组、政治经济学小组
	体育活动	足球队、排球队、乒乓球队、围棋队、桥牌队
	艺术活动	合唱团、舞蹈队、朗诵与演讲等
	社团活动	浅流文学社等
	其他活动	集邮小组、针灸推拿小组等

在辅导老师指导下,有明确的计划和具体的要求,组织开展学科活动、体育活动、艺术活动、社会活动和学生社团活动等形式多样的活动课程。

(二)发展:基础型、拓展型、研究型课程的校本化探索

20世纪90年代后期,飞速发展的信息技术和知识经济时代到来,教育迫切需要进行相应的改革和调整,以培养大量的创新型人才和具有国际竞争力的人才。上海教育因时而动,确立了"以学生发展为本"的基本理念,提出通过基础型、拓展型、研究型三类课程为学生提供品德形成和人格发展、潜能开发和认知发展、体育与健身、艺术修养和发展、社会实践等五大方面的经历,从而实现学生全面而有个性的发展。

学校认为美好的课程改革愿景,必须与学校的文化相结合;理想的课程方案,必须与学校的特点相融合。因此,学校将基础型课程、拓展型课程、研究型课程的功能形态再进行校本整合,开展了校本化探索,构建了学校的课程实施系统。

必修课:通过必修课程的设置,落实学科课程标准的共性要求,"保住底线",打牢学生共同发展的基础,为学生提供共同修习的课程,是国家课程的一部分。研究型课程作为课程的一种形态,以项目或课题形式保证学生有共同修习的经历,同时渗透在学科基础科目、学科拓展科目、科学素养科目和人文素养科目中,保证学生选择学习的经历。

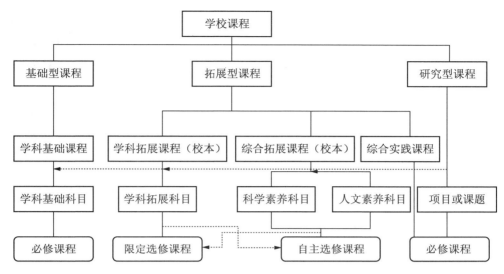

图 5-1　基于基础型、拓展型、研究型课程的学校课程设计

限定选修课:通过限定选修课程的设置,落实学科课程标准对不同发展方向的不同基础要求,促进学生在不同基础上的发展,是国家课程和校本课程的一部分。

自主选修课:通过自主选修课程的设置,满足学生个性化发展需求,为学生适应未来多样化生活奠定基础,"鼓励冒尖",培养学生的个性特长,是国家课程的部分内容和学校开发的课程。

(三)深化:学校课程统整实施探索

随着课程改革实践的深入,课程内容的不断丰富和社会对教育质量要求的不断提高,为破解有限的学习时空与丰富的课程之间的矛盾,共同基础落实和个性发展诉求的矛盾,学校育人目标整体性与教师专业特长个性的矛盾,教师教学集体性与学生学习个别化的矛盾,学校开展了"学校课程统整"的实验。以"CIE(创意、创造、创意)"能力培养目标统整基础型、拓展型、研究型三类课程,将原先三类课型八大学习领域的课程,细分功能,统整结合,划分成三个层次,重新建构了学校课程总体方案,形成了新的课程结构。这三个结构包括:

课层 L1:基础必修课程,学生需共同修习,这一课程是大同高中生基本学业、素质的要求,利用基础课时修习达成。

课层 L2:选择拓展课程,每个学习领域设置不同要求的科目模块,帮助学生进一步夯实学科学习的基础,进一步发展学科学习的能力。根据学生的学习基础和发展需求在教师指导下选择相应的科目学习。

课层 L3:自主发展课程,该层次课程学习是开放的,帮助学生发展兴趣和爱好,提升学生的科学素养和人文艺术修养,实现学生个性特长的实践与发展。该层次课程由以下六个模块组成:名著导读、语言媒介、社团活动、科技创新、社区服务和特长专修。

统整的目的,在于实现基础型课程、拓展型课程、研究型课程三类课程在实施中更加紧密地结合,实现三个年段课程有序深化开展,从而有效促进学生学习基础的不同发展和不同基础的发展。

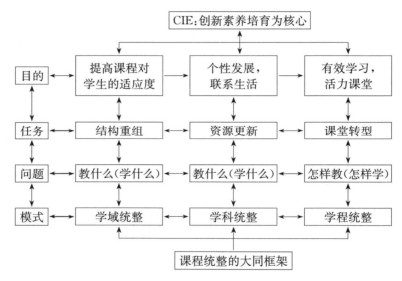

图 5-2 学校课程统整的大同框架

(四)重构:基于选择性、个性化学习的学校课程供给改革

2014 年,高考改革大幕拉开,学校在"学会做人,学会学习,学会生活,学有特长"培养目标的基础上,在课程内容开发和课程实施中围绕育人目标重点发展大同学生五个方面的"必备品格"和八个方面的"关键能力"。必备品格,包括全球意识、民族情怀、责任担当、全面发展,学有特长;关键能力,包括社会生活能力、团队合作能力、表达沟通能力、信息与技术能力、实践行动能力、创意创造创业能力、批判思维能力、自主发展能力。落实在学校课程建设中,基于学生学习基础的差异性和发展需求的多元性,依据"课程目标的整体性,课程结构的多元性,课程教学的差异性"原则,在实现基础型、拓展型、研究型课程各自功能的基础上,将学校课程迭代、重构为学科核心课程、素养拓展课程、专业导航课程和生涯发展课程。

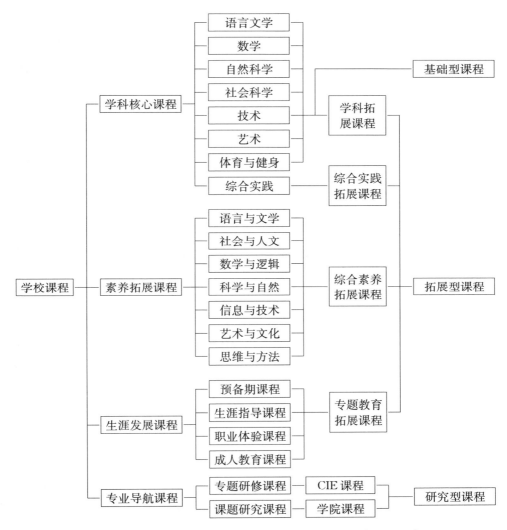

图 5-3　大同中学课程框架（基于选择性、个性化学习的课程设计）

学科核心课程：培养学生基本认知的课程，涵盖学生学习的八个领域。分层、分类设置课程科目，为学生提供多样化的课程门类、多样化的课程层次。包括学科类课程和课程化的德育活动。

素养拓展课程：拓宽学生视野，发展学生个性特长的课程。着眼于提升学生综合素质、提供学生不同的课程学习经历，促进学生个性特长的发展。

生涯发展课程：依次对学生的高中预备、课程选择、学业规划、专业选择、职业体验等进行有计划的指导,帮助学生规划和实施好适合自己发展的高中学程。

专业导航课程:联通拓展型课程与研究型课程,通过同领域课程学习与相关课题研究,在提升学生研究性学习规则意识、关键技能的同时,培养并发展专业志趣。

二、课程创生:设计培养学生创造力的课程

时代发展要求创新,社会竞争立足创新,学生创新能力的培养是现代教育赋予学校的重要使命。学生创新素养的培育不是某门特定课程的功能和承担的任务,学校所有课程,尤其是占学校课程主体部分的基础型课程更应成为学生创新素养培育的主阵地。然而在课堂上,也经常会发现"教师满堂灌,学生满堂记"的课堂场景。学生习惯于被动式、考试导向型的学习,却无法体会到不同学科知识间的交融以及知识与现实生活间的丰富联系,这极大限制了教师教学的专业自主性及学生思维的发散创造性,致使课堂教学丧失了生机和活力,在某种程度上限制了学生创新思维活动的培养。所以,学校通过校本课程的创生,提供给学生创新的经历与体验。

学校围绕培养目标,全面推进校本课程建设。通过"丰富课程科目,打造'课程超市'→规范开发程序,提升课程品质→立足学校情境,建设特色课程→形成课程哲学,系列建设课程→开发跨学科课程,实验课程统整"五个阶段,从培养学生通识素养、专业志趣和个性特长三个维度,为学生提供语言与文学、社会与人文、艺术与文化、科技与自然、信息与技术、数学与逻辑、思维与方法七个领域拓展型课程,为学生的选择学习和个性成长创造了课程的保障和实践的时空。以指导全体学生开展课题研究为抓手,以问题研究为中心,根据培养学生"学会提出问题,判断问题价值—学会解决问题,培养科学精神—学会反思问题,培养批判思维"的思维,构建了学校研究型课程体系。

(一)知识论:国际课程的本土化尝试

1995 年,学校深感到"我国现行的中学课程,过分强调学科自身的体系,因而部分教师往往满足于传授知识,把现成的答案塞给学生,习惯于把学生的思维活动纳入自己备课的轨道,却忽视培养学生的研究态度、学习能力和思维方法等",引进国际 IB 课程体系中的"知识论",并进行中国化、大同特色的开发。

"知识论"课程以培养学生思辨学习、创新思维为核心,以"知识论(TOK)"课程为载体,通过对中学各学科的真理、方法、价值观和相互关系作为知识的整体了

解(而不在于各学科知识的拓展、深入),探究认识世界万物的基本方法,并尝试加以检验,希望使学生在反思已有知识的过程中,获得最佳的思维方法,培养学生以正确的科学态度、实践精神对待知识,为从更高层面上研究问题,以及为个人初步发展研究的方向打好基础。

(二)研究型课程:以问题解决为中心的课程探索

学校的研究型课程探索,经历了从一个项目发展到一门课程,再发展一组课程,最后形成一个有目标、有结构、有内容、有实施要求、有管理和评价细则的课程体系的过程。这个研究型课程体系(群)是以问题研究为中心,其总体目标是通过问题解决培养学生创造性思维能力。总体目标下还有分阶段目标,高一着重于培养发现问题、提出问题、判断问题研究价值的能力,高二着重于培养研究解决问题的能力,高三着重于培养批判性反思的能力,最后指向思维模式的创新。

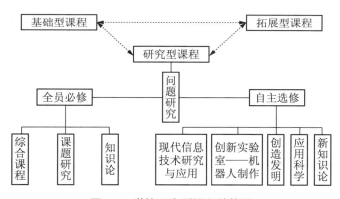

图 5-4　学校研究型课程结构图

(三)CIE 课程:学校课程统整的新实践

"CIE"是"Creativity、Innovation、Entrepreneurship"的缩写。CIE 作为一门课程,是以挖掘学生创新意识、培育学生创新素养为目标,以学生自主选择并参与的项目为驱动的,学生完整经历"创意—创造—创业"过程体验的跨学科统整的课程。我们通过以"CIE 理念开展活动—以 CIE 理念建设课程—形成 CIE 课程群—升级为专业导航课程"四个阶段,把 CIE 课程打造成为一门最受学生欢迎的特色课程群。

该课程学习过程有三个环节组成:"创意之屋""创造之屋"和"创业之屋"。在"创意之屋",通过创造一个适于学生创新的学习环境,让学生经历不同的头脑风暴,尝试一些创新的工具和方法,形成一些创意的概念或想法。在"创造之屋",学生通过小组团队的活动将上一环节灵光闪过的想法表达出来。在"创业之屋",学生将进行项目的设计并学习如何把他们的"产品"进行展示和推销。

课程群项目的学习都以学生生活中面对的真实问题或事件为载体,建立学科知识学习与现实生活问题解决之间的桥梁,是志趣相投的学生组成的团队研究,学生的学习进程也是在教师指导下学生自主设计的。学生选择这样的课程时并不一定具备或储备某一方面的专业知识。在项目的开展过程中,当碰到问题解决需要某一方面的专业知识或专业工具时,任务会驱动学生去学习这方面的知识。我们称为"需求型知识学习"。该课程跨学科的课程设计,可以将学生相关的知识经验组织在一起,让学生在学习的过程中,学到知识的意义,达到更佳的学习效果,且更容易将所学应用在日常生活中,适应社会生活。

(四)专业导航课程:指向专业志趣培养的课程升级

学校的课程设计立足于学生的生涯成长,通过课程设计打通学生学科选择、志趣培养、职业体验的桥梁,引导学生从学科兴趣走向专业志趣,从课程选择走向职业规划。使学生的课程选择、课题研究为未来的专业选择和职业成长提供增效价值。为此,我们整合研究型课程项目与 CIE 课程群,设计出专业导航课程系列。

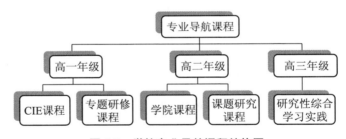

图 5-5　学校专业导航课程结构图

高一年级设置 CIE 课程和专题研修课程。CIE 课程面向对某一专业领域有兴趣爱好的学生,需要通过创新潜质测试;专题研修课程是面向全体学生的体验实践课程,培养学生对某一领域的兴趣,其主要内容来自研究型课程群中的综合课程。

高二年级设置学院课程和课题研究课程。学院课程主要是通过高阶性专业课题研究培养学生专业志趣的课程。当然并不是所有的学生都能够在高二阶段就建构起自己未来的专业发展方向,因此学院课程是满足部分学生发展的特需课程。无论是学院课程还是课题研究课程都统整职业体验的相关内容,为学生未来的专业选择提供职业体验的经历。

表 5-2 学校专业导航课程科目举例

课程类型	课程名称		周课时	学分/学期	修习说明
CIE 课程	规划与设计	设计营造	2	2	(1) 在高一年级设置 (2) 选修该项目的学生首先是对该项目有强烈兴趣的,并有在此专业发展的可能 (3) 该项目团队成员需报名后经创新潜质测试选拔
		创业设计	2	2	
	医药工程	中医药应用研究	2	2	
	化学工程	离子液体	2	2	
	软件工程	3D 打印创意设计	2	2	
		创智生活	2	2	
	数字媒体	定格动画	2	2	
		数码音乐创作	2	2	
	基因工程		2	2	
	新能源研究		2	2	
	文史哲研究		2	2	
专题研修课程	文科综合	主体文化与多元文化	1	2	(1) 不进入 CIE 课程学习的学生选修 (2) 学生在一学年中在文科综合、理科综合中各选择一个项目研修 (3) 课内安排一课时,课外采用集中方式安排等量的课时学习
		生活与艺术	1	2	
		科技与人文	1	2	
		传统现代与未来		2	
	理科综合	能源与环境	1	2	
		资源与环境	1	2	
		生命与环境	1	2	
		人口与环境	1	2	
学院课程	科学院	(1) 高一年级 CIE 课程学习中的优秀项目孵化衍生产生 (2) 高一年级专题研修优秀项目孵化衍生产生	2	2	在高二年级设置,对接"上海科学社种子计划""复旦计划""交大致远计划""同济卓越计划"等学校创新素养培育计划
	工程学院				
	社科人文学院				
	法商学院				
	信息与媒体学院				
课题研究课程		可以由高一年级专题研修项目转化	2	2	在高二年级设置

三、评价探索：学分制课程管理与学业评价制度

课程结构的变化和课程内容的丰富，拓展了学生选择学习、主动发展的时空，除共同修习的内容外，学生根据自己的兴趣爱好、个性发展需求而选择学习的课程内容呈现相当大的个体差异。因此，学校必须建立起一种统一而规范的课程管理制度，以保障课程目标的达成和课程选择学习的实施。素质教育也呼唤一种新的评价制度，允许或在制度上保障学生达到基本质量要求的基础上，腾出更多的时间和精力选择适合自己学习的课程、发展自己的个性特长。学校以学分制课程管理与学业评价制度为抓手进行探索。

（一）学分制课程管理与学业评价制度

指向具有全面性：将学生的思想政治素质、科学文化素质、身体心理素质、劳动技能素质和个性特长发挥，将必修课程、选修课程和活动课程，全部纳入课程管理和学业评价的范畴，在制度上保障了学生全面而有个性的发展。

结构具有多元性：学生获得的实际学分用周课时数折算成学分，以学时学分统计。由基本学分和奖励学分组成。（1）基本学分——以学时为计算单位，按照学生学习领域设置，以学生根据课程计划必须达到要求的教育、教学量为基本评价指标，每学年规定学生取得必要的学科领域最低基本学分标准。在整个高中阶段，规定学生取得必要的最低学时学分为高中毕业的标准。（2）奖励学分——全面反映学生在完成课程规定的学科知识、能力掌握与社会实践等教育活动基本要求时所表现的差异性，以及学生在自主积极获得知识与技能、学习与活动能力等深广度上、个性特长发展上的差异性。从而鼓励学生根据自己的个性特长，多学、学好，进一步激发学生学习的积极性、自觉性，激励学生发展自己的才能和开发创造性潜力。

（二）学分制课程管理与学业评价制度的探索

从 20 世纪 90 年代中期开始，学校一直坚持对学分制课程管理与评价制度进行深化研究，至今经过五个阶段：

1. 选修课、活动课评价探索阶段（1987 年～1995 年）

选修课、活动课管理设置基本学时的规定，对选修课、活动课的开展等第加评语评价，实施特长学生"五免"制（免作业、免测验、免考试、免修、免试跳级直升）。

开创"学生特长认定制",分类分级对学生在三大课程板块学习中所形成的个性特长加以认定。

2. 课程管理与学业评价引入学分制探索阶段(1995 年～2001 年)

在必修课程中,试验在学科教学及课时安排上开展针对学生发展需求的分层教学,鼓励学生对自己学有兴趣的学科早学、多学,对其他只需完成基本教学要求的学科可选择少学;允许部分学有余力的学生可超前学习、提前毕业等。在考查现有学分制"遗产"的基础上,引入学分制开展课程管理与学业评价制度的探索。

3. 构建学分制课程管理框架下的学校课程体系探索阶段(2001 年至今)

以学生发展为本,加强课程的选择性,确定了学校素质教育课程体系的三个特性:目标的整体性,结构的多元性,实施的差异性,形成了学校的素质教育课程体系。围绕培养目标,坚持大同中学学分制特点,将学校所有对学生开展的教育教学活动都纳入学分制管理与评价制度中,建立起适应学校课程实施系统的学分制课程管理制度。

4. 加强学分制过程管理与评价功能的探索阶段(2004 年至今)

积极发挥"评价促进学生发展、教师提高和改进教学实践"的功能,充分关注学生在学习过程中知识与能力,过程与方法,情感、态度与价值观上的差异,扩大学分制课程管理与学业评价的范围,增加评价内容,制订评价具体指标,完善学生主体参与的评价方式,促进不同基础、不同能力倾向的学生在原有基础上都能有所发展。

5. 高考新政背景下,新学分制与学分绩点制探索(2014 年至今)

探索复合型学分制将学生学习经历尽可能地以学分形式记录,同时让学生的投入和成绩能够显性化,引导学生不仅仅关注高考的毕业要求,更要兼顾个人的品德修养、身心健康、生涯发展和体育艺术等特长养成。基本学分、奖励学分及绩点学分共同构成了大同复合型学分结构。

从 20 世纪 80 年代的启程,90 年代的发展,到新世纪的深化和新时代的重构,大同中学一直在探索一个命题,那就是如何培养学生的"全面发展,学有特长,创新精神和实践能力"。学校发展的各个阶段的指导思想、培养目标的表述上虽有所差异,但都是在坚持育人为本,促进学生全面而有个性发展基础上的丰富和创新。其共同的追求在于始终把人的"全面发展,学有特长"作为育人的主旋律。其实施育人的主要抓手,就是与时俱进,紧紧抓住时代的脉搏和育人的主旋律,把课程改革作为促进学校发展的系统工程,不断探寻适合学生成长的教育。

(上海市大同中学　郭金华)

第二节　创造,铸就向明发展的名片

上海市向明中学是一所百年老校,长期受到中西文化的熏陶,"创造"精神潜移默化。早在 20 世纪 80 年代初,向明中学确立了"坚持全面发展,发挥个人特长,培养创造才能,造就四有人才"的办学思想。在不断发展的历程中,提出了创造教育的新理念、新策略。从创造"三小"活动到创新实验班试点;从课外到课内,再发展到课程建设;从面向部分学生到面向全体学生;从单一技能的培养到创造文化的营造。形成了"基础 + 特长→创造"的向明创造教育的办学特色。近 40 年的创造教育实践,我们最大的感悟是:要持之以恒坚持一个办学思想和与时俱进的办学理念,实践创造教育,实现教育再创造;坚持科研引领,管理科学,以人为本;坚持创新改革,不断追求,不断突破。

一、创新学校德育工作

学校的德育理念是:实践中体验自我,感悟中塑造人格。创造性人格的核心目标是培养学生的创造品德,形成正确的世界观、价值观和人生观,树立远大的理想,培养学生丰富的想象力,敢为人先,大气而不自负,具备开阔的国际视野。

学校德育的总体目标是:爱国、责任。具体是以培养学生创造性人格为核心,围绕"明理向上"的校训,以思想品德教育、心理健康教育、家庭伦理教育"三教"合一,学校、家庭、社会三位一体;抓好三支队伍,即班主任团队、校外德育顾问队伍和团委学生会管理团队;以社会主义核心价值观教育为主线,坚定不移地开展理想信念教育,营造"三创、三独、三心"(图 5-6)的创造文化,着力塑造具有爱国之心的创造性人格。

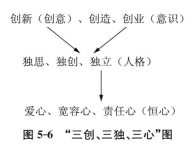

图 5-6 "三创、三独、三心"图

学校的德育工作模式是:明理—实践—体验—感悟—升华—再明理,螺旋式上升模式。德育工作的内容和方法如图 5-7 所示。

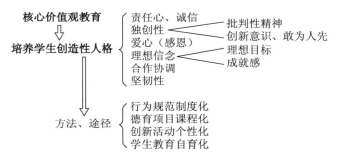

图 5-7 德育工作的内容和方法

(一)围绕核心价值观,开展理想道德教育

学校开展各主题教育系列活动。高一年级:以"理想寻梦"为中心,开展爱国主义教育,未来美好人生规划,"向明百年"认同感,"家训、班训、校训"文化巡礼等系列主题教育。高二年级:以"立德修身"为中心,开展诚信、友善、独思、独创等人文科学素养方面的系列主题教育。高三年级:以"筑梦践行"为中心,结合"三心"(爱心、责任心、宽容心),开展责任感教育、家庭观念培养、职业生涯规划、健康心理养成等人生哲理、生涯导航等系列主题教育。

学校还开展了中华文化教育系列活动。依托震旦书院,邀请专家教授、成功校友,开设主题讲座,大力传播优秀传统文化。开展"诗墨雅韵满校园"读书节活动,引导学生诵读经典诗文,创作诗词,品诗、吟诗、赛诗。开设"传统与经典"讲坛。充分利用各重大节庆日,普及传统文化知识,提升文化内涵。开设高中国学课程。编撰《向明德育读本》,强化核心价值观、正确世界观和人生观的教育。

开展系列教育实践和考察活动。坚持开办青年共产主义学校(已持续 30 多年)。组织学生干部走红色之路,考察革命老区,定点赴江西永丰(井冈山脚下),了解党史。通过志愿者活动,在实践体验中接受熏陶,如让学生担任一大会址纪念馆、周公馆故居、蔡元培故居讲解员等。开展三天春假研学考察活动。走出小课堂走进大社会,促进学生养成自育、自赏、自助、自励品德(此项目已成为上海市首批研学旅行试点)。

(二)构建高中各学科教学融入德育内涵的育人新机制

主要有德育项目课程化。社会实践和志愿者活动制度化。对现有的 33 个基地进行完善,包括服务基地反馈、监督、评估机制。以综合素质评价项目和原《青春的脚步——学生素质综合评价》为基础,构建向明特色的学生综合评价体系,促进学校人才培养模式的转变。开展心理健康教育、生涯规划教育,提高教育有效性。

(三)加强学生自主管理能力,在管理实践中培养自育能力,塑造创造性人格

建立学生会与校长对话机制,每学期两次。学生会对学校管理和发展提出建设性意见和建议,各职能部门对意见建议进行整改和反馈。学生会积极参与学校行为规范常态管理。团委学生会组织开展"学生最喜爱的老师"评比活动(三年一届);组织开展"向明之星""向明小小专家"宣传推广,利用向明电视台、新媒体,大力弘扬优秀典型。春假考察活动由各班班主任指导,学生会和各班班委会自行策划、组织、管理、总结。

二、课程建设满足学生个性化学习需求

课程与教学改革的总体思路是:以培养学生创造性思维能力为核心,推进创造教育课程模块的实施,在"互联网+"的背景下,顺应高考制度的改革,尝试改变课程教学模式和学生学习方式,在"三精三实两活"的教学要求基础上,强化课程执行力,提高课堂教学效率。

(一)建立新课程理念,践行课程教学渐进改革

早在 8 年前,学校已制定新课改方案,开展学生创新素养培养的实践研究,建立创新实验班,确立课程改革总体思路,由兴趣—志趣—志向的发展轨迹,编制课程学习模块组(图 5-8),架构课程改革思路塔形图(图 5-9),构建以创造教育为特色的多元课程框架(图 5-10)。

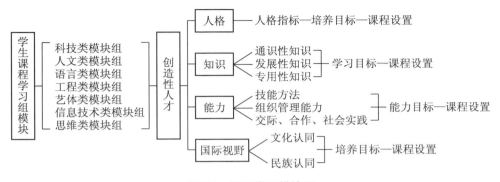

图 5-8　课程学习模块组

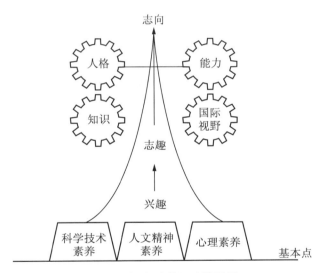

图 5-9　课程改革思路塔形图

在课堂教学模式构成上,遵循"四个原则",处理好"三个关系",做到"五个结合"。四个原则,综合性、思维性、探索性、民主性;三个关系,知识技能与创造力关系、尖子学生与全体学生培养关系、学生个性发展与全面发展关系;五个结合,学科课程与特色课程结合、必修课与选修课结合、分科课程与综合课程结合、显性课程与隐性课程结合、常态课程与微型课程结合。

开展研究性学习,编制了研究性学习、带小小研究生、评小小专家的发展导航图(图 5-11)。

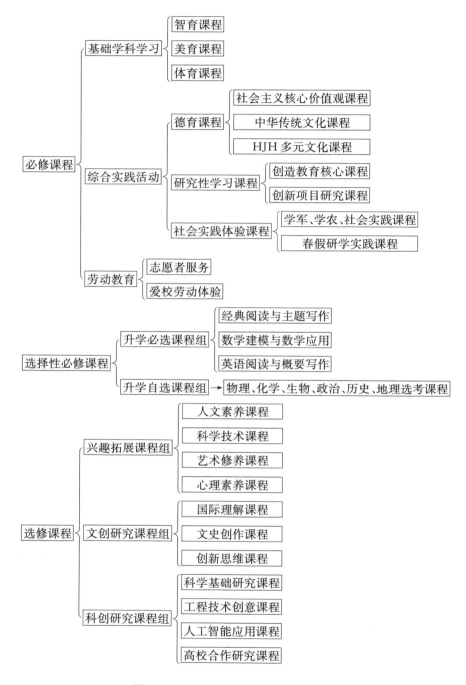

图 5-10　向明中学高中教育新课程框架

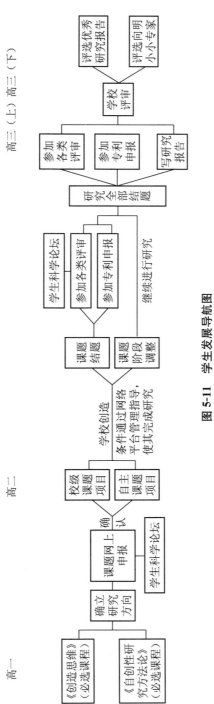

图 5-11 学生发展导航图

逐渐开设一批包含教学大纲、教材、实验室（或实践基地）、软件包（资料数据）四位一体的校本课程，力图在传统教学模式中注入新的教学思想和手段。

通过一系列实践探索，学校积累了经验：扎实抓好基础性课程，开发完善拓展性课程，重点发展自创性研究性课程，稳步深化体验性课程。

随着高考制度改革的实施，我们在"发挥个性特长，培养创造才能"的办学思想基础上，再次提出了"(3＋3)＋1＋X"的学生发展要求，其中"3＋3"是顺应高考新要求，"1"是指现代信息技术和学生综合素质评价，"X"是代表学生个性特长发展。

在强化三类课程基础上，强调国家课程校本化、学校课程特色化、实践拓展课程个性化的要求。加强学生研究性学习，开设创新特色选修课（已累计可开设30多门课，力争发展到60门左右），安排社会实践基地，保障实践创新活动的开展，原则上不增加必修课的课时量，保障选修课的课时量，保障每周4～6节，在单元学习过程中尝试翻转课堂教学模式，控制作业量，减少机械刷题行为。

表 5-3　已开设的创新特色选修课

	课 程 名 称	开发主体	教学课时
拓展型课程	1. 甘棠艺术创意课	校外机构	28
	2. HTML5＋CSS3 WEB 前端程序开发	本校教师	36
	3. 古典诗词创作	本校教师	28
	4. 生活中常见有机物研究	本校教师	28
	5. 机器人建模与控制	本校教师	36
	6. 物理知识应用与创造发明实践（创意工程）	本校教师	36
	7. 茶韵浅润	本校教师	28
	8. 心向英语，至爱以明（上）	本校教师	28
	9. 生活中的物理	本校教师	28
	10. 固定翼飞机制作以及无人航拍机的飞行拍摄	本校教师	36
	11. 趣味化学实验	本校教师	28
	12. MY UKULELE	本校教师	28
	13. 法语基础口语日常应用	本校教师	28
	14. 插花艺术	本校教师	28
	15. 高中数学竞赛	本校教师	36

续表

课　程　名　称	开发主体	教学课时
16. 生物奥赛	本校教师	36
17. 剧本创意与写作	本校教师	28
18. 微电影制作	本校教师、校外机构	36
19. DIY 生活中的安卓 APP	本校教师	28
20. 艺术与科学	本校教师	28
21. 旅游中的地理现象	本校教师	28
22. 历史随想	本校教师	28
23. 从英文诗到中国传统文化	本校教师	28
24. 孔子与《论语》	本校教师	28
25. 宋词鉴赏	本校教师	28
26. 改变人类生活的纳米科技	本校教师、校外机构	28
27. 英语"悦"读	外聘教师	28
28. 模块化 VB 程序设计	本校教师	28
29. 吉他达人玩转吉他	外聘教师	28
30. 心向英语，至爱以明（下）	本校教师	28
31. 科普英语	本校教师	28
32. Vex 工程机器人挑战赛	本校教师	28
33. 应用数学竞赛	本校教师	28
34. 物理竞赛辅导	本校教师	28
35. 旅游中的地理现象	本校教师	28

（左侧纵向表头：拓展型课程）

为提高课堂教学有效性，长期以来，我们坚持"三精三实二活""三个融合""三个优化"的教学要求。"三个融合"：把创造教育融合到课堂教学之中；把德育融合到学科教学之中；把 STEM 课程理念思想融合到课堂教学之中。"三个优化"：优化课堂教学目标——定位于创造性思维能力的培养；优化课堂教学过程——形成"以教师为主导，以学生为主体，以探索为主线，以思维为核心，以能力为目标，以育人为根本"的课堂互动式教学结构；优化课堂教学手段——运用现代教育技术，辅之以心理教育方法，创设以培养创造性思维能力为特色的课堂教学模式，进行课堂教学再设计。

语文课减少机械教学，增加阅读课和中华传统文化元素；英语课增加阅读口语和人机对话国际理解教育的元素；理化生等教学着力强化思维能力培养和实验操作能力的提高；体育教学中，强化两班三教师的选项教学，开展每月有一赛、一年十大赛的体育比赛，如跳绳、拔河、乒乓、游泳、健身等，以赛促训，以训促动，带动学生积极参与体育锻炼，着力提高体能素质。

（二）创新特色实验室建设，搭建学生发展第二平台

传统标配的理化生计劳等实验室，我们称为实验第一平台，但随科学技术不断发展，课程教材内容相对滞后。为此，结合学校创造教育办学特色，我们相应创建了30多个（两校区）特色创新实验室（表5-4）。

表5-4　特色创新实验室统计表

	名　　　称	间数	面积（m²）	使用率
自然科学类	1. 现代物理	3	320	100%
	2. TI 数学	1	84	100%
	3. 植物培育	1	640	100%
	4. 水生物及微生物	1	130	100%
	5. 现代生物	1	110	100%
工程技术类	1. 机器人	4	430	100%
	2. 创造发明	4	370	100%
	3. 复合水处理	2	120	100%
	4. 纳米创新	1	45	100%
	5. 乐高结构	1	250	100%
	6. 头脑 OM 及 DI	1	80	100%
	7. 3D 创意	1	55	100%
人文社科类	1. 微电影	1	375	100%
	2. 原创音乐	1	100	100%
	3. 数字影像	1	100	100%
	4. 陶艺	1	130	100%
	5. 室内乐	1	130	100%
	6. 文化传承	2	100	100%
其　　他	1. 科学与艺术	1	90	100%
	2. 创意实践体验馆	1	150	100%

创新特色实验室运转模式是学校书院自主管理和校外专业单位共建共管相结合（表5-5）。每个实验室配备兼职教师，开设一门研究性学习课程，有些实验室组建竞赛团队，如机器人实验室组建了VEX机器人比赛团队、OM团队、DJ团队，多次参加全国和世界大赛，奖牌累累。

表5-5　创新特色实验室共建共管单位列表

实验室名称	共　建　单　位
积木艺术	上海景卓文化发展有限公司
高效复合水处理	上海知云汇信息技术股份有限公司
纳米科技	教育部教育装备研究与发展中心 海兹思纳米科技公司上海技术服务中心
现代物理创新	上海塔迪实业有限公司
DNA创新思维	上海美术股份有限公司

特色创新实验室创建是对传统的课程教材的有效补充，满足了向明创造教育特色、创新人才培养之需要，实验室的创建运转也有效培养了一批创新特色的教师，为教师专业化特色化发展提供了一个良好的平台。实验室创建不在于多，而在于使用。我们基于新课程理念，每个实验室配备一位特色教师，教师编撰一本教材（讲稿），开设一门选修课，组建一个研究性学习团队。

（三）课堂的教学组织形式和教学手段日益丰富

网络教学资源和教学系统帮助教师树立了"互联网＋"的教学理念，改变了课堂教学手段，教学组织形式也发生了变化。在网络的天地里，学生对于研究对象可以轻松地进行全面的、多角度的探究，可以对陌生与相识的人群进行大规模的调研与访谈，可以开展虚拟与仿真的实验。小组化、个别化教学有了可依托的技术支持。

1. 形成促进深度学习的教学流程

通过微课、慕课等线上学习，把认知性内容放在课前学习。课堂上，师生有了更多的时间来讨论混淆的概念，开展更多深层次的、能理性辩证地看待问题的讨论活动。

围绕培养高级思维能力的教学目标，教师对教学内容按照基于问题的多维知识整合进行重新设计，通过搭设支架、思维引导、指导反思、促进元认知等以学定教的粗略选择，在辅助教学技术的应用下，促进学生学习。（见图5-12）

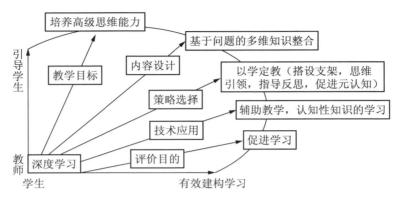

图 5-12　促进深度学习的教学过程

　　学校在部分学科中试点翻转课堂,以此来保持和提升学生的思考力和创造力。

　　在实施过程中,关注 6 项课前活动和 6 项课堂活动,并做好课前和课堂的衔接(见图 5-13)。课前,教师制作教学视频、制定课前练习,学生自主观看视频、自主完成练习,师生利用媒体交流,共同搜寻其他辅助材料。课中,围绕确立的研究问题,个人或小组独立解决问题,在协作交流、开展探究活动的过程中,关注思维的发展、情感的交流。

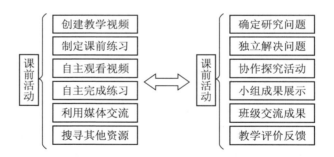

图 5-13　翻转课堂的课前活动和课堂活动

　　以语文和数学学科为例。语文,翻转的起点在于关注学生的元阅读能力,翻转的主体在于激发学生合作自主释疑的能力。数学,课前借助 TI 图形计算器来提供自动推理、符号演算和动态的智能作图的环境,为课上进行更高层次的思考腾出精力。

　　教育毕竟是有温度的,是需要面对面交流的,是具有在场性的。因此,学校更多的是通过微课、慕课,建设学科资源库,帮助教师拥有更多技术层面的资源和信息,扩大视野,提高教师的教学设计水平。

2. 推动了探究学习的深入开展

在"互联网＋"时代,在网络环境与移动设备的支持下,利用网络学习平台、移动应用等工具,教师的教学工具与手段得以丰富,新技术被引入教育教学的各个环节,特别在探究教学中得以应用。从情境引导、课堂组织形式、工具支持、记录探究过程和知识拓展这 5 个方面对探究学习的真正实现起到支撑作用。

更生动而活泼的情境引导设计。兴趣是学生学习的动力源泉,在情境引导设计中运用 VR 和 AR 技术、基于移动端的交互式学习环境、机器人教具或开源硬件教具等,可以获得更生动而活泼的效果。情景创设通常在课堂最初的 3 分钟,如果做得好,会对以后的整个教学过程起到一个很好的引导作用,对后面探究主题的提出起到一个铺垫作用。

更自由的课堂组织设计。每个学生的学习情况不同,学生需要个性化的教学。教师在课堂组织设计中运用新技术,训练学生独立思考,促进学生思维发展,使学生按照自己的能力和节奏开展学习,有利于开拓思路,训练能力,真正实现以学生为本位的教学过程。

在探究问题中体验更真实的实践过程。在探究问题中利用慕课平台、在线学习平台、课堂交互工具、移动学习平台、虚拟化的学习平台等,让学生体验更真实的问题解决过程。

科学记录探究学习的过程。将网班智慧课堂用于微课程的建设发布和移动学习。不同于以往传统意义上的电子书包和多媒体教室等。教师根据系统记录的学生探究学习过程,更好地组织课堂教学活动,也可以发现每个学生的学习问题,更好地进行个性化的教学辅导。

三、打造全员参与的学校创造教育服务链

现有的学校教育管理模式,是依据传统教育理念而确立的,班级授课制,讲授式教授知识,标准化封闭式考试办法,对大批量培养常规性人才具有积极作用。在我国人口众多、教育资源并不十分丰富的情况下,这种模式有其优越性,但难以真正培养得出创造性人才,60 多年的教育实践也证实了这一点。所以,改革学校教育管理模式,建立适合创造性人才发展的时空机制,形成创造教育服务链是有效途径之一。

首先,要形成实践创造教育的氛围,氛围烘托人的激情,激励人们朝既定的目标方向努力;其次,要树立实践创造教育的理念,创造教育最大的特征之一就是想象,要敢想,敢为人先,确立科学的创造性人才培养的思维方式;再次,构建实践创造教育的行动机制,用科学的培养机制,指导人才培养的行动。具体如下:

（一）建立学生发展机制

要挖掘学生发展的潜能,首先要为学生创造一个能够启发兴趣的"探求环境"。所谓的"探求环境"就是指给学生创造一个适当的外界刺激,让学生有机会接触多种领域,通过观察、体验,加上已有的知识,来提高学生的兴趣和好奇心,激发学生不断探求的内驱力,从而实现创造潜能的开发。每个学生都有只属于自己的潜在发展可能性与才能。潜能就像埋在土壤里的种子一样,会根据所在的环境的不同,而出现不同生长的可能,而学生的潜能,可能因为没有被发现而被埋没了,或可能不适应土壤而无法开花结果。因此,建立一种发展机制,营造适合学生发展的土壤,让学生有充分表现某种潜能的机会非常重要。这样,教师才能真正发现具有创造才能的人才。

（二）各职能部门统筹管理,形成合力

各部门的管理职能,必须在学校整体发展目标的前提下,制订部门发展计划,在校长办公室的协调下,形成一个整体,为学校发展总目标服务,为学生发展服务。向明学校发展的总目标是培养学生具有综合能力、完善的人格和国际化素养的创造性人才。各职能部门围绕这一目标确立相应的发展理念和行动计划,形成了创造性人才培养的服务链。

政教处:围绕创造性人格培养确立了"实践中体验自我,感悟中塑造人格"的工作理念,构建了具有向明特色的德育工作框架,形成"明理—实践—体验—感悟—升华—明理"德育过程模式。

教导处:在"三精三实二活"的教学特色的基础上,围绕培养学生创造性思维能力的核心,提出个别化适应性的课堂教学理念,进行课堂教学再设计,激活课堂,开发创造潜能,构建适合学生发展的学校课程框架,有机地整合课程,为学生未来设计课程。

科研处:提出"以改革求发展,向科研要质量"的管理理念。以教育科研为引领,以课题研究为纽带,全员参与,全程实践,先后形成了"以创造教育为核心的学校课程的实践与研究"(市级课题,获市科研成果一等奖);"创造教育与高级思维能力培养——创造教育深化研究和实践报告"（立项为国家教育部课题）；"深化创造教育，激发创造潜能，营造创造文化"（立项为国家教育部课题）。三大课题勾勒出向明实践创造教育的发展全景，为学校实施创造教育，科研起到领航作用。同时，为配合创造教育特色课程实施，编撰出版了数十本学校课程教材。

总务处：为实践创造教育，配合学校课程实施，创建了数十个创造教育自主特色实验室，起到后勤保障作用。

校长办公室：为实践创造教育，制定相关组织管理条例，同时协调各职能部门配套发展。

（三）搭建学校、社会、家庭服务学生发展的立体平台

学生发展单靠学校是不行的，学生不仅生活在学校，还包括家庭和社会，全方位营造创造性人才发展的环境，是早出人才的有效途径。学生在学校发展的基础上，依托家庭和社会的良好环境，对创造性人才培养是极为有利的。

家长是孩子成长的第一老师。家长通过带孩子外出郊游、领略大自然美好风光，及时发现孩子在某一方面的好奇心，适时加以科学引导和培养，就有可能激发孩子在这方面的兴趣，从而形成发展志向。家长的不科学的指导，则会严重挫伤孩子的兴趣，从而导致孩子发展的跛脚现象。建立家校联合的长效机制，开设家长学校，学校及时引导家长科学育儿、扬长避短、因势利导，为孩子成长多搭平台。

社会是学生发展的外部环境，是学校培养的有效补充。建立校外科技人文辅导员外聘机制，鼓励儿童教育的专家到学校进行专业辅导，以补充学校专业师资的缺陷。建立创造性人才培养的实践基地，为学生发展提供实践场所，有利于学生拓宽视野、见多识广，有利于学生丰富知识、开发智慧。如：一大会址讲解员，既提高学生党史知识，又在讲解过程中接触社会，锻炼演讲的才能；与科学院部门、研究所联合，能让学生提前到高一层次的研究领域，对创造潜能开发极为有利。因此，社会各类机构对学生无条件的开放，形成一种氛围，是培养创造性人才的有效途径。

四、面临的挑战与发展目标

（一）问题与挑战

科学技术和社会经济发展迅猛，而我们的教育形态还不近人意，由于顶层设计的相对滞后，使学校教育仍然停留在知识灌输的层面，导致教师的教学模式尚处在

作坊式的阶段,尽管教育的各种新思想、新观念、新技术不断冲击,但变化艰难,尽管学校绞尽脑汁求变,但还是处在路漫漫的阶段。

学校的教师发展内驱力不足,激励手段也极其有限,很多办学理念、办学目标非常宏伟和先进,但具体落实存在一定的问题。

高考制度改革理念比较先进,而落地到学校都沉浸在技术层面探究,缺乏创新层面的深层研究,以致学生综合素质的评价流于操作实施,综合具体数据分析更存在严重不足。

(二)寻求突破

坚持学校创造教育办学特色,积极探索如何从知识灌输型教育向思维探究能力方向突破,求变发展是硬道理。

随着社会形态和科学技术的发展,积极探索人才培养的新路径,在现有的课程框架中,狭路创新、凸显特色,特别是如何利用震旦书院机制,在研究性学习上寻求作为,研究人工智能类综合课程的开发与实践,通过读书立品,围绕爱国、责任,进一步完善立德树人的更有效途径。

充分利用好绩效评估杠杆手段,创造教师发展平台,激发教师的内驱力。教师的眼界有多大决定着学生的境界有多远;确立机制,充分让教师成为学校发展的主角,进一步提高教师工作幸福指数;加大对高端教师的培养力度。

进一步引进先进的教育信息技术和评估分析手段,面向全体学生,进行个别化适应性教育,扬长避短,大力发展学生个性特色,改变扬短避长、抢跑道式的教育状况。

总之,教育发展是未来国家发展的根本,教育兴国家强。我们向明人愿与全体教育同仁一起共同努力求索。

(上海市向明中学)

第三节　“设计思维”导向的特色课程建设

《上海城市总体规划(2017—2035)》将上海未来的建设目标明确为卓越的全球城市、具有世界影响力的社会主义现代化国际大都市,打造令人向往的“创新之城、人文之城、生态之城”。该规划和目标为新时代上海的发展指明了方向,也为未来人才的培养提出了更清晰的要求。其中"创新之城"需要的国际化高端创新创业人才，一定程度上可以通过国际化引进的方式来化解，但上海自身的教育培养也不能缺位，这是自主创新的源动力所在。如何进行创新型人才的培养，已成为当前形势下教育的一个重要命题。

就社会发展的趋势来看，学校教育的价值越来越体现在能够为学生提供未来生活的"导航工具"上。经济合作与发展组织（OECD）在"教育 2030"课程设计框架中明确将创新价值、调解矛盾和担当责任放在中心位置。创新价值指的是创造、制作、产生、形成的过程，以及由此带来的具有内在价值的革新型的、新颖的、原创的结果①。这也意味着，以创新价值为核心的素养就是最佳"导航工具"之一。

现有教育模式下，学生和教师都受到学科教学的限制，很多学生不懂得不同学科知识间的融会贯通，教师大多也不主动与其他学科教师合作。而未来的教育趋势需要学科整合，资源整合，未来的教育需要互联——学习与现实环境和实际问题相联，并融入丰富的社会资源。过去的教学，大多以学科为基础；未来的教学，则更需要以项目为基础，以帮助学生积累经验，进行跨学科和跨知识领域的思考②。21世纪是信息化时代，无论在哪个领域，单一的学科知识和技能都无法支撑未来社会的发展需要，拥有创新思维和创新能力的人才将受到各行业追捧。

一、设计思维的内涵

设计思维译自英文术语"Design Thinking"，指的是人们遵循使用以人为本的过程思维方法。是应对复杂系统挑战的创新工具，可以应用于几乎任何领域，用于创造性和实际问题解决。设计思维通常有 5 个步骤阶段：

同理——运用调查与研究等手段深入理解存在的问题。

定义——通过对调查和研究结果的分类、归纳、总结，明确定义需要解决的问题方向。

构思——创造性地提出解决方案的构想。

①② 安德烈亚斯·施莱歇尔.教育要面向学生的未来，而不是我们的过去[J].王涛，肖思汉，雷浩，黄小瑞，译.全球教育展望，2018(2):3—18.

原型——精炼构想并付诸实践。

测试——进一步迭代和优化方案。

1987年,彼得·罗伊(Peter Rowe)出版了 *Design Thinking*(《设计思维》)一书,让该词汇第一次走进大众视野。后经由世界顶级设计咨询公司 IDEO 使之发扬光大,其总裁蒂姆·布朗(Tim Brown)在2009年出版的 *Change by Design*(《用设计去改变》)提出,创新需要以设计思维来创造性地改变创新的过程和方法,在灵感、构思、实施三个创新的空间维度,采用可行性、可持续性、需求性三种互相重叠的标准来衡量想法是否可行。

设计思维强调设计与发现,将创造性方法应用于教学,可以增强创新精神和将想法付诸实践的能力。在学习过程中赋予学生和教育者能力。学生在解决真实问题的过程中应用知识与技能及其相互的关系,形成知识与技能的内在逻辑,实现其与生活世界的主动关联。学生在行动中进行创意思考,提高其洞察力和执行力,综合运用多个学科领域的知识与技能,并通过合理的思辨过程,以团队合作共同寻求最佳的解决思路。

二、设计思维对于教育的价值

设计思维在操作层面上可以被认为是一种"以人为中心",以"Learning by Doing(从做中学)"为核心的方法论。这与20世纪早期美国教育学家约翰·杜威(John Deway)的教育思想不谋而合。杜威在其著作《民主主义与教育》中强调个人经验,主张从做中学,提出教育即生活、教育即生长、教育即经验。

斯坦福大学教育学院雪莉·高德曼(Shelley Goldman)教授在其2016年出版的 *Taking Design Thinking to School*(《将设计思维带入学校》)一书中提到,她通过设计思维将真实世界的问题与中学数学教学相结合进行教学实验并取得良好的效果。她和她的伙伴们致力于将"Teachers as Designers(教师作为设计师)"这样的教学模式进行全面推广,将各科目的教学设计与真实世界的真实命题相结合,鼓励学生亲身参与学习体验,激发学习热情,培养具有问题解决能力(设计思维)的创新型人才。

当前,一些研究者在教育领域已经进行的尝试主要包括以下两个方面:

一是将设计思维融入课程教学中,探索如何建立具有创造性的教学模式,以提高课程学习效果。例如,尼尔·安德森(Neil Anderson)等将设计思维引入一门大学师范生在线课程,通过显性化支架帮助他们运用创新和创造性手段设计适合中小学学习者使用的在线学习活动。实践结果表明,这种方式能提高学习者的学习质量①。孙叶青等将设计思维引入高校思想政治理论课教学,并提出课程教学包括观察、定义、创意、展示、总结等5个阶段②。

二是通过设计思维的过程来引导学习者解决复杂问题或制作具有创新性的制品,以培养学习者的21世纪技能。例如,祝智庭等提出在信息技术课中引入设计思维来表达设计过程的模糊属性,并设计作品方案,以帮助学习者将知识与技能迁移到解决实际问题之中③。

可见,设计思维就是一种能够为学生提供未来生活的"导航工具"。这种以人为本、开放、创新的思维模式,通过跨学科协同,可以引导创新在复杂多变的真实情境中持续、稳定的发生。总体来说,我国在这方面的研究和实践还不多,但已经逐步引起关注。

三、以设计思维为导向的特色课程实践

（一）课程意义

1. 接轨国家战略发展对人才培养的需求

生活中充满设计。每个人都在有意无意中为自己、为社会的成长和发展做着各种设计:学习方式可以设计、销售模式可以设计;升学路径需要设计,管理体系需要设计……也就是说,每个人都可以是设计者。对于设计的结果而言,好的学习方式可以提升学习效率,好的销售模式可以提升经济和社会效益。设计的过程就是一个创新的过程,是一个在不断创意,并将想法付诸实践以提高学习、工作和生活质量的过程。从这个意义上说,设计思维是高质量的创造性思维。具备设计思维的人,会在整合信息、综合处理或解决问题的能力、全局意识、团队协作能力和社会

---

① 尼尔·安德森,等.使用设计思维方法提高在线学习质量[J].中国远程教育,2014(10):5—12.
② 孙叶青,等.将设计思维引入思想政治理论课实践教学的思考[J].学校党建与思想教育,2014(6):59—61.
③ 祝智庭,等.面向学科思维的信息技术课程设计:以高中信息技术课程为例[J].电化教育研究,2015(1):83—88.

责任感等方面显现优势。所以,我们认为从高中阶段开始着眼于学生的设计思维的培养,就是为他们未来成长为创新型人才打基础。

2. 契合学校课程改革和特色发展的需要

同济黄浦设计创意中学是由黄浦区教育局和同济大学设计创意学院合作举办的一所创新特色中学,以"有别于传统,着眼于未来"为办学理念,以培养"不被人工智能替代的立体 T 型人才"为办学目标。设计思维驱动的"立体 T 型人才",如图 5-14 所示,既有学科深度,又有知识广度以及应用知识能力的创新型人才。我校将以"设计思维"为导向的特色课程建设作为实现创新人才培养的有力抓手与落脚点,这不仅是自身转型发展的需要,也是区域科创教育整体提升的重要保证。在扎实地推进基础学科教学的基础上,以设计思维为导向的创新课程,积极鼓励学生进行学科应用和创新,提升学生跨情境应用知识的能力。学生在课程学习中,不仅提升个人的文化素养、思维品质和信息技术水平,同时提升团队合作能力、沟通能力和实践创新能力,最终成长为具有责任担当和全球意识的个体。

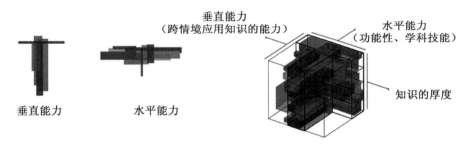

图 5-14 立体 T 型人才模型释义

与此同时,创新课程的开发与实施也为教师专业化发展提供了平台,教师通过参与课程建设提升研究能力、课程开发能力、跨学科教学能力、创新能力,教师在这一过程中边实践边学习,以设计思维审视课程与教学过程,积极投身于新时代教育改革。

(二)主要内容

1. 建构以"设计思维"为导向的课程

由原芬兰阿尔托大学蒂娜(Tiina)教授主持编写的《设计思维与设计基础》课程共分为"ME"(自我觉察与反思)、"WE"(团队创建和创造力)、"YOU"(关注上海和国家发展)、"THEY"(聚焦全球可持续发展)四个主题。由同济大学设计创意学院的师资、本校教师、其他外聘教师组成联合教学团队开展教学。创新课程分为创新基础、创新技术、创新实践三大类模块,强调"学生为中心"和"问题导向"的教学理念,鼓励学生主动地获取知识,通过真实世界的问题,串联需要学习的知识点。该课程整合部分基础型课程如信息科技、劳技、艺术、体育,部分限定性拓展课程如心理等学科类、活动类及社会实践类拓展型课程和研究型课程内容,以"设计思维"培养为导向,以项目化学习为主要学习方式,以学生为中心,注重学生综合能力的培养和跨学科素养的培育,因材施教,满足学生个性化发展的需要。

表 5-6　同济黄浦设计创意中学特色课程

课程类型	课程受众	课程模块	课程项目	课程内容	课程形式
普适型课程	全体学生	ME关注自我	同创公约	心理档案测评、采访教师等	讲座、工作坊、户外考察、汇报
			化学元素故事与视觉	化学元素学习与记忆、视觉创意故事等	工作坊、汇报
			色彩创意课程	拼贴技法、色彩美学设计等	工作坊、汇报
			泥塑课程	雕塑技法、自我形象设计	工作坊、汇报
			军训诗歌	意象、韵律、自我管理等	工作坊、汇报
			"知我"系列课程	过去的我、现在的我、未来的我、遇见真实的我、职业生涯规划	工作坊、汇报
			心理及体育	体能训练、技巧训练、心理意志训练等	工作坊
		WE关注他人	戏剧表演课程	表演技巧、剧本创意编写等	工作坊
			3D建模 & 打印课程（选修）	3D打印基础、"濒临灭绝动物保护"项目	讲座、工作坊、汇报与展示
			scratch游戏编程	scratch编程基础、游戏设计工作坊	讲座、工作坊、汇报与展示
			家长课堂	财务知识讲堂	讲座、工作坊
			文创项目（选修）	自主文创项目研究	工作坊、户外考察、汇报

课程类型	课程受众	课程模块	课程项目	课程内容	课程形式
普适型课程	全体学生	YOU 关注社会	上海城市系列文化讲座	"海上墨语"、魅力上海、上海欢迎你	讲座、工作坊、户外考察、汇报
			城市社区观察	上海旅游手册制作	讲座、工作坊、户外考察、汇报
			城市交通出行的解决方案	无车城市设计	讲座、工作坊、户外考察、汇报
			学校空间的规划设计	我的梦想学校	讲座、工作坊、汇报
		THEY 关注全球	生态保护项目	崇明东滩生态保护案例分享、辩论赛	讲座、工作坊、户外考察、汇报
			可持续系统发展设计	创意系统设计、珍稀塑料、设计丰收、可持续循环设计	讲座、工作坊、户外考察、汇报
			桥的设计	从物理、地理、历史、化学、艺术等视角探讨桥文化	讲座、工作坊、户外考察、汇报
差异化课程	全体学生	选修课	3D打印中级课程	3D打印中级技巧	工作坊、汇报
			编程中级课程	编程中级技巧	工作坊、汇报
			媒体制作中级课程	媒体制作中级技巧	工作坊、汇报
			"创·造"系列课程	创新策略基础、创业项目模拟运营	讲座、工作坊、路演
个性化课程	部分学生	研究课题	定制化研究课题	基于课题内容	访谈、案例学习、户外考察

其中,普适化课程,面向全体学生,以"设计思维"为导向实施项目化学习,学生经过普适化课程的学习,除掌握相关知识领域的内容,还初步学会部分创新方法与技能;差异化课程,面向全体学生,根据学生项目学习的选择需求,开展分类指导。在差异化课程的学习中,学生运用之前所学知识、方法与技能,结合个人爱好与特长,开展课题研究或项目设计个性化课程;个性化课程面向部分学生,根据学生的兴趣和特长,借助来自大学或其他外部力量的指导,帮助学生取得有价值的研究成果,学校将根据学生差异提供帮助。

值得一提的是,创新课程学习与基础型学科学习并不是相互割裂的,基础学科内容给创新实践课程提供内容、场景和养分,创新课程链接书本知识和真实生活,同时需要学生在项目化学习的过程中对基础学科知识点加以应用。因此,创新课程与基础学科的相互辅助、相互融合,将在很大程度上激发学生学习的自主性,从而提高学生对知识点的理解力,跨学科场景的运用能力以及解决问题的能力,从多个维度提升学生的综合能力和素质。

2. 建构"以学生为中心"为表征的教学策略

课程学习采用项目化学习(PBL)方式,力图通过学习方式的改变,让学校成为向学生提供学习伙伴、课程导师和真实挑战命题的平台。这座平台同时为学生提供"参与—反思—总结—再实践"体验式学习过程所关联的一切资源。在这一平台上的教学,逐渐改变现有"老师教什么,学生学什么",一切以教师为中心的教学模式。教师逐渐从"教室里的权威"转变为陪伴者、引导者,通过引导、启发等教育方式参与到学生的日常学习和生活实践中。在学习过程中,学生将会运用"设计思维"的五个环节来推进整个项目,即:建立同理心—定义问题—构思方案—制作原型—进行测试(展示)。第一阶段,学生形成团队,在老师的指导下进行项目的背景调研:或收集数据,或访谈,或问卷调查,或实地考察等,来建立对整个课题背景的同理心。第二阶段,学生对所获得的数据进行整理、分类和分析,在此基础上发现问题的本质。第三阶段,团队成员一起构思方案,开展头脑风暴。第四阶段,学生制作出产品的模型,或者可供展示的方案。最后,学生在老师的引导下对这个项目的过程和结果进行展示,并进一步反思和总结。

创新课程以项目为基础,学生可以选择独立参加项目或组成团队参加项目。项目方向由课程开发团队依照跨学科融合的原则来确立,其中包含科技、文化、教育、社会等多个领域的热点话题。项目内容是开放性的,学生有很大的自由度去选择实施方案和小组同伴。教师在项目当中承担的是引导者的角色,指导学生选择合适的研究方法,在学生遇到困难的时候提供帮助。

3. 建构能促进学生差异化发展的评价体系

和基础型课程不同的是,创新课程采用小组评分、等第制评价或个性化评语式评价。对学生的评价不再唯分数论,教师也不再以教练员、裁判员的姿态对学生进行简单直接的知识输出和成绩评判。

评价从两个方面展开:一是表现性评价,二是成果性评价。表现性评价以每个学生在小组中的表现为基础,通过设计量表等方式进行,将学生自评、互评与教师评价相结合,学生通过了解"他人"眼中的"我"与自己眼中的"我",并将"他人"作为照见自己的镜子来加强自我认知、自我管理和反思;成果性评价是对小组作品或成果进行评价,引导学生从团队的角度反思作品制作过程中的时间管理、人员分配、从构想到实施的逻辑性等问题,采用组内评价、组间互评、教师或专家评价相结合的方式,帮助学生认识"我"与"集体"的关系,增强团队意识、合作意识。

4. 建构高中、大学教育紧密衔接的合作模式

学校的合作方同济大学设计创意学院在跨学科创新教育方面有着丰富的实践经验,其国际跨学科创新平台中芬中心于 2012 年被英国著名杂志 *Monocle* 评为与美国麻省理工大学(MIT)媒体实验室(Media Lab)齐名的世界五大高校跨学科创新平台之一。在大学支持下,2018 年起,学校陆续与芬兰阿尔托大学和埃斯波市三所中学建立了合作关系,在创新教育和项目化学习等方面开展协作。

由同济大学设计创意学院院长娄永琪教授指导,原芬兰阿尔托大学可持续创新项目(Creative Sustainability)主管蒂娜教授领衔,同济大学设计创意学院教师和我校创新课程项目组教师成的课程开发团队,致力于课程的开发与改进,两年多来,课程设置日趋合理,内容不断完善。

5. 建构联动社区、服务社区的实践形态

学校地处上海市中心外滩源,周边商业模式丰富、文化资源充沛,是创新型课程的项目开发的重要渠道。学校通过与周边的场馆、商场和社区的合作和联动,为学生开展参观访问或调查研究活动提供便利,学生有机会对他们感兴趣的人、事或物加以深入了解,并从中寻找适合的研究或改进目标,形成合作小组,利用已学知识和已有技能制定解决方案,将相关成果服务于社区。对高中学生而言,这样的实践活动将有效提高他们主动学习的意识,并能大大提升其社会责任感和使命感。

6. 建构开放共享的新型校园

我们认为,正如好的购物空间能够激发人的消费欲望一样,好的教学环境也能够激发学生的学习热情。一旦学习热情被激发,学生的学习潜能就很可能得到大量释放。我们在改造校园的过程中将走廊扩大,增加外放性公共空间面积,使得原本只有连接性功能的走廊,有了更多的沟通、交流、展示的可能性,鼓励学生与学生、学生与教师、教师与教师在开放空间进行多维度交流;设立以项目小组为单位的讨论空间,支持以小组为单位的自主学习与协作学习;提高空间的灵活性,

为学生参与空间资源管理和再调配赋能；让天花板、墙面、地面成为知识的载体，通过长期反复的视觉联系，学生能对这些知识留下记忆上的"刻板"印象。在用于项目化学习的共享空间，我们采用丰富大胆的配色和造型时尚的家具，吸引学生们来这里开展各种各样的学习活动：小组讨论、与来宾交流、作品展示……

四、初步成效

在课程实施过程中，学校打破了行政班级的界限，教师根据项目主题设计课程模块，学生根据随机分组的结果开展学习活动。在不同项目中，学生与不同的组员合作，将想法置入真实的社会生活环境，通过搜集信息、头脑风暴、模型搭建、成果展示等形式完成任务。其间他们会模拟企业家、工程师、设计师、社区居民等不同角色，从不同角度理解问题情境，利用已有的知识和能力，找到最佳的解决方案。在项目任务完成时，学生们综合解决系统性问题的能力都有不同程度的提高，团队精神和合作意识也显著增强。

以《梦之桥》项目为例，设计思维和可持续发展的理念作为创新课程的底色贯穿始终。这个项目以"设计思维"为导向，由学科教师从文学、艺术、历史、政治、物理、化学等多个知识和技能维度组织教学内容，结合同济大学桥梁专业教师的讲座，对"桥"这一物象加以整体解构，学生最终要以团队合作形式完成以滨江大道为背景的人行桥设计，体验从感性认识—形态逻辑—结构分析—模型制作的全过程。多学科知识的介入引导学生从多元视角审视和思考问题，提高学生发现问题的敏锐度、拓展其思考问题的维度、运用创意设计思维解决问题的能力；专家讲座、同济大学桥梁系实地参观、走访工作坊加深了学生对桥的发展史、建造技术的认识；对苏州河上四座桥的观察测量、以桥为对象的艺术创作（诗、画）、桥的快速建模比赛等活动丰富了学生的体验。学生对涉及的各类基础型课程相关知识的学习兴趣明显增强，实践能力、认知能力、合作能力、创新能力、社会责任意识等核心素养有明显提升。

从结构来看，创新课程打破了拓展型课程和研究性课程的界限；从内容来看，它整合了各类应用性知识、技能和部分基础型学科知识；从结果来看，更多的知识和技能在基于情境和问题的项目化学习过程中得以落实，学生学习的主动性和积极性明显提升，创新意识被大大激发。

在两年的创新课程实践过程中,我校 2/3 的教师在教学理念和教学实践上发生了较大转变,逐步开始向"课程设计和开发者"转型。在项目化教学实施过程中,他们不仅承担创新课程的教学,还肩负着项目跟进、项目指导、项目记录、项目课程资料与档案管理等工作,很好地适应了教师角色的多重性,综合能力明显提升。

时代飞速发展,很多方法或规则已不再适用,很多面世没多久的新科技也会在短时间内被革新,过往积累下来的经验的价值在慢慢降低,社会对适应新事物的应变能力以及对创新能力的要求却越来越高。我们着力创新特色课程建设的目标就是把我们的学生培养成为立体 T 型人才,期望他们未来能够具备以下三种宝贵的合金属性:高硬度、多成分、延展性。高硬度,即具有求实的态度和坚毅的品质。学生要本着科学的态度进行学习,遇到困难和挫折要有不言放弃的决心。多成分,即具有丰盈的知识与多样的能力,在社会这座大学校获得更多实践经验、团队合作能力和解决实际问题的能力。延展性,即具有适应未来社会的"形变"能力。能根据身边真实发生的事件、社会真实出现的现象提出问题、分析问题并解决问题,具备一定的应变能力,学会融入社会。我们有理由相信,随着教育改革的不断深入,"以学生为中心"一定不只是一个口号,课程改革始终指向学生学习方式的转变、学习动力的提升和学习效率的提高,并最终聚焦于学生核心素养的培育。

(本文由上海市同济黄浦设计创意中学特色课程项目组提供,执笔:张咏梅)

第四节　探索定制课程,优化男生教育

2012 年 3 月 30 日,上海市教委批复同意上海市第八中学开设"上海市男子高中基地实验班"。同年 7 月,全市乃至全国首创的两个"男子高中基地实验班"(简称"男生班",共 60 名学生)在市八校园诞生。从当初的两个试点班,到如今每一个年级均有四个男生班的规模,在近 8 年的教育教学实践中,学校潜心探索男生成长规律,精心研究适合男生特点的课程与教育内容,精进打造体现男生特质的培养模式。现今,随着首届男生班学生大学毕业走向社会,逐渐显示出男生班的教育价值和社会意义;同时,男生教育实践所达成的"智诚学子"培养目标、完善的特色课程体系、教师队伍的专业成长等一切学校发展内涵都得到丰富,新的育人模式正在形成,学校特色愈加鲜明。

一、背景与意义

（一）践行育人为本，助推特色发展

《国家中长期教育改革和发展规划纲要（2010—2020）》指出，"推动普通高中多样化发展。促进办学体制多样化，扩大优质资源。推进培养模式多样化，满足不同潜质学生的发展需要"。学校为贯彻落实《纲要》精神，适应学生个性发展要求、社会多样化的教育需求，进一步推动学校的可持续发展，经过反复思考、论证以及探索研究，提出以男生教育实践为抓手，潜心探索男生成长规律，精心研究适合男生特点的课程与教育内容，悉心打造体现男生特质的培养模式，形成可复制可推广的男生教育经验，建设一所具有时代特点、上海特征、与经典黄浦相匹配的男生教育特色高中。

（二）直面"男孩危机"，开拓"突围"路径

近年的调查研究显示，中国男孩在学业成就、身体素质、心理健康、社会适应能力等方面均落后于女孩①。"男孩危机"引发了社会各界对男孩的关注。有关专家认为："男孩危机是一个影响广泛的世界现象，已经引起了美国、英国、德国、澳大利亚以及经济合作与发展组织的广泛关注。"提高男生教育水平，探索"适合男生成长的环境和途径"成为时代发展的阶段性需要。

基于此，我校开创了男生班的新型教学模式，设计符合男生特征的课程体系和实施策略，以扬长避短的高中教育充分发掘男生的潜能；提供男生班的特殊学习经历，培养男生的自信，促进其更好地成长。我们力求在完善男生教育可持续发展动力机制的同时，进一步深化男生教育的学校特色、创新育人模式，形成一套可复制、可推广的男生培育经验，帮助更多学校和家庭形成对男孩培育的正确理解，提升整个社会男生培育的水平。

（三）深化研究成果，发现成长规律

刚进入新世纪时，市八中学就曾开展过"构建按性别编班的办学模式，促进男女学生和谐发展"试验和专题研究，在学校内部进行过男生班和女生班的试验，既研究男生教育的规律，也研究女生教育的规律，提炼了男生教育的一些策略，这为近8年的男生教育实践提供了积极的帮助，有助于在理论梳理和研究的基础上，对

① 李文道，赵霞.男孩危机——一个众多研究数据支撑起的事实[J].中国青年研究，2010（11）.

男生教育规律进行深入的检验与整合并应用于课程建设,在实践层面又进一步加深对男生教育规律的理解和掌握。

我们发现,男女成长规律的差异既由先天的生理基础决定①,也受后天社会化过程中的性别角色期待影响。因此,构建适合男生成长的课程环境,一方面能够让课程实施方式和评价方式适应男性的客观生理特点、个性心理倾向和已有的发展水平;另一方面也能够通过学校文化、课程实施方式和课程评价方式对他们的认知心理倾向和学习过程进行合理的引导,自上而下地为男生的成长发展提供一个良好的课程环境。

二、思考与认识

(一) 男女差异与男孩危机

美国心理学界对于性别差异的后天形成理论也通过实验得出了有力的证据,认为后天因素能够通过教育和生活环境改变男女生学习的性别差异,如空间能力可以通过培养得到加强改善等。对于性别差异导致的种种差异,无论是先天形成的,还是后天培养的,其在日常的学习与思维等方面均形成了不同的习惯模式,从而影响到男女学生的学习方式与学习效果。研究并挖掘性别差异带来的不同学习特质和学习效果有助于为一线教师提供理论依据支持与教学策略指导。

《拯救男孩》②一书中向我们展现了男生的四大危机,即学业危机、体质危机、心理危机和社会危机。社会上也存在着"男孩危机是真命题"与"男孩危机是伪命题"的争论,两者都有支持其成立的论据和案例,当社会对男孩的期望与男孩的现实之间存在着很大距离时,男孩危机则是真命题,反之则是伪命题。但是,期望与现实之间必然存在着距离,正视问题的危机意识是积极的,据上海市教科院调研显示,男生的学习成绩明显低于女生,所以提高男生教育水平,探索"适合男生成长的环境和途径"成为时代发展的阶段性需要。

(二) 男生特质与成长规律

英国心理学家 Hans J. Eysenck 在其《人格的维度》(1947)一书中指出,人格是

---

① 大卫·苏泽.教育与脑神经科学[M].上海:华东师范大学出版社,2014:3—33.

② 孙云晓,李文道,赵霞.拯救男孩[M].北京:作家出版社,2010:15—31.

生命体实际表现出来的行为以及潜在行为的模式的总和。他认为人的各种行为模式交织在认知(智力)、意动(性格)、情感(气质)和躯体(体质)四个主要方面,并且通过这四个方面的相互作用,生成和发展出人格特质。本文中的男生特质,是对于男生特点的总结归纳,特指男生在接受教育的过程中,应该被着重培养的积极品质。男生特质是男生班级课堂在中微观层面上的核心体现。老师在课程设计与课堂组织方面都应该紧紧地围绕男生现阶段的发展特点和特质,帮助男生们在现有特质和水平上得到充分锻炼和提升。

关于男生成长规律,国外研究者在生理基础、学习过程的性别差异方面有规模较大、内容较丰富的研究成果。Harriet Hanlon(1999)对脑生理的性别差异研究成果进行了总结,发现男女生的差异主要表现在大脑发育和功能结构上的不同①。学习过程方面的结论主要包括:在学习动机上,男生成就动机是由内在因素激发的;在学习兴趣上,男生突出在效能和强度上,并且兴趣波动更大;在学习信念上,男生的自我认同和自信心显著比女生高。此外,由于受到来自社会分工、家庭等因素的影响,男女生在性别角色观念、从众行为、自我性别意识三方面,都表现出一系列的差异。

我校通过对学校普通班和男生班的课堂教学进行对比观测,发现男生班的男生具有视觉学习和动觉学习偏好,他们受兴趣动机驱动的外显特征更加明显,拥有较强的竞争意识,同时规则意识淡薄,且容易受环境变化干扰。进一步分析发现,我校的男生敏感、好奇,善于发散联想,在语言上直截了当,行为更加冲动,有强烈的求知欲,但是对细节方面容易忽略,对于自己的言行、衣着表现不太在意。

(三)课程环境

课程环境从属性层面上可以划分为物质的、心理的和社会的。物质层面的课程环境可以包括学校的教室、草坪、雕塑等一系列以自然物质为基础创设的物理环境;心理层面的课程环境是指由教师、学生、教材、教学空间和教学手段等因素的相互作用而对个体心理产生的影响;社会的课程环境主要可以包括学校所在地区的政策、文化等社会发展背景因素以及学校本身的历史文化因素。

课程环境从构建层次上可以分为学校课程文化、课程实施方式和课程评价方式三个要素,它们分别通过不同属性层面的影响综合作用于课程教育成效。因此,

---

① Harriet Hanlon, Robert Thatcher, & Marvin Cline. Gender Differences in the Development of EEG Coherence in Normal Children[J]. Developmental Neuropsychology, 1999(12).

以课程文化、课程实施方式和课程评价方式为核心,构建适合男生成长的课程环境,这能够对男生的发展产生重要影响。

三、实践与探索

（一）高度契合,打造与学校文化相匹配的育人模式

我校具有 150 多年的办学历史,蕴含着厚重的"智诚"文化传统。学校将"忠诚、责任、独立、睿智"作为男生四大品质培养目标,将传统的文化谱上时代的音符,丰富了教育的内涵。"诚"就是培养学生忠诚守信、敢于担当的人格涵养,以形成浩然正气的形象;"智"就是培养学生独立思考、宽容睿智的处事素养,以形成乐学善思的习惯。"浩然正气、乐学善思"的男生必将能够适应社会现代化建设的需要。期望通过高中三年的"智诚教育",创设"专注、竞争、刻苦和拼搏"的学习过程,使我们的学生成为"忠诚守信、敢于担当、独立思考和宽容睿智"的男生。

多年的男生教育实践,可凝练为"一个教育核心词"——智诚教育;"四大品质培育目标"——忠诚、责任、独立、睿智;"五位一体"的实施途径;"四大实施策略"——兴趣比成绩更重要、生成比预设更重要、锤炼比呵护更有效和格调比说教更有效,即"1454"育人模式。

（二）高位布局,确立"五位一体"的男生教育实施途径

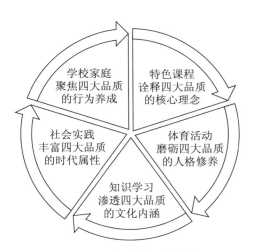

图 5-15 男生班教育实施途径

1. 特色课程诠释四大品质的核心理念

通过对四大品质核心理念的分析,学校开设了偶像生成、生存体验、差异理解和数字达人等四个学习领域的特色课程,在教师团队的引领下,师生共同解读四大品质的基本要求。如"差异理解"课程,通过对经典文学作品的阅读,展示不同时代中主要价值取向的差异,让学生了解和体会差异,并思考其对现实社会的意义,提高学生思维的深刻性,从而帮助学生形成正确的价值标准和理性的独立精神。

2. 体育活动磨砺四大品质的人格修养

通过研究,我们认为"体育运动、动手实验和关注社会"是男生的优势,也是促进男生健康成长的重要载体,我们设置了每天的晨跑和击剑、背越式跳高、武术、中国象棋等项目。在运动中,学生的团队意识、责任意识、竞争意识和自我超越可以得到进一步的强化,从而磨砺其人格修养。

3. 知识学习渗透四大品质的文化内涵

通过对四大品质的梳理,共分解为 4 个一级指标、11 个二级指标和 23 个三级指标,期望在基础型课程的教与学中实现渗透。教师在教学过程中就某一个指标,先界定该指标的内涵,然后确定实施的程序和评价方式,边实施、边完善,积累教学过程的素材和检测学生的增值变化。

4. 社会实践丰富四大品质的时代属性

社会实践活动,既可以丰富四大品质的时代属性,同时也是检验学生的四大品质是否真正内化的重要载体。我们设置了多途径、多形式的志愿者服务,以及寻访生活中的偶像、热点追踪、课题研究、与名人对话和军营体验等社会实践活动。

5. 学校家庭聚焦四大品质的行为养成

通过每学期一次全体家长问卷调查、每周部分家长电话访谈等途径,充分调研学生行为习惯的状态,进而制定男生班学生的行为养成要求,如每天早晨自己按时起床上学,每天使用完浴室及时清理等。同时,倡导老师和家长宽容学生行为养成过程中的过失。

(三)重点突破,制定更有利于男生成长的课程计划

在课程建设方面,我们构建了包含三类课程总体框架的智诚教育课程体系。在这其中,尤其注重解读四大品质的核心理念,创设特色课程。

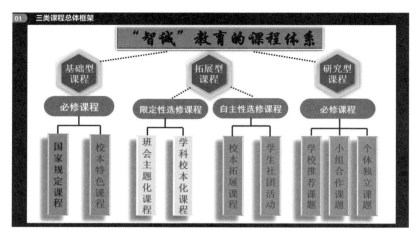

图 5-16 "智诚"教育课程体系

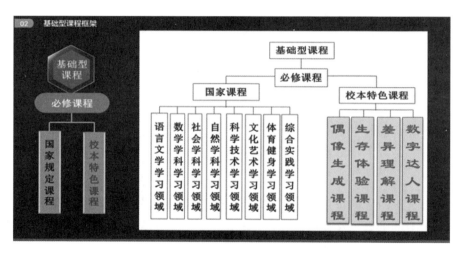

图 5-17 基础型课程框架

　　根据培养目标,在基础型课程类,我们设计和开发男生必修的"四领域"特色课程,以"典范、生活、文化、科技"为载体,师生共同诠释四大品质的核心理念。一是偶像生成学习领域,通过对古今中外和不同历史时期著名人物的学习,引导学生了解偶像生活的时代背景和产生的重大影响,思考偶像生活的文化背景和人格魅力,发掘其忠诚的品质,使学生辩证和全面地了解忠诚的呈现形式和价值取向,为学生播下典范的种子。二是生存体验学习领域,通过生活常识的介绍和野外生存训练,使学生更多地掌握生活技能和丰富生活阅历,增强和提高其承担责任的意识和能力。三是差异理解学习领域,通过介绍古今中外不同历史时期的主流价值取向,引导学生感悟其中的文化元素,并比较和提炼价值取向的差异,使学生形成独立的见解和观点。四是数字达人学习领域,通过满足男生爱好 IT 技术的需求,拓展计算机编程知识学习,提升信息技术运用和维护能力,在不断优化问题解决方法的过程中,提高学生综合素养。

（四）内外兼修,着力建设熟谙男生教育规律的教师队伍

1. 在大量的实证研究中长才干

男生教育实践需要大量的科学实验,这些实验都是通过学校的教师付诸实施。教师们运用大数据的方法,以数字媒体采集教育教学实施中的信息,梳理和提炼男生特质,初步提炼了男生的学习特质、思维特质和人际特质,运用实践反思的方法,积累男生教育经验;运用文献和案例剖析的方法,剖析男生特质形成的原因和内涵。他们聚焦"多维、自主和深度"等三个突破口,提炼男生课堂行为的特质;他们借助数据测评,探索最佳的男生教学策略;在这样的研究行动中,各个学科的教师都总结出了独特的男生教学方法,并不断完善、优化男生教育,进一步提高教法、学法指导能力。

2. 在倾心陪伴学生成长中增素养

在成就男生的同时,也培养、成就了一大批会教书、会研究、善于改进的教师团队。这批教师不仅要完成基础性的教学工作,还要陪伴男生在探索中成长,发现中改变,跋涉中进步。我校涌现出能讲流利英文的数学教师,涌现出娇美柔弱却能与男生在酷暑烈日下一同走完徽杭古道、在寒冬风雪中登上长城开展生存体验的女班教师,涌现出虽在教辅岗位却能开发出特色校本课程的二线教工。

四、成效与反思

（一）实践研究的多维成效

1. 特色课程体系初步建成,内涵不断丰富提质

四领域课程从最初的由老师们凭借碎片化的生活、工作、学科经验,采用凭借一份讲义开展微型授课的方式给予学生学科之外的品质培育的相关知识,到如今在"智诚"课程理念的指引下,在学校课程整体规划过程中,完成"男生教育"特色课程体系的构建,并成功编撰《定制男生》(共四册,上海科学技术出版社 2019 年 4 月

第 1 版)校本读本,这是自男生班开设以来,市级重点课题"创办男子高中特色学校的实践探索"研究成果《成就男生》一书(上海教育出版社 2017 年 9 月第 1 版)正式出版之后的又一成功收获。

学校不断优化完善课程体系,注重课程内容的升级提质。我们重构男生班数学、英语两门学科基础型课程内容;根据男生学习需求,增设了线上外教口语和 BIM&VR 技术应用体验课程;在研究型课程领域,聘请高校教授助力资优学生开展创新课题研究。

学校进一步梳理课程群,完善了科技创新体验、绿色生态、社会问题调查等五大主题系列的课程内容,组织开展拓展课校本读本的编撰。

2. 教学方式取得质性改变,教师发展自觉主动

在市八,"了解男生、理解男生和研究男生"已成为教师共同的话题,教师们已将男生教育研究作为自身专业领域的组成部分,探索男生发展规律,致力于教育教学方式的变革,已然成为市八教师独特的专业发展追求。

随着男生班教学方式的研究持续深入,一批教师坚持探索"增效减负"新策略,探索信息技术助力教学效率的提升、学生德育管理新方法,开展以"融合课程新理念优化教学各环节"为主题的教学技能研究及大赛,通过组内研磨、集体备课来提升教学技能水平,多名中青年教师个体教学风格初步形成,实施的教学策略、方法也得到业内多数同行的认同。

3. "智诚"校园环境基本建成

一是学校硬件环境逐年改善。市八校园中西合璧,东南西北四栋大楼建筑历史感厚重,透出浓郁的人文气息,校园内古树参天,绿荫葱茏,花径景观怡情养性;每栋大楼功能分隔清晰,南大楼是教学楼,东大楼为图书馆、演讲厅,北大楼则是科技、音乐等创新实验室和专用教室;现有的健身房、击剑房、风雨操场、"钢琴音乐吧"成为男生体育、艺术活动的乐园。学校不断开发创造性的校园科技项目,建成了多间具有全国领先水平的创新实验室,如:2018 年建成 3 间特色课程体验室("梦·飞翔"直升机航空模拟舱、"慧·生活"智能时代生活体验室和"微·世界"军模科模航模研造室);2019 年 10 月启用"梦·启航"军舰航海模拟实验室;成功申报市教委专项"雷达信号处理与多谱图成像识别创新实验室"(国防科技创新实验室),以满足一批对航空、航海、国防科技领域有兴趣、有天赋的男生"特需"体验。

图 5-18 特色课程体验室

二是学校软环境建设内涵丰富。尊重和满足学生运用数字技术学习的需求,形成高效的网络环境;研究和谐的师生、生生关系的基本要素,建设和谐的校园氛围;充分争取利用外部社会资源,开展教学活动,组织多彩开放的活动,助力竞赛、竞技,促进男生健康成长。创设良好教研环境,请进专家虚心求教;积极与中外教育界同行交流共享,取长补短。学校积极创设家校联动机制,营造良好的家校共育环境。

4. 学生综合素质发展取得长足进步

近八年过去了,从市八中学共走出五届近 500 名男生班毕业生。

他们品德好。其中有多位以首届男生班吴逸飞、吴一凡为代表的"感动上海青年志愿者"称号的道德建设示范者。

他们学业优秀。五届毕业生除个别中途去海外留学,其余均考入预期中的本科院校;首届男生班学生现已大学毕业,据正在进行的跟踪研究了解到,他们中大多数学生继续读研,有些已经找到了心仪的工作。

他们有特长。有一批以"中国中学生作文大赛"(2012—2013)上海赛区一等奖获得者陈稀栋为代表的全面发展、人文见长的优秀男生;更不乏一大批睿智独立、理科见长、创新素养丰厚的"科技达人""数字达人",在历届 DI 青少年创新思维竞赛、上海市青少年科技创新大赛捧得大奖;在足球、排球、篮球、中国象棋、全国青少年桥牌等各项体育赛事中,市八中学的男生总会是一道靓丽的风景,"披金戴银",载誉凯旋;他们当中还有辩论高手、最佳主持、活动策划总监、舞美创意、会标设计达人等。

他们会担当。男生班的实验聚焦了对"人"本身价值的弘扬,他们学会坚持,抗挫能力得到培养,懂规则,学会对自己负责、对他人负责、对社会负责,富有担当精神。

他们有主见。他们渐渐学着独立思考,不人云亦云,哪怕就是在专业的选择上、职业的规划中;他们对人生角色的社会学问也有认真的思考:今天为人之子、明日为人之夫、为人之婿、为人之父,不同角色如何担当。

5. 回应了社会需求,发展了学校特色,提升了影响力

男生班的创办肩负着社会的责任,主要有三方面:一是期望通过高中多样化和特色化的办学,满足社会对高中教育的多元需求;二是期望通过关注课程和提升素养的实践,丰富高中男生教育的理论研究;三是期望研究实践成果能成为可推广的经验,为其他各类学校中相同年龄段男生教育提供借鉴帮助。

尽管男生班的教育实践在整体基础教育改革中乃沧海一粟,对男生班的需求也属于小众,但其在一定范围内满足了社会对高中教育的个性需求,是教育多元需求的组成部分。每年都有很多家长、学生通过媒体、网络、校园开放日、初中学校论坛等多方了解我校男生班的办学情况,他们的教育视野更宽泛,关注的不再仅仅是多少分可以考入这所学校,也不仅仅关注毕业生的重点大学录取人数,更多的是被我们的办学特色和男生班课程吸引,踊跃报考男生班。

男生班的教育实践,助力了市八中学特色发展目标的实现,帮助学校探索高中男生教育的实施策略、建设高中男生教育的课程体系、研究学校特色建设的基本要素,彰显了这所百年老校在新时代所承载的教育新使命。

(二)反思与改进

伴随着现代社会的急速发展,教育改革的不断深入,男生教育特色的未来发展会有更加重要的意义。我校男生教育研究虽取得令人鼓舞的成绩,但也遇到缺乏可持续发展动力机制的瓶颈,对应男生日渐显现的特质发展轨迹,与男生班发展相匹配的师资、课程环境、社会资源支持、管理保障机制仍然存在不足。而随着第一届男生班男生即将踏入社会,他们能否在社会中扮演好自己的新角色、相比于混合班的男生有哪些优势,也成了接下来需要关注的问题。

1. 设计促进学生社会角色胜任的课程评价方式

在充分了解男生成长规律的基础上,基于四领域课程,积极研发男生班学生"社会角色胜任"评价系统。我们将选择适应男生身心特点的评价模式,梳理男生特质对应的关键指标,完成男生个体发展的整体构建。帮助他们接受课程评价的形式及其目标,促进他们完成对学习、成长的反思,实现对自身发展的自主把握。同时,对已毕业男生的社会角色胜任程度进行跟踪调研,收集过程性数据,总结男生班的发展情况,梳理相应的发展指标,从而帮助男生更好地胜任自己的社会角色,最后生成男生成长个人报告以及综合分析报告。

2. 建立检测体系验证课程环境构建的成效

为了能够更好地追踪及验证我们课程环境构建的成效,我们建立了毕业学生在男生教育模式下的跟踪调研群,并计划对社会角色胜任程度等男生特质发展进行全样本的追踪研究。我们将设计问卷、使用观察工具,对男生的行为、态度、价值观、社会角色胜任等方面的发展进行观察对比,收集、整理男生班成长发展的实证资料和典型案例,检测社会角色胜任课程的实施成效,分析个性化学程课程实施方式对男生成长的影响。

诚愿我们的实践与探索能够深入发现男生特质和与之匹配的课程环境,在掌握男生教育规律的基础上通过整体课程环境的创新和变革激发男生学习潜力,培养和提升男生的社会角色胜任力,使其成长为真正的男子汉。同时,让我校的"BOY TO MAN"学程成为可复制、可推广的经验,让男生教育特色收获更好的社会声誉。

(上海外国语大学附属大境中学　卢起升,上海市第八中学　周　政)

第五节　"无边界"理念下的课程创新

创办于 1953 年的卢湾中学是上海市黄浦区内颇具规模的公办初中,有着 67 年的悠久历史。从 2013 年起学校在"众教育"办学策略和"无边界"教育理念引领下,坚持走"课程创生"的内涵发展之路,将"整个世界都是'教室'"作为课程理念,努力做"通"教育,打"通"课程,融通学科,跨界教研,形成"无边界课程"的品牌,让每一个卢湾学子看得见未来,让今天的学习能为未来积蓄"能量"。

一、"无边界课程"的深度追问

国家课程中分科课程是以学科知识为主要逻辑基点而开展的,注重的是学科知识的系统性,课堂教学也是在特定而具体的"知识与技能"发展变化中实现各学科的教学目标。但目前学校教育中尚存在着不少问题:学科之间细分有余,融通不足;学段之间壁垒森严,各管一段;课堂内外界限分明,学习内容方式资源较为单一;教师之间以年级组、教研组为单元的组织阵营明显;家长与学校的沟通关系被动,存在隔阂……学校原本是一个整体,但上述种种现象的存在,使得我们提供给孩子的学习生活出现割裂、碎片化的倾向,这势必阻挡着教育的未来发展。

人类面临的重要问题往往都不是一个学科可以解决的,生活本身是综合的、多姿多彩的,儿童的发展亦是整体性的。丰富学生的学习经历是上海课改的重要理念。要开发利用好课程资源,教材不是唯一的课程资源,变"教科书是学生的世界"为"世界是学生的教科书",正在成为课程改革的新观念。2016 年 9 月《中国学生发展核心素养》发布,核心素养不仅强调学科素养,更强调跨学科素养。在"互联网+"时代,边界正在慢慢地被跨越和融合。怀特海在《教育的目的》一书中说,教育的问题是如何让学生借助树木来认识树林。因此,真正的现代学校课程就是要将具有内在逻辑或价值关联的分科内容整合在一起,让学生借助"树木"来认识整个"森林",避免完整知识被割裂。

寻找课程改革新的增长点,解决深层次问题,冲破现实教育中的屏障和阻隔,俨然成为卢湾中学的一种选择和一个立场。我们需要一种课程,通过突破边界、镶嵌互补、无缝衔接、融合共生等策略,从单一走向丰富、从封闭走向开放、从被动走向主动、从有界走向无界。

鉴于以上问题,我校以"无边界课程"为基点,激活教师创新、学生创新、校园文化创新的氛围,催生学生创新素养,切实解决学校教育教学实际问题,引领教师成长、学生进步和学校全面、可持续发展。

二、"无边界课程"的深度架构

学校围绕"众教育"办学思想,以整个世界都是"教室"作为课程理念,打造一种独特的"无边界"课程文化,建构"无边界课程"体系。整个世界都是"教室"是指学习的过程不只是经历书本的过程,更应该是体验生活世界、真实世界、完整世界的过程,教育要把真实而完整的世界呈现给孩子,把学校内部的知识学习打通,与外部真实生活世界建立联系。

"无边界课程"是一种着力为学生传递与真实生活更接近的知识内容,帮助学生形成发展无边界的思维方式和学习能力,营造无处不在的学习场的学习氛围,提供全方位的广泛学习资源和学习机会的课程理念、课程形态和课程模式。

"无边界课程"旨在培育"整体的人",强调学力比学历更重要,要让学生既见树木更见森林。"无边界课程"的核心要义是适当突破教育要素的学科边界、时空边界、领域边界、学段边界、文化边界以及家校边界,建立并拓展不同学科之间、不同学段之间、不同领域之间的联系,实现多层次、多角度、多领域的跨界融合。

在课程架构上,"无边界课程"以"众教育"和"人"为核心,指向"五力"的培养目标,坚持单学科、多学科融合,跨学科、去学科并举,从课程横向组织模式构建了三个层面课程群,并做到必修与选修并行,全体与个体兼顾。

"无边界课程"体系的第一层面,将基础型课程、拓展型课程以及探究型课程融通,形成融合课程群,其中又分为大科学、大人文、大健康、大艺术四大类课程群。四大类课程群侧重知识与技能的学习,每个课程群均以"1 + 4"方式设置,"1"为核

图 5-19　学校"无边界课程"总图谱

心,即指本课程群中的基础型课程(国家课程),强调的是单学科的通识和基础,面向全体学生,促进学生的共性发展;"4"即指学科专题拓展、主导专题课程、自主选修拓展、自选课题探究,融合拓展课和探究课,既有面向全体学生的必修课程,也有满足个性特长的自选课程。

在第一层面的基础上,进一步突破学科边界,融通文理,交叉整合,从微观层面找到不同学科交叉知识点的内在逻辑,进行重构,实现有序组合,有机串接,从中观层面引导学科围绕"双基",延伸学科内容的知识宽度与阐释广度,形成第二层面的项目型的"跨学科课程群"。该课程群面向的是全体学生,侧重问题的研究和解决的方法,课程群中的项目(案例分析)分为大问题、大概念、大主题三大系列,体现的是交叉学科、关联学科的项目化学习,超出单学科研究的视野,关注复杂问题的全面认识与解决。该课程群培育的是学生无边界的思维,即具有多元的视角、宽广的视野、自由的大脑和大胆的想象等特质。

"无边界课程"还从宏观层面,突破时空、学段、领域、文化和家校,链接生活与社会,形成第三层面的"广域课程群",强调"去学科"视野下价值与经验的积累,分为大活动、大专题、大实践三大系列"去学科化"的学习,实现德育活动、专题教育、社会实践的课程化。

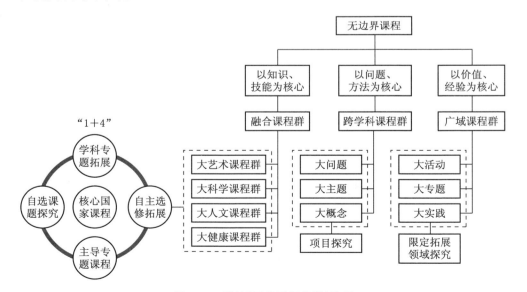

图 5-20　学校"无边界课程"结构图

三、"无边界课程"的实践探索

（一）边界突破

1.跨越学科鸿沟，激荡创新思维

"无边界课程"在确保单学科系统完整学习的基础上，以"无边界"的理念超越单一的接受知识学习，帮助学生完善知识结构，强调知识价值的深层建构。因此我们的跨学科更为强调通过学科之间不可分割的联系，帮助学生在不同学科领域之间形成有意义的关联，达到整体理解和对多个学科的深度理解。教师如何研发内容，如何寻找汇聚两个及两个以上的学科概念、核心知识、工具技能等，这是教学实践中的难点。

途径1：化散为聚，让学科结构完整呈现——学科核心价值的"双基、双度"

学校在学科建设界面，引导各学科围绕"双基"，延伸"双度"，即学科内容的知识宽度与阐释广度，催生各学科通过"校本化"开发"无边界课程"。诸如数学组基于学科整合形成了数学文化系列，基于问题整合形成了数学实践与探究系列，共设8个主题单元16个跨学科项目。跨学科数学文化课程"多姿的线条"（数学＋音乐）从驱动性问题"如何实现音乐的可视化"开始，学生自主探究，在数学坐标轴上绘制出两首曲子的主要旋律线，使音乐可视化。在音乐的感性欣赏与数学的理性分析中，增加了对音乐原有知识点理解的深度。又如学科整合系列中的"文有灵犀数点通"、问题探究系列中的"设计中的数学""游戏中的数学"等项目活动，让学生感受到数学知识的华丽和有趣，以及与日常生活的密切关系，并让学生完整地认识数学世界。

途径2：化零为整，让认知结构整合生长——学科核心知识的"有机、有序"

跨学科学习也是基于学科核心知识的，它需要有对学科的本质性理解，进而统整学习目的。学校引导各学科对相关学科交叉核心知识进行微观梳理，找到不同学科核心知识之间的连接点与整合点，将分散的课程知识按知识内在逻辑进行重构，实现"有序组合、有机串接"，并针对某一核心概念、某一主导问题或某一作品创造，设计出跨学科课程，形成新的学习情境和学习任务。诸如生命科学和地理学科组根据新中考跨学科案例分析要求，共同梳理初中教材中的交叉知识点与关联主题内容，设计出"寻找圣诞树""澳洲兔治理""疾病的烦恼"等项目。在八年级"设计

'大山'"跨学科项目中,教师选取了山体垂直地带性分布和植被随海拔变化的分布这两个跨学科关键概念,以"'大山'上选种的植被如何与所处地区的地理环境相适应"这一本质问题开展跨学科教学。

从某种意义上来说,跨学科还是以学科为依托,以现实问题的研究和解决为依托,用不同的方法、不同的视角去观察某一个现象、解决某一个问题,放大知识的效益。跨越学科的界限,可能会激发学生一些别样的灵感,有助于培养学生的创造性思维以及综合运用各种知识解决实际中的问题的能力。

2. 打破学段界限,贯通人才培育

我们进一步打破年级、班级的界限,依托卢湾学区、上海交大医学院、中科院、社科院等,依托学校的"科普讲师团"及"科学创智 home"社团,探索"初高—大学"一体化科技创新人才培养模式,为学有余力及对科学有浓厚兴趣的同学量身定制大科学课程。

在专家及科技辅导员老师的指导下,一些学生用一学期或一年的时间完成一项科研课题,学校涌现出一批科技创新之星,课题"公交车应急换币机""针灸治疗疼痛的观察""香薰对小鼠影响的探究""甲醛对绿豆发芽率及生长状况的影响"等在全国和上海市英特尔青少年科技创新大赛中荣获一等奖。

学校为有编程兴趣和潜能的同学开设了信奥人工智能编程社团,培养具有计算机编程特长的学生。信息编程课程一般是在高中及大学才开设的,学习的内容涉及高等数学,所有的题目都是英文原题。信奥课程里的学生采取的是混合编班,跨学段跨年级学习,一批批信奥之星从这里冉冉升起,他们中荣获全国信息学奥林匹克大赛一等奖的有 42 人次,二等奖 46 人次,三等奖 37 人次,创造了初中培养计算机编程人才的奇迹。

3. 突破校园围墙,丰富学习体验

"无边界课程"力求突破领域、文化和家校,链接生活与社会,统整专题教育、综合实践活动、团队活动等形成广域课程群,分为大活动、大专题、大实践三大系列,实现学校德育"目标—课程—活动"一体化,从而让校园的"5"更丰富、更充实,让校外的"2"也更加精彩、更多元,真正让孩子看得见自己的成长。

黄浦是上海的中心城区,有外滩、有南京路、有淮海路,除了经常去逛逛,你了解过它们的历史吗?那些蕴含着年代韵味的建筑,又曾经发生过怎样的故事呢……"走读黄浦"是我们和区文化馆联合开发的"无边界课程",师资汇集了上海建筑方面的老专家、乡土历史的专业人士,还有我们的语文、历史、美术等各学科老师。同学们走出校门,进行开放式的实践体验,在城市里走街串巷,在读人、读路、读建筑、读风情中感受黄浦的历史与人文。

学校利用上海中心城区丰富的人文、社会、经济、历史、文化、教育、科技等资源,跨行业、跨领域整合社会资源,形成八大校外教育资源单元群。

4. 打破时空范畴,实现"e 教易学"

当"泛在学习"从概念变为现实,当教育迎来 e 时代,随时随地随需的学习已经不是梦想。我们开发了移动学习平台——微视频课程互动平台,学生使用自己的账号登录微视频平台,进行随时、随地、随需的微视频学习。午休时分,三五成群的学生借助学校的电子阅览室边观看边讨论;回到家中,观看微视频已经成为学生们的新习惯;地铁上、公交车上,零碎的时间也可以被充分利用。智能手机、iPad、笔记本电脑等,成为学生手中的"神兵利器",让学习无处不在。学生观看视频后,可以在平台上进行互动交流和自我检测,老师可以利用平台对学生学习的时间及完成的效果进行监测和数据记录。

英语组还开发了周末口语微信群,中教、外教和中外学生同在一个群,每周末发布一个演讲主题,中外学生利用微信进行口语演讲交流,中外英语教师进行评价指导。泛在学习通过技术手段打破了原有的"边界",这样的学习使课堂的边界无限延伸,让学习突破了时空的桎梏,真正实现了教育无边界。

(二)课堂定位

1. 用高阶学习驱动低阶学习,知识从"学科中来"到"学科中去"

以七年级"无边界课程""寄情梅兰竹菊"(语文 + 美术)为例,老师以"仿照《爱莲说》中的句式,仿写并创作一幅属于你的'梅兰竹菊'题款、图画"作为高阶学习的驱动性任务,将语文学科仿写句子、托物言志写作手法、作者情感、描写角度等知识与美术学科的中国画构图、题款的作用、题款艺术创作等紧密串联起来。课程中学生从教材《爱莲说》出发,学习《爱莲说》句式、托物言志手法,分组自主学习开展"草木杂说"背景知识学习,包括梅兰竹菊的属性、梅兰竹菊的意象解读、梅兰竹菊的经典诗作、梅兰竹菊的经典画作等,随后学生运用托物言志的手法,用文言文书写心中的最爱,抒写对"梅兰竹菊"的喜爱之情,并用这段文学创作作为题注放在画中合适的位置,形成自己的作品。

这样的"无边界课程",替代了原来单纯、机械的背诵句式、记忆字词,将原来琐粹的知识点进行重新建构,学生去想、去查、去问、去写、去画、去构思、去创作,在新的问题情境和创作要求中去掌握语文知识和美术知识。知识得到了迁移,认识水平也从原来的识记转向问题解决甚至到初步创造,对学生有了适度的开放性、创造性思维的培育,真正用高阶学习来驱动低阶学习,让学科知识在跨学科学习任务中深度理解。

2. 用低结构激活高创意,知识建构更为主动,学习变得更"有意思""有意义"

低结构、高创意,充分发挥学生自主的设计、自由的想象,是我们倡导的跨学科项目化学习的特质。课堂中,教师注意设计开放性问题,让学生利用自己所学的各种知识去创造、去探索,让项目学习有可能成为一件"好玩"的事,诸如"瓶吞鸡蛋""一个鸡蛋引发的学科海啸""谁主沉浮""漂浮的结构"。教师只抛出一个问题,提供学生必要的实验器材,不限定用哪种方法、哪门学科来解决问题。这大大激发了学生们的创新乐趣。

七年级"无边界课程""森林里的故事",老师讲述故事开头,以"学生自主选择狐狸、猎人、魔法树等角色,续写故事并用定格动画创作一个英语寓言故事"作为驱动性任务。这个课程学习中,学生需要加入想象和联想,创作故事的高潮和结尾,归纳故事的寓意,学生的创作能力得到极大激发。剧本完成后,学生利用剪纸、绘画,拍摄分脚本镜头,完成定格动画的音画合成。当狂妄自大的小狮王、胆小怯懦的小兔子、神秘的魔法树……在大屏幕上演绎时,角色一下子都鲜活起来,英语的句式、语法运用都融合在创作作品中。在英语课中融入 iPad 定格动画及戏剧元素,让学生在短剧创作和动画制作、配音的过程中,使原本简单枯燥的听说训练变得生动有趣,学生又学习了新技术"定格动画",课堂让每个学生都能展示自己的才华。

3. 淡化正式学习和非正式学习的边界,知识来源极大丰富化和多元化

"无边界课程"使得"教"与"学"的场所变得更加的自由,变换的学习场如同磁场一般,看似无形,却让学生们在不知不觉中找到"燃"的感觉。学习发生了根本性的变化,正式学习和非正式学习的边界淡化,课堂内外、校园内外的边界消融,学习的时间、空间的边界消失,知识来源极大丰富化和多元化。

诸如八年级移动博物馆"无边界课程""问鼎"(历史 + 语文 + 化学),学生带着 iPad 走进上海博物馆,在听完讲解员对镇馆之宝"大克鼎"的讲解后,开始使用专题网站、搜索引擎、查找"大克鼎"的多种用途,了解青铜器的制作过程和化学原理,了解鼎上铭文的历史价值,寻找"大克鼎为什么是镇馆之宝"的答案。历史老师通过介绍铭文的两个时期——简铭期、长铭期,加深学生对炼铜技术高度发展的理解。

语文老师指导学生翻译铭文,掌握大意,简述书法的价值,再由历史老师引导学生提取历史信息,体会文字的历史价值。回到学校,根据学生提问,化学老师讲解青铜器生锈的原理:水和氧气反应导致,并带领学生亲手实验,涂抹油、漆等物质防止金属氧化。学生们兴趣盎然,课程结束依然意犹未尽……

（三）跨界教研

1. 变革组织,突破教师跨界学习转型之困

"无边界课程"的研发与实施需要教师突破固有思维,打破学科束缚,实现"跨界"二度生长,真正成为课程的开发者、学程设计者。学校共创教师研修的愿景"在改变的时代改变自己",打破"组织僵化"和"组织边界",克服"组织惯性",在校内逐步形成了跨越学科边界的"无边界思维坊"、跨越时空边界的"酷课·创学中心组"、跨越项目边界的"科学创智 home"、跨越师徒边界的"1＋3＋N 工作室"和跨越生活边界的"青年教师创意沙龙"等形式多样的教师跨界学习共同体。此外学校利用社会资源,与高中、高校联盟,与公司、企业合作,拓宽教师眼界、加深教师学识,提升教师跨界素养和思维品质。形式多样的跨界学习群体对于促进教师团队创新,加快实现知识共享,推动教师适应性专长的发展,起到了良好的作用。

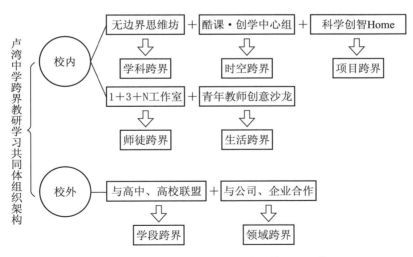

图 5-21　卢湾中学跨界教研学习共同体组织架构图

2. 丰富内容,满足教师跨界学习的多元需求

学校顶层规划,精心设计,设计了教师跨界学习素养、跨界思维训练、跨界实践

能力三个板块的培训学习内容。诸如,以促进教师的"博学与精专相统一"的跨界学习素养板块,聘请专家开设文史知识与文化传承、社会文明与世界视野、科学创新与技术革命、艺术审美与艺术创作、生态环境与地理科学等五大系列讲座课程。定期举行"跨界读书会",开设"每月讲坛",依托上海丰富的文化艺术展馆资源,有计划地开展集"讲座、参观、探究与展示"于一体的师训活动,进行实地观摩和体验,提升教师们跨界、交叉、联想、创新等思维的品质。又如,跨界思维训练模块,包括哲学思想与批判思维、柯尔特思维课程训练和热点问题的研讨分析等。更多的研修内容是第三板块跨界实践能力,立足学校"无边界课程""跨学科课程群"项目的研发与优化,立足"互联网+"时代背景下,进行信息技术深度融合课堂教学的实践,边学习、边实践、边反思、边改进。

3. 创新模式,提升教师跨界学习的效率品质

学校在实践中摸索出三种教师跨界学习的基本范式:主题派对式跨界学习、问题研究式跨界学习和体验探索式跨界学习。

主题派对式跨界学习:就像一场知识的狂欢,确定跨界学习的主题后,老师们在高强度的学术学习和 Party 式交流中,打开学习视野,激发灵感与热情,在合作、交流、共探、共享中丰富教师的知识储备,提升教师的跨学科素养。

问题研究式跨界学习:问题的提出来自教学实践,源于教师和学生在教学中遇到的真实问题。这些问题不是单一学科能解决的,需要借助各学科教师的力量共同来解决。学习前,组织者会事先收集整理大家在实践中遇到的问题,然后将问题下发给各位老师分头学习准备。跨界学习时,相关学科教师运用专业的知识和技能,解决大家的困惑,激发创新的灵感。

体验探索式跨界学习:体验探索式跨界学习的特质是有活动、多样化、高创意性,一般分为体验、交流、分享、整合、运用等环节,是理论学习与行动学习相结合的一种跨界学习方式。体验式学习让参与者运用已有知识解决实际问题。整个学习的过程是一个令人享受的过程,为参与者提供深入且意义深远的学习体验。

四、"无边界课程"的成效反思

(一) 实践效果

基于"无边界"理念的教学变革,在"整个世界都是'教室'"这一课程理念的指

导下,课堂不再静悄悄,课程品牌彰显,学校走出"同质化"的漩涡,探索着一条"无中生有、有中生新、新中生优、优中生特"的学校内涵发展之路。

学校把"无边界课程"引进课堂教学,鼓励学生在课堂里的跨界联想,跨科举例,用等待和留白给学生更多的想象空间和自由,形成充满想象、思维活跃、趣味盎然的学习氛围,引导学生借助"树木"认识"森林",综合运用多学科知识解决问题,获得成功体验,培养学习兴趣,建立学习自信,实现了跨界学习路径的创新。近年来,学生在全国和上海市各类竞赛活动中获奖达500多项。2015年、2019年上海市学业质量绿色指标测试中各学科学业成绩标准达成指数达到9级,绝大部分指标指数高于全区平均水平,并呈现了正向进步的状态。

同时,在"无边界课程"实施过程中,学校形成了由无边界学习理论为先导,从点到面,促进学校教研活动、教师发展、课堂教学、特色课程等方面的连锁改革,优化学校办学思路与实践范式,完成了优化办学模式的创新之举。

学校的"无边界课程"实践覆盖全校师生,累计开发"无边界课程"50余门,教师撰写的各级各类论文、教案、反思500余篇,在各级各类核心刊物上发表论文约30篇,先后进行了海内外、全国、市区级课堂教学展示、研讨活动百余次,学生在全国和上海市各类竞赛活动中获奖近千项。上海电视台、上海广播电台、《文汇报》、《青年报》、《劳动报》、《新闻晨报》、《中国教师报》、*Shanghai Daily* 等主流媒体先后多次对学校的"无边界课程"进行了报道。

"无边界课程"丰富了课程形态,课程的实施加强了教师的专业素养,强化和重构了教与学的方式,使学生的个性化学习成为可能。课程突破学科边界、教育的时空、校内外的藩篱,催生学生创新素养的形成,促成学生回归人的本性。学校的"无边界课程"已成为全国课程改革的新范式。《无边界行走——"互联网+"时代的课改加速度》荣获黄浦区科研成果一等奖,并作为黄浦区2017年优秀科研成果在全区进行推广应用;应运而生的专著《无边界课程:"互联网+"时代的变革加速度》和《跨界学习:教师专业发展的新境界》先后出版;"无边界思维的课程开发与实施"获得2017年上海市基础教育教学成果二等奖;"以'无边界课程'催生学生创新素养的行动研究"在黄浦区"十三五"教育综改项目评审中获得优秀;"以跨界学习提升教师专业素养的行动研究"成功立项为全国教育科学"十三五"规划2018年度教育部重点课题、中国教育学会"十三五"课题和上海市市级课题;跨界学习共同体无边界思维坊、酷课创学中心组先后被评为上海市青年文明号、黄浦区青年文明号;无边界思维坊还被授予上海市教育系统巾帼文明岗。学校成为新一轮上海市学习素养市级项目学校。

（二）深化思考

"无边界课程"的开发是一次次创意思维碰撞的结晶，是一次次跨界理念落地的硕果。当大部分人还在茫然徘徊的时候，我们已经摸索出一条适合学校实际的课改之路，激情澎湃的教师用生机盎然的课程、乐趣无限的课堂，演绎迎接未来的决心。无边界思维的课程实施，学生的学习必然要求评价方式方法的多样性。在持续推进无边界思维的课程的过程中，我们将进一步针对课程的内容、实施方式、学生表现，通过问卷访谈、评价工具开发，建立与无边界思维的课程相匹配的课程评价、教学评价、学生评价，并在评价结果的应用、完善上进一步努力。伴随无边界思维的课程的实施，健全并完善相应的教学管理制度，从而促进无边界思维的课程更有深度、更有效地实施。

（上海市卢湾高级中学　何　莉，上海市卢湾中学　张　怡）

第六节　"蓬莱小镇"课程的开发与实践

作为一所地处上海老城厢的百年老校，在新的发展时代，从着眼于培养有个性的未来社会人视角出发，创造性地建构了"小社会主题式系列综合活动课程"，形成了系统的内容框架和实施体系，为学生创造了属于他们自己的微型社会，引领了学校课程建构和育人模式的革新。

一、"蓬莱小镇"课程的提出

（一）背景和意义

1. 源于区域理念的思考：什么样的学校学生更喜欢

"办学生喜欢的学校"是上海市黄浦区教育的办学思想和办学宗旨，也是回归教育本源，从学生的立场研究学生的课题。"办学生喜欢的学校"，必须有学生喜欢的教师和同伴，有学生喜欢的环境和氛围，更需要设计和开发学生喜欢的课程。

2. 直面学校教育新命题：如何在个性与共性之间找到平衡点

在多年的教育实践中，学校致力于个性教育的研究，然而学校聚焦学生个性健康成长的调研数据显示，普遍存在"有个性的学生往往表现出不能很好地遵循规则，比较遵守规则的学生又略显个性不足"的问题。依据"在这里，我们发现未来"的办学理念，着眼于未来社会人的培养，如何培养既有个性又守规则的儿童成为学校发展的新命题。

3. 着眼学生发展新挑战：如何让孩子成为有个性的未来社会人

未来已来，传统以知识和技能为核心的育人模式必须转型，关注学生问题解决和沟通协作等关键能力是教育综合改革的方向，课程是学校教育的重要载体。然而长期以来，小学阶段课程存在"脱离学生生活经验""课程实施方式单一""课程评价重结果轻过程"等问题。未来社会人需要具备怎样的素养以及如何转变传统课程形态以培育这些素养？学校面临着新时代的挑战。

4. 引发于学生调查的新发现：为儿童创造的一个属于他们自己的小社会

2012 年，全校学生问卷调查中有一个数据引起了学校的关注，近 86% 的学生表示社会实践活动最喜欢去的地方不是公园，不是游乐场，而是"星期八小镇"。在经过了实地参观和考察后，我们发现这是一个根据儿童年龄和心理特点打造的模拟社区，儿童在参与不同职业角色的游戏过程中，经历职业体验，学会与人交流，获得价值认同，在无穷的乐趣中收获成长。"星期八小镇"给了我们课程改革的创意和灵感。

（二）拟解决的问题

为培养能适应未来社会发展的小公民，研发特色课程模式，本项目主要探索解决以下问题：

● 课程育人价值问题：如何从学校育人目标、学生生活实际和未来社会需求出发，准确定位学生素养需求，确定课程的目标和育人价值？确定哪些方面的素养以支持学生适应未来社会？

● 课程框架设置与开发问题：如何架构与之相应的并符合不同年级学生身心发展特点的课程体系？如何形成课程的模块、主题和活动系列？如何细化，并设定不同年级的培养目标？

● 课程评价问题：如何紧扣活动型课程的特征开展注重结果、更注重过程的课程真实性评价？如何设计恰当的评价要素、可行的评价工具和有效评价管理实施方案以确保课程高效落实?

● 课程管理问题:建立怎样的课程机制以激励教师参与课程建设,让学生从学校课程建设中受益?

(三)认识与思考

1. 培育学生适应未来社会所需的素养

"蓬莱小镇"课程通过创设各种真实社会情境,为学生营造平等和谐的学习情境、自由钻研的探索环境以及与人交往的合作氛围和个性发展的生长空间。在模拟的小社会中进行职业角色的体验,为学生提供了体验式学习和真实问题解决的机会,从而提升学生的问题解决能力和沟通协作等社会性能力。

2. 促进学校的特色发展和内涵发展

课程是提升学校办学品质的重要载体,是学校最重要的核心竞争力,是学校办学能力和办学水平的重要体现,也是学校内涵发展最主要、最核心的议题。因此,让课程诉说学校特色,用课程引领学校内涵发展成为"蓬莱小镇"课程的重要使命。"蓬莱小镇"课程建设的研究与实践使课程资源、教育教学和评价方式更加丰富,可以更好地彰显学校的办学特色,为学校的内涵发展和可持续发展积淀丰厚的文化底蕴。

3. 践行杜威"学校即社会、教育即生活"的教育思想

"蓬莱小镇"课程基于杜威的教育思想,把象征微型社会的"小镇"概念搬进校园,模拟社会真实情境,为学生提供选择性、适应性、发展性的学习机会和载体,满足学生个性化发展的需求,增进和丰富学生的社会性体验,提升学生的实践与创新能力。

二、解决问题的过程与方法

围绕拟解决的问题,我校从如何选择课程主题、如何组织实施与评价课程以及如何建立课程机制等角度,开始了"蓬莱小镇"课程的开发与实践。

(一)第一阶段:分析未来社会人的素养要求,明确素养培育的载体

通过文献研究,了解国内外未来社会人素养培育的内容与方法;通过问卷、访谈等,分析我校学生的现状与需求。在此基础上,明确了培养未来社会人的素养要求,并根据学生年龄和心理特点,创造性地为学生量身定做了一个属于学生自己的小社会——"蓬莱小镇",将其打造成为培养未来社会人的重要载体。

（二）第二阶段：确定"蓬莱小镇"课程目标，构建相应的课程体系

秉持"学校即社会，教育即生活"的思想，我们将"蓬莱小镇"课程划分为"我和自己""我和社会""我和未来"三大课程板块，并确定了各自的目标，同时按主题、分年级将课程目标细化，使之更加可操作、有序列。行动研究的基础上，构建涵盖45个主题的综合活动课程体系。

（三）第三阶段：探索"蓬莱小镇"课程的实施与评价方式

"蓬莱小镇"课程渗透了"做中学"的思想，体现了课程的独特价值。基于此，学校对课程的实施和评价方式进行了系统规划和整体预设，最终形成了符合"蓬莱小镇"课程价值取向的，以实践、体验、探究为主的课程实施方式，创建了关注学习过程的即时评价指标，开发了智能评价系统。

（四）第四阶段：开展"蓬莱小镇"课程的拓展与深化研究

学校通过建立相应课堂研究与管理机制积累案例，定期归纳提炼，开始了"蓬莱小镇"课程的拓展与深化研究：一是将"蓬莱小镇"课程实践成果运用于基础型课程的教学和评价；二是结合"蓬莱小镇"课程创意设计少先队活动课程；三是研究基础型课程与少先队活动课程在"蓬莱小镇"课程中的渗透。"蓬莱小镇"课程成为撬动学校课程教学整体变革的有力杠杆。

三、实践与探索

（一）着眼未来、基于需求，架构"蓬莱小镇"课程方案

1. "蓬莱小镇"课程的价值追求

"蓬莱小镇"课程围绕小社会的主题，系统构建了涵盖6大社区、45个小社会课程的框架体系，通过综合性活动内容和形式的实施，致力于培养学生广泛的兴趣爱好，满足学生个性化发展的需求，通过创造角色扮演的真实情境，培养学生独立完成每项工作的能力，增进和丰富学生的社会体验，激发学生的学习内驱力，培育学生适应未来社会发展的核心素养，为他们的终身学习和可持续发展奠基。

2. "蓬莱小镇"课程的培养目标

项目组通过文献研究，了解国内外有关未来社会人核心素养教育的内容与方法；通过问卷、访谈等多种方式的调研，分析我校学生在未来社会身心发展的现状与需求；结合学校"在这里，我们发现未来"的办学理念和"守规则、懂礼仪、有个性、

乐创新"育人目标,"蓬莱小镇"课程的目标定位为通过小镇情境的营造、小小社会人角色的体验,使学生了解和发现自己,认识和探究社会,展望和创造未来。基于目标中的"自己""社会"和"未来"三个关键词,"蓬莱小镇"课程被划分为"我和自己""我和社会"和"我和未来"三大领域,并确定了各领域的具体目标(如表5-8)。

表 5-8　各领域的具体目标

课程领域	分领域目标
我和自己	关注学生个人经验,引导学生认识自我、了解自我,培养学生挑战自我和展现自我的能力。
我和社会	提供模拟的小社会情境,帮助学生认识和探究自己身边的社会,培养规则意识,在体验中学习与同伴交往。
我和未来	注重拓宽学生的视野,培养学生发现问题、提出问题和创造性解决问题的能力,并通过职初体验为规划自身未来发展奠定基础。

3. "蓬莱小镇"课程的内容体系

首先根据学生发展需求和身心发展规律,以年级为单位,将五大年级和小镇课程中的五大社区一一对应。每个社区包括 8 个小课程,共计 40 门基础课程。2016年初在保留原有基础课程框架模式的基础上,决定打破年级壁垒,增设"混龄自选模块"即第六大社区(自由社区),至今已陆续增加至 5 门课程。在自由社区内,学生不分年级,自由选择,实行走班制教学。2017 学年,小镇课程总数已达 45 门,并将在实践中不断调整更新。

小镇课程内容及框架设计上还严格遵循两大原则:一是尊重学生意见,满足学生需求,通过调查问卷等形式全面了解学生想法;二是发挥教师特长,激发教师潜能,教师通过两两自由组合,共同提出开课申请。在综合学生"希望学什么"和老师"擅长教什么"两个层面意见的基础上,搭建起了完整的小镇课程体系。

4. "蓬莱小镇"课程的学制规划

"蓬莱小镇"全部 45 门课程分布在六个社区,每个课程学制为半个学期,每周两课时连上,每位学生一学年可选修 4 门课,课程具体操作实行网上选课,跑班上课。教师两两组合根据自己的特长和爱好选择申报小课程,接着根据自己开设的课程在整个课程体系中的坐标以及对课程内涵和外延的集体解读、讨论研究来进一步细化课程目标,界定课程内容,明确教学任务。

表 5-9　"蓬莱小镇"拓展型校本课程基本框架

板块	第一社区	第二社区	第三社区	第四社区	第五社区	自由社区
我和自己	牙病防治所	五官科医院	小镇美发厅	印染小作坊	魔方体验店	
	彩泥俱乐部	沪语小学堂	快乐小舞台	服装设计室	咔嚓照相馆	
我和社会	星星邮电局	超人魔术团	便利小超市	正义小法庭	茶艺工作坊	超能维修站 小算盘银行
	每日鲜菜场	美味中餐厅	镇健身中心	趣味棋牌室	远游旅行社	
	红色消防局	红星警察局	民族戏剧团	星光电视台	创意发饰店	
	游戏小弄堂	小园艺中心	五星西餐馆	建筑设计院	历史博物馆	
我和未来	魔法小书店	镇环保中心	小镇气象台	阿拉丁剧场	LEAD 创意 空间	电子实验室 WOW 实验室 TIA 情报局
	恐龙博物馆	镇公交公司	镇航空公司	机器人工厂	超级电影院	

5."蓬莱小镇"课程的教材研发

小镇课程坚持模块化设计,基本以一门课程 10 课时为单位。例如红色消防局的课程内容就涵盖了"淘气火宝宝""消防接线员""逃生小专家""神奇消防车"等十大不同模块;五星西餐馆课程的课程内容则包括"西餐的礼仪""英文菜单的制作""西餐厅的服务""制作小西点"等十组不同的内容。每门课程编写一本校本教材,配合课时统一是 10 讲,形式上要求图文并茂,充满童趣,内容上要求围绕目标,条理清晰,关注学生体验和经历及创造性思维的培养。目前《蓬莱小镇》系列教材已完成全套 45 本的编写工作,教师在具体的教学实践中结合课程对已完成的教材作进一步的调整和修改。

(二)凸显情境、强调实践,规划"蓬莱小镇"课程的实施路径与策略

学校成立分年级"蓬莱小镇"课程教研组,通过课堂研究,着眼于激发兴趣、培养习惯、丰富经历,形成了以实践、体验、探究为主的课程实施方式。引导教师关注学生学习的过程,淡化知识与技能习得的结果,培养学生在实践过程中发现问题、提出问题,甚至创造性解决问题的能力;引导教师注重群体活动的设计,创造学生团队之间合作的机会,培养学生在集体中遵守规则的意识,提升与人交往的能力。

1.设计课程实施路径

(1)网上选课,个性化学习。2014 年,学校搭建了小镇课程网络选课系统,选

课系统采用动画页面风格配合营造小镇的模拟情境。每个学生在入学之初,都能通过"蓬莱小镇"网站和公众号详细了解小镇课程的具体内容和活动规则。根据规则,每位学生每学年可从自己所在社区的 8 门小课程中选择 4 门。在每个学期固定的选课日,学生都可以通过该系统提前了解自己所在社区的课程内容,并根据自己的兴趣爱好选修。

(2) 混龄走班,合作学习。2016 年,在保留原有课程框架的基础上第一次打破课程的年级壁垒,增设"自选模块"——自由社区。学生不分年级,自由选择,实行混龄教学。第一次增加"电子实验室"和"超能维修站"两门课程,受到全校学生的欢迎。在 2017 年 9 月再次新增两大课程"WOW 实验室""TIA 情报局",如今自由社区的五大课程已经成为小镇"一课难求"的热门课程。

(3) 走出校门,社会实践。模拟社会情境中培养的学生公民素养到底如何,需要在真实的社会情境中检验,2014 年起,学校找到相应的校社互动、共同培育学生公民素养的有效载体,小镇课程首次打破校社壁垒。"创意发饰店""红色消防局"等课程走上南京路为市民公益服务。2016 年起,学校开发了 14 家"蓬莱小镇"小镇民实习基地,包括上海电视台、市城建院、和平眼科医院、老西门派出所等。选修这些课程的小镇民们每学期都会有一次"出差"的机会,走进真实社会检验学到的本领。

2. 创新课程实施策略

(1) 情境创设,体验时时处处

小镇情境:"蓬莱小镇"课程为学生营造了逼真的小镇情境,每个小镇民在护照的扉页写上只属于自己的镇民宣言——即作为小镇一员根据自身情况制定的自我约束条款。护照的内页则是小镇民从入学至毕业所参加的全部小镇课程的印章,记录的同时也很有纪念意义。小镇情境中打造了全体镇民应该共同遵守的规则,这些规范是从 1000 多条镇民提案中归纳、筛选、整理而成,经过投票产生 10 条组成《蓬莱小镇镇民守则》。主要规范有:前往小镇活动场所途中应轻轻靠右走;不在小镇里大声喧哗;看见比自己年幼的镇民有困难时要尽自己的努力提供帮助等。

专属标识:课程实施过程中,从学生视角出发设计了专属的"小镇护照""小镇货币""小镇存折""小镇地图"等。为了打造更真实的小镇场景,几乎所有的课程都配备了和教学内容对应的学具,如美味中餐馆的电磁炉、五星西餐馆的小烤箱、便利小超市的小货架等。2015 年 10 月,通过市创新实验室项目的申请,一辆由废旧汽车改造而成的"公共汽车教室"开进校园成为课程新基地。每门课程也都有自己的专属制服或配置,如:星星邮电局的小邮包、红星警察局的小头盔等。配合小镇教学和教育网络化的趋势,蓬莱小镇还陆续创建了"蓬莱小镇"公众号,在网络渠道进一步增强了课程的互动性。

（2）线上线下,学习无处不在

学校为小镇课程度身定制了网络选课系统,所有小镇课程都以缤纷的形式在线呈现。学校每位学生都能通过"蓬莱小镇"网站和公众号登录选课系统,并通过特色板块点击了解各类各门课程的特色和亮点,了解课程的具体内容,结合自己的个性特点与兴趣爱好,学会选择,学会取舍,这个过程本身培养了学生规划自我学习的能力。其次,完成选课后,学生还会反复查看,在课程学习开始前,就捕捉自己的兴趣点,更有学生会事先在线上了解更多相关讯息,为线下课程的学习作好充分的准备。

（3）跨界延伸,课程不断发展

小镇元素融入基础型课程:"蓬莱小镇"课程不仅丰富了学生的体验和经历,同时也悄然改变了教师的教学观念。小镇元素融入数学课,成了应用题设计中的素材;走进语文、英语课,成了拓展说话训练和作文的素材;整合美术课,孩子们用思维导图的方式表现自己心中的小镇;基础型课程综合评价,一年级学生在蓬莱小镇欢乐集市中参加综合评价活动。教师改变了原有的单一、被动的教学方式,尝试采用"蓬莱小镇"关注体验、探究和发现的课堂教学实施方式,以学生为主体的,提倡多样化学习,促进了学生学习习惯和方式的变革,实现了基础型课堂教学的转型。

小镇元素融入德育课程:利用蓬莱小镇课程资源,创意开展各种德育课程,让思想教育无痕渗透。例如"蓬莱小镇"换届选举、"小镇足球嘉年华"活动、小镇银行降息听证会、小镇上海话等级考、学生手写手绘书的新书发布会和作家签"售"活动等,让德育活动真正与学生的生活实际连接起来。

小镇元素融入校园文化建设:学校从"魔法小书店"出发鼓励学生们自创自编手绘书,每学期以"小镇新书发布会"的形式鼓励全校学生多阅读、多写作。学校门厅新搭建的活动景观"小镇丛林"、为小镇公交公司课程打造的公共汽车教室、蓬莱小镇微信公众平台和出版的小镇故事《有一个叫蓬莱小镇的地方》,都诞生于蓬莱小镇课程的活动探索。

（三）重视过程，鼓励发展，优化"蓬莱小镇"的课程评价

1. 评价内容的拓展与丰富

"蓬莱小镇"课程具有很强的综合性、社会性和实践性，因此，课程评价也需要侧重从培养学生能力的角度出发，使评价更有利于小学生综合素养的提高。这就需要打破传统的评价观，构建相应的评价指标与内容。"蓬莱小镇"课程的评价指标和内容是多维度的，关注了学生课程学习情意、课程学习能力、课程学习态度等多个视角，45 个课程的评价方案各不相同，但是从内容来看，基本涵盖了"语言表达""人际交往""空间想象""规则意识""创造能力"等方面。

2. 评价方式的改进与创新

蓬莱小镇课程的评价主体是多元的、方法是多样的，它既涵盖学生自我评价、教师对学生的评价，也包含学校和学生对教师和课程的评价。课程形成了关注学生学习过程的评价指标，开发了相关的智能即时评价系统：采用"蓬莱小镇"情境中小镇货币和银行卡记录对学生学习过程的评价；创建了关注学习过程的评价指标，开发智能即时评价系统 App，供教师根据评价大数据调整教育教学方式并开展研究，供学生自我评价和发展，便于对家长及时反馈评价数据。

四、效果和反思

（一）研究成效

1. 学生在"蓬莱小镇"获得个性化发展

"蓬莱小镇"把微型社会搬进小学校园，学生可以自主选择扮演社会角色，获得尽可能多的社会经验，"蓬莱小镇"中的"镇民"即隐含着实际社会中的"公民"的设想。四年多来，"蓬莱小镇"主题式综合课程的实施，很大程度上满足了学生个性化发展的需求，通过创造角色扮演的真实情境，培养了学生独立完成任务的能力，增进和丰富了学生的社会体验，学生的学习内驱力得到激发，为其可持续发展打下基础。问卷调查显示，98.9％的在校学生最喜爱的课程是"蓬莱小镇"。

2. 学校在"蓬莱小镇"课程建设中凸显特色

课程是提升学校办学品质的重要载体，是学校最重要的核心竞争力，是学校办学能力和办学水平的重要体现，也是学校内涵发展最主要、最核心的议题。"蓬莱小镇"课程在不断发展优化的同时，小镇元素也潜移默化地融入学校的整体发展

中，由小镇课程的推进带动学校基础型课程、少先队活动课程、校园文化建设、教师专业发展等各项工作的协同发展。同时，"蓬莱小镇"课程建设的研究与实践使课程资源、教育形式和手段更加丰富，更好地彰显了学校的办学特色，为学校的内涵发展和可持续发展积淀丰厚的文化底蕴。

3. 教师在"蓬莱小镇"课程建设中专业成长

四年多的"蓬莱小镇"课程研究过程中，教师逐渐从课程实践的层面上升到理性的课程实践思考。"在蓬莱小镇管理委员会建设中培养少先队干部职能的实践研究""整合'蓬莱小镇'课程资源，优化数学课堂教学的实践研究""基于'蓬莱小镇'课程的小学生创意作文教学实践研究"等13项课题被立项为市区级科研项目。"蓬莱小镇"成了学校教育教学科研的主要关键词，助推教师专业成长，推动学校的综合发展。

4. "蓬莱小镇"课程获得良好的社会效应

"蓬莱小镇"曾获上海市教育系统精神文明创建特色项目、上海市课程领导力项目、上海市小学法治教育特色项目、黄浦区区域共享特色课程等称号。学校获上海市文明单位、上海市教师专业发展学校、上海市未成年人思想道德建设先进单位等荣誉。

"蓬莱小镇"课程自开发实施以来，《解放日报》《文汇报》等主流媒体、《中国教师报》《上海教育》等教育媒体都曾先后对"蓬莱小镇"课程作专题报道，对小镇课程的模式予以充分肯定。英国和中国澳门、北京等国际国内教育同仁曾多次来到"蓬莱小镇"实地考察学习，自编的"蓬莱小镇"课程教材、出版论著《有一个叫"蓬莱小镇"的地方》广受欢迎。近年来，青岛"和美小镇"课程、珠海"创想城"课程、安徽"稻香村"等课程都是"蓬莱小镇"课程研究成果的推广。

（二）反思与展望

1. 进一步优化"蓬莱小镇"课程管理制度，确保课程的有序推进

"蓬莱小镇"课程本质上是校本课程。由于参与课程开发的主体多元、课程门类多样，从课程建设的规范性与课程品质保障的角度，需要建立起相应的课程管理制度，主要包括课程规划和决策系统以及课程开发、课程实施、课程评价等方面的制度和规章的优化。

2. 以学校空间设计为依托，推进学校文化建设

"蓬莱小镇"课程建设需要相关硬环境的建设作为支撑，甚至是将学校空间本身

作为课程来建设,将"蓬莱小镇"课程所蕴含的文化因素融入学校硬环境建设中。为此,我们将通过研究,创意增设适应于未来学校发展需求的现代教学硬件,通过校园环境改造和学校文化创意设计,让学校成为可以自由、安全享受学习的乐园。

如果说根据学生的兴趣爱好开发的主题式综合课程是"蓬莱小镇"课程的 1.0 版,根据学校办学理念、培养目标并融入学生发展的核心素养是"蓬莱小镇"课程的 2.0 版,那么,将小镇元素融入学校的整体发展中,由小镇课程的推进带动学校整体发展,即为"蓬莱小镇"特色课程的 3.0 版。为此,我们将进一步研究,以"蓬莱小镇"课程的研究与实践为着力点和生长点,引导学校各项教育教学工作整体协同发展,将小镇元素融入学校整体,进一步促进学校内涵发展。

(上海市黄浦区蓬莱路第二小学 余 祯)

第七节　满足儿童需要的个别化教育探索与实践

自 20 世纪 90 年代起,上海市黄浦区思南路幼儿园以研究"儿童需要"为起始,将"以幼儿发展为本"的教育思想转化为符合本园实际的、具有操作性的、系统的保教工作实践,不断深化对课改的观念认识,不断追求满足每一名幼儿需要的个别化教育课程探索与实践。

一、背景与意义

（一）教育需尊重每一名幼儿的发展需要

如何满足每一位幼儿的发展需要,探索适合幼儿的学习方式是幼教人需要不断破解的难题。以往,围绕着"教师为主"的教育教学将多数幼儿纳入"按共同目标、学统一内容、用相同速度、达唯一评价标准"轨道中,幼儿的学习状态与其学习特点相矛盾。如何真正尊重幼儿的个体差异与发展需要,探索幼儿学习方式与发展途径的多元化,成为课程改革的重中之重。

（二）课程改革导向关注幼儿发展规律

自 20 世纪 80 年代中期至今,上海市学前教育课程改革前后历经了三个发展阶段。从改革的发展轨迹来看,现代课程改革正着力体现"人"的发展,即课程凸显

"以幼儿发展为本"的理念,当前世界课程改革的趋势也更加强调以学生为中心的学习,倡导教学应提升学生的"个性"。对幼儿园课程改革的探索也着力于如何尊重幼儿发展规律,如何使幼儿的学习活动更适合每个不同个体的发展需要和"最近发展区",从真正意义上实现儿童的自主建构与自主发展。

（三）理念到行动的落实催生个别化教育探索

教育如何关注到每一个幼儿,如何满足每一名幼儿的发展需要,如何在课程实施中将"以幼儿发展为本"的理念与"丰富幼儿活动组织形式"的实践有机结合,如何推动教师看见幼儿独特的学习特点、直面幼儿的个体差异、创设有助于每一名幼儿发展的环境和活动,是教育改革的必然要求,也是我们对课程实践的持续探索方向。

二、思考与认识

（一）对个别化教育的实践理解

研究过程中,我们持续开展了对"个别化教育"的文献研究,从中可以看出,个别化教育的对象首先聚焦特殊儿童,如美国 1975 年就首次提出要为每位接受特殊教育的残疾儿童制定个别化教育计划（IEP）[①]。但随着实践的发展,个别化教育的内涵越来越丰富,已经扩展到面向所有儿童。此外,已有研究中提到的个别化教育或教学,更多的是针对学校层面的学生,有一些国内外中小学也已经开始了对个别化教育的实践探索。然而,幼儿园阶段对个别化教育的关注和研究还较多地停留在理论探讨层面,需进一步在实践中丰富个别化教育的研究成果。

基于对文献研究和多年实践基础,我园初步形成了对"满足幼儿需要的个别化教育"的实践理解。我们认为"满足幼儿需要"就是在"思优"理念下,教师仔细观察幼儿,发现幼儿在一日生活中感到某种缺乏而力求获得满足的心理倾向（需要）,并努力进行辨别、转化和追随幼儿的需要,创设条件,提供支持,最大限度地满足每一名幼儿通过直接感知、实际操作和亲身体验获取经验和发展。我园所研究的"个别化教育"并不是指一对一的个体教育,而是指在课程改革实践中,教师充分尊重幼儿的个体差异,基于对幼儿的需要、经验、思维和学习方式的观察分析、识别判断,设计与实施满足不同幼儿需要的活动方式、教育环境和幼儿园一日活动,真切关照

---

① 辛伟豪,刘春玲,董鸣利.2004 年以来美国个别化教育计划研究热点[J].中国特殊教育,2018
（5）:56—62.

每一天、每一个活动中,每一名幼儿的潜能开发和个性展露。

(二)研究过程与方法

1996 年,思南路幼儿园开始了幼儿园课程改革的历程,始于对一个问题的聚焦:当教师每天面对各种各样的孩子,每天面对孩子的各种行为,如何寻找对孩子行为的恰当解释? 如何从孩子的言行中辨别他们的真实需要? 20 余年来,思幼教师不断探索"应该为幼儿提供什么样的教育",通过 5 个连续递进的课改方案,逐渐形成了满足幼儿需要的"思优"课程体系。

阶段一:对儿童需要与教育的研究。聚焦"什么是儿童的需要",我园开展对幼儿行为的观察分析,研究让教师把眼光转向孩子,理解不仅仅要在情感上关注孩子、热爱孩子,更要科学地了解孩子。解决了"落实以幼儿发展为本"的理念转化问题,奠定了科学的实践基础。

阶段二:满足儿童需要的活动样式创新。突出了二期课改"研究幼儿的学习方式",我们进行幼儿园一日活动样式的创新研究,从研究区域材料的个体学习、生活自助活动,到研究幼儿个性化表达的"儿童计划书"等活动样式,转变幼儿的学习方式与教师的教学方式,开发了园本化的、平衡四类活动的幼儿个别化、小组合作、集体的多种样式的活动系列,将教育要求转化为幼儿的活动需要,回归"幼儿园一日生活皆课程"的本源。

阶段三:幼儿园一日活动的整合。建立一日活动"活"的流程,在一日活动中创造机会与条件,确保每个幼儿的需要都能得到满足。进一步完善园本课程设置的统整性安排、四类活动的时间配比、各年龄段一日活动流程指导参考用书的选择、课程资源的配置与运作,以及对各类保教计划制定的循序内容及提示,构建了以"细化操作、序化流程、活化环境"为主要特征的"思优"活动体系。

阶段四:幼儿个体学习经验的评价研究。聚焦"幼儿在幼儿园保教活动中到底发展了什么",我们进行了对幼儿园保教质量自评的探索,形成了一系列的观察评价工具,利用信息技术,创建了保教质量过程性评价的数据库,做实了"三档一体"的儿童学习与发展的档案研究。研究将观察评价纳入教师专业实践的重要部分,让教师对幼儿个体学习的设计力得到提升,构建了思南路幼儿园课程体系。

阶段五:个别化教育的整合与优化研究。我们在课程实践中进一步立足真实的活动情境和现实的教育问题,着力研究幼儿行为背后的内在需要和心理机制,在观察辨别、聚类分析的基础上,将个别化教育的理念与行动融入幼儿园一日活动各个环节,激发幼儿主动学习的潜能,让每个幼儿都能获得属于自己的活动经历与体验。

对儿童需要和个别化教育的不断研究,让我们不断深化对教育过程中的方式与方法的思考,让教师真正做到关注每一个幼儿。

三、实践与探索

在思南路幼儿园课改历程中,我们始终坚持对儿童需要的研究,坚持对幼儿个体学习的研究,为每个幼儿在一日活动中尽兴地探索和有意义的思考提供机会和条件,并形成了丰富的实践成果。

(一)关注每一名幼儿发展的“思优”课程实施方案

1. 坚守“满足儿童需要”的课程理念

多年实践,始终聚焦对“儿童需要”的研究,园本化地落实了上海二期课改“以幼儿发展为本”的核心理念,并在持续行动中,不断补充、扩展、建立以幼儿需要理论为基础的“思优”教育价值观体系,包括:

“思优”教育观——教育,从辨别孩子的需要开始;

“思优”儿童观——儿童的需要是合理的,儿童的需要是要发展的;

“思优”课程观——满足儿童发展需要,科学有序实施教育;

“思优”质量观——儿童需要高满足。

不断深化的课程价值观,让保教实践有了清晰的价值指引,将关注幼儿的发展需要和成长体验作为保教活动的核心,最大限度满足和支持每一名幼儿需要。

表 5-10　思南路幼儿园课程结构示例

课程类型 ＼ 活动形态		个　别	小　组	集　体
生活	小班	按需要选择进餐 (筷子桌和调羹桌、 大口宝宝) ……		盥洗课堂
	中班	结伴进餐 ……	小当家服务	盥洗课堂
	大班	自助午餐 ……	值日生工作台 ……	小能人俱乐部 ……

续表

课程类型＼活动形态		个　别	小　组	集　体
运动	小班	健身自助区		主题运动 （运动游戏、逃生演练） ……
	中班	健身自助区		操节律动 ……
	大班	健身自助区	运动大本营	主题运动 （运动游戏、逃生演练） ……
游戏	小班	玩具屋 ……	结伴游戏 （好朋友一起玩）	
	中班	嬉戏玩耍 ……	主题游戏 ……	
	大班	儿童木工厂 ……	表演游戏 ……	
学习	小班	区域学习 ……	主题活动 ……	教学游戏 ……
	中班	每日一学 ……	好朋友计划书 ……	分享谈话 ……
	大班	儿童工作室 ……	探索型主题活动 ……	集体教学 ……

2. 整合课程结构，践行"一日生活皆课程"

基于对"幼儿园一日生活皆课程"的实践认识，对"思优"课程结构进行整合，将幼儿园的四类课程细化为幼儿的参与方式，揭示课程类型和活动形态之间的有机联系，而不是简单地活动叠加或拼接。"思优"课程结构以"活动"为基本单位和逻辑起点，以生活、游戏、运动、学习为基本的课程类型，每个课程类型中又包含了个别、小组、集体三种活动形态，并体现不同年龄段的课程实施差异。同时，每一种活动形态都通过学习内容与活动样式的整合产生不同功能的活动来构成幼儿园的活动设置，并与课程目标所指向的共同生活、探索世界、表达表现的经验领域相吻合。

3. 研制一日活动动态流程

在遵循课程与活动时间安排基本原则的前提下,我们尝试打破以"日"为单位进行课程与活动的时间比例安排的惯性思维,以"周"为单位,采用"课程菜单"的形式,对一日活动流程和活动时间比例进行"弹性化"安排。"弹性"包括两个方面:一是指打破"自上而下"的统一时间安排,课程与活动时间的安排满足幼儿个性化发展的需要;二是不再以"年级组"统一进行时间安排,班级具有对本班一周活动时间安排的自主权。一日活动的动态流程让教师的课程实施更能满足本班不同幼儿的实际情况与个性化发展需要。

(二)支持幼儿个体学习的课程样式创新

在持续的课程改革实践中,我们着力研究幼儿的学习方式和个性化的学习需求,并提出了以个别化教育为主,满足幼儿多种活动感受的课程实施模式。教师在教育过程中针对幼儿生成的问题,进行富有创意的设计与再设计,创新满足幼儿不同需要的物化环境和活动样式。

1. 发现幼儿个体学习方式的探索型主题活动研究

我园作为 6 个试点园之一,参与了上海市探索型主题活动研究,并以此为契机,开始尝试研究适合幼儿特点的学习方式,进行了幼儿园活动样式创新研究,并尝试个体、结伴、小组等不同的探索型主题活动组织形式,形成了"快乐园餐厅""娃娃播新闻""小当家服务队"等探索型主题活动样式,进一步丰富了思南路幼儿园园本课程。研究让教师发现不同幼儿之间存在千差万别的内在需要,幼儿是按照各自不同的速度与方式,在活动中分别达到各自的"最近发展区"。研究让我园教师的观念发生了极大的改变,明确了幼儿学习方式多样性和个性化学习的可能性。

2. 指向个体经验形成的区域学习活动创新

我园在上海率先开展了对区域学习的探索,并率先在幼儿园一日生活中固定这一课程样式,确保幼儿每天拥有个体区域学习的机会与条件。多年来,我们进行了指向区域学习材料设计与实施的序列性和系统性的研究,并在实践中总结出区域学习材料开发的三种设计途径:原创材料研发、真实物可"玩"性的功能开发、现成玩具附加功能的研发。为了进一步帮助教师理解"什么是好的区域学习材料""如何进行对区域学习的个体观察",我们编制了园本化的《幼儿园区域学习活动设计与实施指引》,主要包括四方面内容:深入解析幼儿园区域学习活动对幼儿发展的意义，明确个别化学习活动的价值导向；从区域划分、材料设计、材料投放三个因素入手为教师提供实施指南；为教师呈现活动实施的"重点和难点"；通过提供"幼儿行为的观察要点"引导本园教师发现幼儿建构经验的过程，聚焦幼儿的学习品质，尊重幼儿发展的个体差异。

支持幼儿个体学习的课程样式探索和先行先试，带来了我园幼儿、教师与课程上的两种转变：幼儿园的学习活动从单一的集体教学转变为个别化学习与集体教学的并存；教师教学方式从自上而下的教授转变为支持幼儿建构与生成。教师重新定义幼儿的学习方式，注重发现幼儿之间的个体差异，支持幼儿的主动探索学习，使幼儿的需要在与材料的互动中得到满足，同时也让教师更系统地思考和关注幼儿的认知发展、学习习惯及情感、态度与各种心理品质。

（三）满足每一名幼儿需要的教育行为优化

"思优"教师基于对幼儿个体学习方式的深入理解，在课改实践中不断优化自身的教育行为，积累了大量有价值的经验与亮点，将"满足幼儿需要"的课程理念真正落实在幼儿园课程实施的各个环节，落实在教师具体的教育实践中，形成了思南路幼儿园教师的专业特质，凸现了具有"思优"特征的课程文化。

1. 满足幼儿需要最基本的方式是能让他做出选择

每个幼儿有着不同的需要，满足需要首先要为每个幼儿提供足够充分的选择机会。在思南路幼儿园一日活动中，教师至少在 5 个环节创设丰富、多样、多功能、具有自由选择度的环境和活动，保证每一名幼儿每天有适当的自主选择和自由活动的时间，如午餐时选餐桌、午睡时选小床、游戏时选同伴、活动时选老师等。通过尝试、比较、辨析等思维活动，激发幼儿在活动中认识事物的兴趣，从而满足表现的需要、好奇的需要、探究的需要，增强幼儿的自我认同感，产生"我能行"的自我效能感。

案例 1：午餐时的"选择"

小班教师针对幼儿进餐时的不同困难，创设了"河马桌""小兔桌""老虎桌"等各种"小动物餐桌"的进餐环境，让孩子们逐步适应在园进餐。基于中班幼儿强烈的交往需要，教师创设了各种"好朋友餐厅"，支持幼儿自选同伴进餐。大班教师设计了"能选择、多角色"的进餐活动——"快乐园餐厅"，幼儿可选择扮演"服务员"或"小顾客"，自选"自助"或"互助"的用餐方式，满足不同幼儿独立的需要、秩序的需要和求成的需要，让幼儿逐步养成良好的进餐习惯，也提高了其自我服务、自我计划、大胆表达的能力。

2. 将教育要求转化为每一名幼儿的活动需要

我们认为每一名幼儿都是独特的、主动的、有能力的、有创造力的学习者,幼儿在"模仿与操作、探索与发现、表达与表现"的过程中建构个体经验。因此,在"思优"课程实践中,教师为幼儿创设了丰富的直接感知、体验和操作的环境,把教育要求巧妙地转化为孩子的需要,设计贴合幼儿的活动展开方式和幼儿参与方式,充分满足每一名幼儿的需要。

案例 2:魔力方块

在大班区域学习活动中,教师提供了"好玩的积木块"学习材料。但在实际操作中幼儿发现积木可以"玩"出很多花样,他们及时提出自己的问题与想法,于是"魔力方块"应运而生。教师针对幼儿生成的兴趣,提供了"不倒的方块""色彩拼拼乐"等操作材料;还增设了"移动式安全平面镜""数码帮帮车"等可动、可视、可变的材料,进一步激发了大胆想象与创造的兴趣,延长了操作过程,改变了操作行为,让幼儿获得更多成功的体验。

3. 使学习成为幼儿尽兴的探索和有意义的思考活动

教师尊重每一名幼儿不同的经验、学习方式和思维方式,支持幼儿开展多种形式、持续不断的、尽兴的探索和有意义的思考。教师与幼儿形成合作的、探究式的师生关系,为幼儿提供多样的学习环境和学习机会,支持幼儿以各种方式验证自己的假设,自己得到结果和找到答案,激发幼儿的内在需要和动机,孕育自主学习能力。

案例 3:大树上的洞洞

幼儿园里有一棵歪脖子树,大树上有许多不同大小、不同形态的树洞。这引发了孩子们一连串的想象和创造:"瞧! 我看到了一只老鹰!""这是老鹰的头,那是老鹰的眼睛!""不像不像!"有孩子失望地望着老师。

于是,大树下出现了一个材料箱,材料箱里有树叶、羽毛等一些孩子捡到的物品。幼儿再次参与的时候,他们发现了这些材料,于是,幼儿拿起这些材料,将手高高地举起:"看,老鹰!"孩子们接着围着歪脖子树,四处查看、寻找,找到了很多其他的洞,树洞上的"动物"也越来越多。

(四)探索关注每一名幼儿需要的课程评价与质量保障机制

聚焦每一名幼儿"在幼儿园保教活动中到底发展了什么",我们在实践中努力突破对幼儿发展的经验性判断,推进保教质量评价研究,建立动态发展、关注幼儿个别化需要、提升质量的课程保障机制。

1. 追随幼儿个别化活动经历的"五步式"实践路径

基于对思幼课程优化研究的丰富实践,我们梳理总结了教师对幼儿个别支持的"五步式"实践路径(材料提供—观察识别—经验分析—个别支持—反思调整)。遵循这五个步骤,教师不断追逐幼儿的活动经历和发展过程,进行连续不断的设计与再设计。"设计"不仅包括具体课程实施的目标、环境、材料等创设,还包括教师自身的角色、行为、指导技术以及教育评价等。"再设计"是指教师源于每名幼儿不断发展的问题和经验进行连续的设计,并且是反映教育过程的设计,是一种与儿童共同建构课程的过程。目前,"五步式"实践路径已成为我园教师个别化教育实践的操作蓝本,为真正培育具有"观察—识别—回应"专业能力的教师奠定基础。

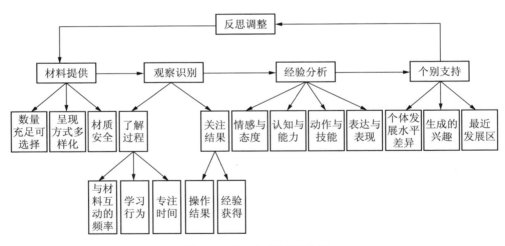

图 5-22 "五步式"实践路径

2. "固化与动态"相结合的个体成长档案机制

"思优"教师从研究"儿童需要"起始,已经坚持近 20 年开展对幼儿行为观察、记录、解读的实践探索。每一名幼儿在园 3 年期间,每个学期都有一本属于自己的"幼儿成长档案"。一方面,我们已形成以幼儿基本经验为线索、相对固定的个体幼儿行为分析框架,从"共同生活""探索世界""表现表达"三个经验领域架构,既体现幼儿发展的全面性,也呈现每一名幼儿的"发展轨迹"。另一方面,

"动态"指向证据采集和班级活动改进,幼儿成长档案不设统一的模板,体现每一名幼儿经验形成从无到有的过程。教师基于对个体幼儿行为的观察分析,突破单一的活动优化,而从整体课程的角度,实现班本化课程"设计—实施—改进"。幼儿成长档案既是我们对园本课程实施情况的证据分析来源,也是对教师专业发展情况的分析依据。

四、成效与反思

坚持 20 余年的"满足儿童需要的个别化教育探索"促使我园获得整体上的长足发展,不仅革新传统的幼儿园教育活动样式,而且真正实现幼儿、教师与园所发展的和谐统一。

（一）研究成效

1. 让每一名幼儿获得属于自己的学习经历

满足儿童需要的个别化教育探索基于儿童发展为本的教育价值观,以了解、尊重每一名幼儿的需要、学习方式、个性特点、发展水平为前提,让幼儿获得属于自己的学习经历,有助于提高幼儿的学习品质,开发学习潜力,培育综合素养,彰显健康个性。

2. 促进教师观念与行为的转变

研究让教师的教育观念和实践发生了根本性转变,教师开始走近、观察、研究眼前活生生的幼儿,观察每个幼儿的兴趣与需要,了解其原有经验和水平,进而有效满足个体需要、支持幼儿自主学习,实现了教师"以儿童发展为本"的理念与行动相统一。我园也由此形成了"不断研究儿童、追随儿童"的园所文化,教师队伍整体呈现"善于观察、再设计能力突出"的专业特质。

3. 不断扩大"思优"教育影响力

研究有效促进了我园保教质量的提升,个别化教育的实践成果获得基础教育国家级教学成果二等奖、上海市教学成果特等奖等多个奖项。我们积极开展不同层面的成果展示和科研成果的转化与推广,研究形成大量应用性成果,解决教师实践操作困境,为广大幼儿园提供实践样例。2017 年 9 月,思南路幼儿园牵头成立了"思优"个别化教育集团,携手黄浦区、崇明区 7 所幼儿园共同深化对"尊重儿童个体发展"的课程研究,进一步辐射"思优"个别化教育方式,推动区域保教质量的整体提升。

（二）研究展望

回顾个别化教育探索之路,展望幼儿园课程改革继续深化的未来,我们还需在以下两方面进一步完善与改进。

1. 积极回应育人要求,进一步深化课程内涵发展

我们要积极回应新时代教育全面育人的要求,对幼儿作更为精准的定位和分析,延续和推进对个别化教育的研究,从更加关注人的全面发展、个性发展和终身发展的视角进行课程探索,更深入地诠释"思优"的内涵,让课程的实施方式能惠及每一名幼儿。

2. 拓展办园服务功能,进一步提高开放辐射水平

进一步扩大办园的开放度和影响力,继续推进集团化办学,更大范围地体现"思优"价值引领,进一步拓展办园的服务功能,将幼儿园发展置于更宽泛的背景中,提升"思优"教育品牌的影响力,立足黄浦,领先上海,走向国际,发出"思优"声音,讲好"思优"故事,传播好"思优"文化。

我们将持续探索,真正做到关注每一天、每一个活动中的每一个幼儿的发展需要,努力实现更为公平而有质量的教育。研究,我们始终在路上。

（上海市黄浦区思南路幼儿园　吴闻蕾）

第八节　面向未来的现代职业学校办学创新与实践

随着上海进入创新驱动发展、经济转型升级攻坚期,特别是人工智能、互联网、大数据、5G 技术发展气势如虹,渗透到社会各个领域和环节,改变了我们的工作方式和生活方式,上海区域经济社会持续转型对职业教育也提出了新要求。上海职业教育已经开始走上转型发展的道路,需要形成适应发展需求、体现终身教育理念、职业教育与职业培训融合发展,满足多样化和差异化需求的开放、跨界、融通的现代职业教育学校。上海市商贸旅游学校在教育综合改革实践中,针对面向未来学校转型发展的瓶颈问题进行了理论探索和实践研究,积极参与国家职教体系建设、自身转型发展,担当新的教育使命。以改革再出发、再突破,形成新机制、产生新势能,形成一个面向未来的全新职业学校。

一、背景与意义

（一）上海创新驱动转型发展要求加快形成现代职业教育体系

国家实施创新驱动发展战略对职业教育提出新定位,党中央、国务院把加快发展职业教育作为国家实施创新驱动发展战略的重要支撑。①随着上海进入创新驱动发展、经济转型升级攻坚期,"五个中心""四大品牌"建设进入新阶段,特别是人工智能、互联网、大数据、5G 技术发展迅猛,许多行业的从业人员正在被高新技术所取代,上海区域经济社会持续转型对职业教育也提出了新要求。如何应对人工智能、物联网崛起给劳动力市场带来的巨大冲击? 这要求职业教育必须面向未来转型发展,形成适应发展需求、体现终身教育理念、满足多样化和差异化需求的开放、衔接、融通的现代职业教育体系,支撑上海新产业、新技术、新业态、新模式的发展。

为加快发展上海现代职业教育,建设现代职业教育体系,推进上海市职业教育改革发展,上海发布了《上海现代职业教育体系建设规划（2015—2030 年）》。《职教规划》对上海职业教育发展提出了更高更新的要求,迫切需要我们对职业教育改革的问题再认识、再设计、再深化,促进学校发展内在动能、外在形态和发展格局再创新变化,"加快发展现代职业教育,推进产教融合、校企合作,大力培养高素质产业生力军。要围绕扩大教育开放深化改革,加强国际教育资源的本土融合创新,推动上海教育经验更好走向世界"。

（二）现代职业教育体系构建需要职业学校推进现代学校制度变革

"未来已来,学校将面临转型"。现代学校制度是大工业时代的产物。面对当今社会网络化、信息化、智能化、个性化的发展,我们的教育已经无法适应。渴望教育变革,呼唤未来学校,已经成为当今教育的最强音。②未来的学校将是终身教育理念的真正实践者。正如朱永新教授提出,未来学校的形态会发生根本变化,传统

---

① 上海市教育委员会.关于印发《上海现代职业教育体系建设规划（2015—2030 年）》的通知［EB/OL］. http://www. shedu. net. cn/shedu_new/data/shouye/20151229145214_44. html, 2017-03-05.

② 朱永新.未来已来,学校将面临转型——关于未来学校的研究综述［EB/OL］. http://fund.cssn. cn/xspj/jgpj/201901/t20190103_4805773.shtml?COLLCC＝2829479538, 2017-03-05.

意义上的学校(school)会转型为新型的学习中心(learning centre)：从学习中心的内在本质来说，它会走向个性化；从学习中心的外在形式来说，它会走向丰富化；从学习中心的时间来说，它会走向弹性化；从学习中心的内容来说，它会走向定制化；从学习中心的方式来说，它会走向混合化；从学习中心的教师来说，它会走向多元化；从学习中心的机构来说，它会走向开放化；从学习中心的目标来说，它会走向幸福化①。

上海职业教育已经开始走向转型发展的道路。上海现代职业教育体系的构建需要进一步优化中等职业学校布局，鼓励特色办学②，更需要职业学校创新办学思路，建设面向未来的体现终身教育理念、职业教育与职业培训融合发展，满足多样化和差异化需求的开放、跨界、融通的现代职业学校。

（三）上海市商贸旅游学校以改革再出发、再突破

上海市商贸旅游学校用终身教育的理念重新定义职业学校，打破职业教育与普通教育、社会教育的壁垒，运用"平台"思维推动办学模式转型，由参照普通教育向企业社会参与、专业特色鲜明的教育类型转变，推动学校系统化的结构改进、组织的平台化转型，增强服务社会能力，以改革再出发、再突破，形成新机制、产生新势能，形成一个面向未来的全新职业学校。

以学校为"平台"，注重发挥多元主体作用，特别是行业龙头企业深度参与，从单一中职学历教育到构建出学历教育、社会培训、中小学生职业体验教育的生态链，使教学链、产业链和利益链形成有效连接，打造一个多主体共赢互利的生态圈。构建面向未来的现代职业学校是对传统学校组织形态的扬弃，符合未来职业学校转型发展趋势。

二、思考与认识

未来已来，打破传统学校格局，转型是新时代的迫切要求。上海市商贸旅游学

---

① 朱永新.未来已来,学校将面临转型——关于未来学校的研究综述[EB/OL]. http://fund.cssn. cn/xspj/jgpj/201901/t20190103_4805773.shtml?COLLCC＝282947953&., 2017-03-05.

② 上海市教育委员会.关于印发《上海现代职业教育体系建设规划(2015—2030 年)》的通知 [EB/OL]. http://www.shedu.net.cn/shedu_new/data/shouye/20151229145214_44.html, 2017-03-05.

校一江两岸的两个校区横跨上海经济腹地，如何在上海 CBD 地段坚持特色办学，办成一所"现代化""精致化"的职业学校是学校多年来一直不断思考的问题。由于职业学校的特殊性，学校必须走进社会、走进企业才能真正培养出符合企业需求的高素质应用型技术技能人才。因此，学校也勇于尝试创新实践，坚持开门办学，与企业紧密合作，积极主动融入社会。例如，深入挖掘高端企业资源合作共建人工智能服务专业；开展高端国际合作办学，创办首家上海蓝带厨艺学校；首创"职业体验日"活动，让学校走出校门为社会服务，获得上海市中小学生的青睐等。

但是，面对未来学校的大规模转型，学校必须从理论高度提升学校治理和办学模式，创新转型发展。学校不断总结办学经验，在实践中寻找理论突破。"平台"是十年来最成功的商业模式，把平台思维运用到现代职业学校治理能力建设之中，利用平台思维推动学校办学创新和改革，将平台概念引入教育管理，也是现代学校管理制度的探索与变革。

三、实践与探索

学校把平台思维运用到学校治理中，把"人的发展"作为学校的文化内核，制定战略性规划，坚持问题导向，寻找"痛点"，连接"资源"，进行系统化的结构改进，提升整个系统的能力，形成新机制、产生新势能，支撑、推动内涵发展。

（一）打造协同化的创造平台，推动学校治理模式转型

把平台思维运用到现代职业学校治理能力建设之中，把为师生"赋能"、促进人的发展作为学校治理的中心环节，进行组织的平台化转型。以"合心党建""三全育人""和乐文化"建设为抓手，围绕"五育并举"，培养"有能力的好人"和提升"核心素养"，以内外部评价为助推器，实现学校发展与师生发展的统一，增强师生对学校制度的认同感、融合度和支撑力。

首先，打破学校内部的水平边界，建立新的体现职、责、权的分工协作管理"平台"，引进竞争机制，形成更加开放、合作和柔性的组织结构，形成以创新为导向的赋能机制、激励机制，实现学校繁荣与主体发展的统一。同时，打破学校内部的垂直边界，打造"平台＋团队"的组织模式，重视"项目领导者"的培养，给予创新"团队"足够的自主空间，建立新的支撑平台，形成自下而上的内部创业精神，发挥"竞争优势"对个人和学校的积极影响，使学校与个人发展目标趋同。

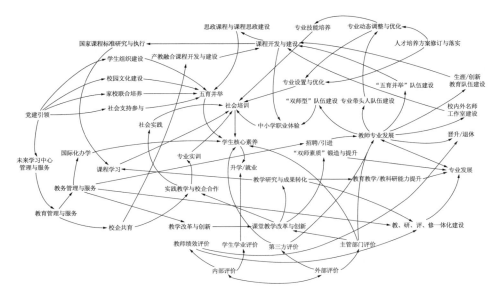

图 5-23　组织平台化转型示意图

　　其次,打破学校外部边界,改变管理行为和价值判断,连接各种资源,调动更多"利益相关者"深度参与人才培养全过程,构建"共享"平台生态圈;建立教育评价机制,邀请"第三方"参与,完善"德技并修、校企共育"的育人机制,着力培养学生的工匠精神、职业道德、职业技能。

　　最后,推动组织模式创新,变矩阵式管理为扁平化管理,突破次序、等级结构的界线,突破部门和职能职责的界线,变分散管理为集成管理,变部门管理为部门服务,缩短管理通道和路径,扩大管理的宽度和幅度;通过建立相应的沟通机制,保证组织架构转型顺利进行,进而提高各专业对接企业、院校的积极性和连接市场的效率和竞争力。

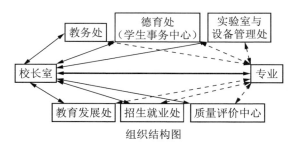

组织结构图

图 5-24　扁平化管理组织结构图

（二）打破职业教育与普通教育、社会教育的壁垒，积极打造"未来学习中心"

坚持开放办学，把学校的地域优势转化为办学优势，确立学历教育、中小学生职业体验、社会培训"三位一体"的办学定位。积极参与现代职教体系建设，积极推动中高、中本贯通的培养研究，形成纵向衔接的贯通培养机制；用终身教育理念调整办学定位、发展走向，着眼"类型教育＋层次教育"属性，打破封闭的发展观念和办学格局，职业教育、职业培训并举并重，打造定制化、个性化、弹性化、多元化、信息化的"未来学校"。

首先，重点推进中本贯通专业点建设，持续提升中高贯通培养质量，完善贯通培养机制，使贯通培养成为各专业人才培养的重要模式与方向；重点推进普职融通探索，联合中小学开展劳动教育、职业启蒙、职业认知、职业规划教育，带动教师发展、课程改革、学校管理等的全面创新；重点推进职业技能培训，与具备条件的企业开展培训方面的合作，主动服务人民群众高品质生活需求和职业技能提升行动计划。

其次，依托市级现代商贸开放实训中心，建设上海首个集中、固定的中小学生职业体验中心，形成"FAIR营销节""蓝带美食节""国际木工邀请赛"以及暑期"职业小达人"四个品牌项目；推进"文化雅集"建设，使"文礼书院""文化创意中心""博物馆课程中心""海派餐饮文化传习中心"与"中小学生职业体验中心""中职学生创业指导站"形成有效互动，成为集职业启蒙、职业认知、非遗传习、创新创业、劳动教育于一体的综合性职业体验中心，成为定制化、个性化、弹性化、多元化、信息化的"未来学习中心"。

最后，以"文化雅集"为载体，建立更多人际交往关系，扩大社会影响力。加强"文化雅集"顶层设计和统筹谋划，加大开放办学力度，全校"一盘棋"，集中力量抓好"四个中心"建设，拓展新的发展空间，推进"文礼书院"建设，借鉴书院学习方式，打造"中国传统文化"品格风貌，聚焦江南文化、海派文化、红色文化、非遗文化等主题展开交流活动，在弘扬优秀传统文化的同时，让学生意识到自己身上的责任；推进"文化创意中心"建设，成为文物、美术、营销、旅游、烹饪各专业跨界融合、独具特色的专业发展平台，包括创业指导中心、博物馆课程中心、各个文创社团等，使学校创新集群平台，提升办学品质、人才培养质量、扩大社会影响力；推进"中小学生职业体验中心"建设，持包容性、开放性态度，联合多方优势资源，形成50门稳定课程，30本规范教材，特别是邀请各方专业人士参与"非遗"课程建设，更好发挥"大世界非遗传习教室"作用，与时俱进、推陈出新；推进"海派餐饮文化传习中心"建设，充分发挥"上海蓝带"的平台功能，将书画、曲艺、文创等诸多中国文化元素融为一体,参与"一带一路"建设,持续提升学校"国际化"水平。

(三)建立深度融合培养途径,落实产教融合人才培养机制

在产业迭代周期越来越短的情况下,改变提高学校教育质量的着眼点,注重发挥多元主体作用(职教集团、行业协会、企业、高校),特别是行业龙头企业深度参与,让企业与学生直接互动,使教学链、产业链形成有效连接,提升服务行业、企业和高校的能力,完善"校企共育"人才培养模式。坚定追求卓越的发展取向,强化创新驱动、创新突破、创新跨界、创新协同,向数字化、网络化、智能化、柔性化转变,促进教育链、人才链与产业链、创新链有机衔接,形成多主体协同体系,培育发展新优势,推动多专业跨界融合,多维度、立体化、全方位打造新的专业集群,成为受人尊敬的"匠心学校"。

首先,在职业学校日趋同质化的背景下,聚焦各专业的特定领域,采用细分市场精耕细作的建设策略,形成差异化的竞争优势,用"平台"实力吸引"用户",满足其差异化、个性化需要。建立校企深度融合培养机制,共同开发课程、构建"双师团队"和精准培养计划,保证学生的精准就业和高质量就业。

其次,以专业群建设为抓手,注重跨界、融合、创生,以岗位群、岗位能力为纽带,聚焦上海城市功能定位,打造商贸旅游、信息文化两大专业群,形成各专业联动发展机制,提升专业群的综合实力。(1)充分发挥烹饪、旅游、市场营销三大示范品牌专业龙头带动作用,继续做好改革排头兵,成为在上海有优势、全国有影响、行业有地位的高质量特色专业,不断提升专业品质。(2)围绕国际化、精致化、时尚化,拥抱新技术、新应用、新业态,聚焦创新、品牌、质量和社会影响力,切换竞争赛道,建立新的"朋友圈",培育"专而新"优势专业,努力使文物、美术、电竞、人工智能和现代音乐等专业实现逆势飞扬。(3)打破传统思维定式,以人工智能、文化创意为切入点,构建开放合作平台,着力平台赋能和合作生态,突破大旅游、新商科建设难点,促进形成分工合理、优势互补、各具特色的各专业协调发展格局。建设烹饪、旅游、电竞、人工智能、文物修复、现代音乐等集实践教学、社会培训、企业真实生产和社会技术服务于一体的高水平实训基地,探索创新实训基地运营模式。

最后,深化办学体制机制改革,探索多元主体共同参与学校治理,探索专业建设的"混合所有制"改革,深化"产教融合"改革,吸引企业深度、全过程参与办学,推动学校人才培养与产业实际需求紧密契合,共同分享学校治理成果,提高学校组织运营效率,提升教育质量。学校《基于海派餐饮文化的中职烹饪专业人才"精致化培养"探索与实践》荣获 2017 年度上海市教学成果奖(职业教育)特等奖,并获 2018

年度全国教学成果（职业教育）二等奖。

（四）"五育并举"构建开放、融通的课程体系，为学生终身发展奠基

学校以"有能力的好人"作为育人目标，包括德、礼、技、群四个方面的内涵要素。"德"即个人品德，是为人之根本；"礼"即个人修养，是成功之基础；"技"即个人本领，是谋生之手段；"群"即合作能力，是处世之方略。培养崇德向善、文明友爱、真才实干、敬业乐群的"好人"是社会主义核心价值观在学校育人过程中落实落地的实践途径，更是学校开展"五育并举"的思想统领。

围绕"培养担当民族复兴大任的时代新人"，聚焦学生核心素养和关键能力，关注学生学习方式和思维方式的转变，学校构建了跨界、融通的"商旅好人"德育综合实践课程和开放、融合的"三位一体"学校课程体系，推进"五育并举"综合改革。弘扬和传承工匠精神，将精益求精、追求卓越的匠心精神融入人才培养过程。在突出德育实效、注重身心健康、增强美育熏陶、加强劳动教育等方面形成具体举措，为学生终身发展打下坚实的基础。

首先，构建"商旅好人"综合实践课程，为学生发展埋下"德性"的种子。深挖"德、礼、技、群"等"好人"要素，以"崇德"为核心目标，以"养成"和"做人"为改革的核心价值取向，以为学生终身发展奠基为宗旨，以"知行合一"理念为逻辑起点，顶层设计"好人"德育综合实践课程体系，把社会主义核心价值观与学校"好人"育人目标、德育学科目标融为一体，将德育融入学校课程教学和改革的各环节、各方面，强化显性德育，细化隐性德育，构建全课程育人格局，从"德育课程"向"课程育德"转化，健全"立德树人"落实机制。

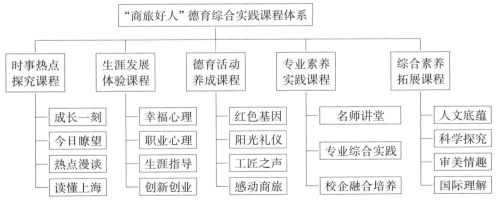

图 5-25 "商旅好人"综合实践课程体系图

跨界融合设计德育综合实践系列课程:从课堂到社会,聚焦现实问题探究时事热点,引入"读懂上海"等探究课程,让鲜活的时政和社会民生走进学生生活,让原有的小课堂延伸成为学生自主探究的大课堂;从规划到行动,丰富生涯体验激发内生动力,引入"创新创业"课程,让学生找准自己的人生坐标,找到人生的梦想;从养成到做人,崇德向善活动浸润育德育心,让黄浦区丰富的红色资源成为"红色基因";从学校到企业,名师导航专业渗透德技并修,"校企融合培养"课程组建校内外生涯导师队伍,融合校内外人力资源,构建良好的学习成长氛围和机制;从传承到创新,拓展多元课程发展核心素养,例如精细木工、文礼书院、3D打印、国际理解等课程,以培养学生成为"现代人"为宗旨,让学生能自主"选择",并在合作、分享中完成学习任务,开拓国际视野、涵养人文精神。《从割裂到融合:"商旅好人"德育综合实践课程体系构建与实施》荣获2017年度上海市教学成果奖(职业教育)一等奖。

其次,完善融合知识、能力、素养的"三位一体"课程体系,全面提升学生核心素养。在总结"大德育"课程成功的基础上,从学校层面对学校课程进行自上而下的顶层设计和变革。坚持面向市场、服务发展、促进就业的办学方向,根据产业变革的要求,对学校课程进行系统重构,健全育训结合、德技并修育人机制,构建德智体美劳全面发展的人才培养体系,突出职业教育的类型特点,深化产教融合、校企合作,推进教师、教材、教法改革,规范人才培养全过程,加快培养复合型技术技能人才。

打破学校内部壁垒,将专业课程、公共基础课程和跨专业的相关课程进行有机融合,一体化设计,使学生通过专业融合课程共享全校优质资源,合全校之力共同打造专业人才。围绕专业人才培养目标,解析课程德育要素,挖掘专业教学独特的育人功能,实现专业素养与精神价值的共生,建立标准作业程序,形成"全课程"育人格局。

(五)建立首家中外合作培训学校,探索职业教育国际化办学路径

用终身学习、终身教育视角重新确定办学定位,开阔视野,筑高平台,为未来上海建设卓越的"全球城市"培养复合型、具有跨文化交际能力的专业人才,满足人民群众终身学习、享受美好生活的愿望。因此,成立国内首家中外合作培训学校——上海蓝带西餐厨艺职业技能培训学校,这既是办学形式的创新,也是体制机制的创新。通过与世界一流国际教育集团合作,近距离学习国外职业教育先进经验,站在世界高度、面向世界思考如何建设一流的专业(学科)、培养一流的人才,推动学校

转型发展,提升学校的吸引力和竞争力。

引进"蓝带"国际课程、技能标准和人才培养模式,借鉴"蓝带"先进的办学理念、管理经验、技术技艺,通过"国际视野"打造"上海特色",融合成为"中国化"的发展道路。每年举行"蓝带"奖学金比赛,让各地美食爱好者及本市的专业教师、学生分享合作办学的成果;开设蓝带短期课程、中小学生职业体验课程,受到广泛好评。通过"上海蓝带"这一国际化平台,引入"上海本帮菜"这一国家级"非遗"项目,将中国传统文化发扬光大,为"一带一路"建设添砖加瓦。

四、成效与反思

（一）成效

把人的发展作为"平台"建设的核心,实现师生共同成长。把师生成长、成才、成功作为出发点和落脚点,为每个师生提供"出彩"的机会,在全国及上海各级各类比赛中均取得突出成绩。其中教师参加各级各类教育教学活动累计获奖 400 多人次;学生参加全国职业技大赛和行业技能大赛屡屡夺冠,在上海市"星光计划"职业技能大赛中也成绩优异,自 2007 年我校已连续六届蝉联优秀组织奖榜首。学校改革成效也提升了师生改革的参与度与获得感。

突出类型教育特点,构筑多元而丰富的多边互动,为学生提供更加优质、精致、个性化的教育服务。把提高培养质量放在重中之重,加强纵向衔接,与 8 所高校进行中高、中本贯通培养,促进学生可持续发展;聚焦细分领域实现"精准"发展,促进产教融合校企"双元"育人,烹饪、旅游专业被评为全国示范专业,形成"精、特、强"的专业集群优势。

"职业体验中心""上海蓝带"成为上海职业教育改革的名片。坚持多元化办学,职业教育与职业培训并举并重,打破职业教育与普通教育、社会教育的壁垒,创新了职业教育实施形式,提升了职业教育服务社会的能力,提升了职业教育的影响力。

（二）反思

面向未来的现代学校建设和学校治理能力现代化是一项极为宏大的系统工程,学校转型发展和办学模式改革的成果随着改革的深入而日益显现,也为上海现代职业教育体系建设添砖加瓦。

　　未来教育已经悄悄走来,我们必须拥抱未来教育,立足上海产业经济发展,培养适应智能时代的国际化人才。优质教育需要面向未来、不断创新,而利用人工智能、互联网、大数据等新兴技术助推教育的高质量发展也是推进教育变革的重要途径。因此,改革无止境,未来学校要站在科技的肩膀上继续大力推进专业布局结构调整,增强课程的科技感和独创性,进一步加强国际合作办学,做到"引进来"和"输出去"双管齐下。要以更长远的战略定力培育创新生态,不忘本来、吸收外来、面向未来,在不断自我革新中自我完善,这是我们学校存在的核心价值所在,也是上海职业教育跻身国内一流的关键所在。

（上海市商贸旅游学校　李小华、张鹤萍）

参 考 文 献

一、专著类

Hans J. Eysenck.人格的维度[M].英国,1947.

陈玉琨.教育评价学[M].北京:人民教育出版社,1999.

钟启泉.课程的逻辑[M].上海:华东师范大学出版社,2008.

孙云晓,李文道,赵霞.拯救男孩[M].北京:作家出版社,2010.

陈佑清.教学论新编[M].北京:人民教育出版社,2011.

大卫·苏泽.心智,脑与教育:教育神经科学对课堂教学的启示[M].上海:华东师范大学出版社,2013.

大卫·苏泽.教育与脑神经科学[M].上海:华东师范大学出版社,2014.

卡尔·罗杰斯,等.自由学习[M].北京:人民邮电出版社,2015.

中国营养学会.中国居民膳食指南(2016)[M].北京:人民卫生出版社,2016.

中华人民共和国教育部.普通高中通用技术课程标准(2017年版)[M].北京:人民教育出版社,2018.

约瑟夫·E.奥恩.教育的未来——人工智能时代的教育变革[M].北京:机械工业出版社.2018.

李韧.自适应学习——人工智能时代的教育革命[M].北京:清华大学出版社.2019.

汤晓鸥,陈玉琨.人工智能基础(高中版)[M].上海:华东师范大学出版社,2018.

二、杂志类

阎立钦.实施创新教育,培养创新人才[J].教育研究,1999(7).

叶平.创新教育解析[J].教育研究,1999(12).

周加仙,董奇.学习与脑可塑性的研究进展及其教育意义[J].中国科技论文在线:心理科学,2008(1).

李永生.让中小学数字图书馆助推教学阅读时代[J].中国现代教育装备,2010(8).

崔允漷,柯政.关于普通高中学生综合素质评价研究[J].全球教育展望,2010(9).

李文道,赵霞.男孩危机———一个众多研究数据支撑起的事实[J].中国青年研究,2010(11).

温恒福.论教学方式的改变[J].中国教育学刊,2002(6).

顾明远.试论教育现代化的基本特征[J].教育研究,2012(9).

马文杰,鲍建生."学情分析":功能,内容和方法[J].教育科学研究,2013(9).

褚宏启.教育现代化的本质与评价———我们需要什么样的教育现代化[J].教育研究,2013(11).

顾明远,马忠虎.教育现代化:中国教育改革和发展的路径与愿景——顾明远教授专访[J].苏州大学学报教育科学版,2014(1).

杨俊锋,黄荣怀,刘斌.国外学习空间研究述评[J].山西电教,2014(2).

孙叶青,等.将设计思维引入思想政治理论课实践教学的思考[J].学校党建与思想教育,2014(6).

刘骏.基于网络和数据库的学生综合素养评价——以格致中学为例[J].上海教育科研,2014(7).

尼尔·安德森,等.使用设计思维方法提高在线学习质量[J].中国远程教育,2014(10).

祝智庭,等.面向学科思维的信息技术课程设计:以高中信息技术课程为例[J].电化教育研究,2015(1).

何刚.基于数据库和网络技术的学生综合素质评价体系[J].黄浦教育研究,2015(5).

何年.创新实验室:中学创新教育的实验平台[J].教育,2016(1).

刘朝晖.教育信息化背景下的中小学数字图书馆建设[J].发明与创新:教育信息化,2016(4).

佚名.黄浦:打造科技人文并重的创新实验环境[J].上海教育,2016(10).

俞宏毓.学情分析存在的问题与有效方法[J].现代中小学教育,2016(12).

何刚.创新实验室"新"在哪——上海格致中学 Fablab 创智空间建设实践[J].人民教育,2017(4).

徐倩.创新实验室：人才培养的"创新场"[J].上海教育,2017(15).

安德烈亚斯·施莱歇尔.教育要面向学生的未来,而不是我们的过去[J].全球教育展望,2018(2).

辛伟豪,刘春玲,董鸣利.2004 年以来美国个别化教育计划研究热点[J].中国特殊教育,2018(5).

吴砥,邢单霞,等.走中国特色教育信息化发展之路——《教育信息化 2.0 行动计划》解读之三[J].电化教育研究,2018(6).

金学文,李阳阳.中小学图书馆管理：数字图书馆应用研究——以《图书馆法》及《中小学图书馆(室)规程》等为指导[J].边疆经济与文化,2018(8).

习近平.坚持中国特色社会主义教育发展道路　培养德智体美劳全面发展的社会主义建设者和接班人[J].教育科学论坛,2018(10).

王丽,罗洪铁.试析习近平关于新时代人才问题的重要论述[J].思想理论教育导刊,2019(1).

程彬彬."互联网＋"时代中小学数字图书馆的建设策略[J].电脑迷,2019(1).

吴思佳.数字图书馆模式下的英语阅读教学研究[J].创新创业理论研究与实践,2019(12).

崔允漷.指向学科核心素养的教学即让学科教育"回家"[J].基础教育课程,2019(3).

俞宏毓.近十多年来我国学情分析研究的发展与反思[J].上海教育科研,2019(3).

侯莉敏.幼儿园保教质量诊断：从经验走向科学[J].教育科学论坛,2019(7).

李洪凤.浅议数字图书馆在现代教学中的意义[J].教育教学论坛,2009(11X).

刘茜.浅析中小学数字图书馆的建设[J].青春岁月,2019(20).

马高锋."互联网＋"时代中小学数字图书馆的建设略谈[J].学周刊,2020(2).

胡卫军.新形势下"人工智能＋"人才培养模式探讨[J].西部素质教育,2018(12).

刘德建,杜静,姜男,等.人工智能融入学校教育的发展趋势[J].开放教育研究,2018(4).

Harriet Hanlon, Robert Thatcher, & Marvin Cline. Gender Differences in the Development of EEG Coherence in Normal Children[J]. *Developmental Neuropsychology*, 1999(12).

三、其他类

周国平.创新与智力教育[N].新民晚报,2016-2-18.

时晓玲.共享教育将引发学习方式变革[N].中国教育报,2017-7-5(3).

苏军,钱钰.格致中学与麻省理工学院合作创建 FabLab 内地首家创新实验室将投用[N].文汇报,2014-3-10.

刘春霞.沪上 19 所中小学创新实验室惊艳亮相[N].青年报,2017-9-27.

教育部.中小学图书馆建设与应用的新起点,新高度——解读《教育部文化部国家新闻出版广电总局关于加强新时期中小学图书馆建设与应用工作的意见》[EB/OL].（2015-6-1）[2020-2-20]. http://www. moe. gov. cn/jyb _ xwfb/moe _ 2082/zl_2015n/2015_zl17/201506/t20150601_188780.html.

杜占元.以教育信息化全面推动教育现代化[EB/OL].（2017-11-15）[2020-2-20]. http://edu.china.com.cn/2017-10/24/content_41782598.htm.

教育部.教育部关于印发《教育信息化 2.0 行动计划》的通知[EB/OL].（2018-04-13）[2020-2-20]. http://www. moe. gov. cn/srcsite/A16/s3342/201804/t20180425_334188.html.

上海市教育委员会.关于印发《上海现代职业教育体系建设规划（2015—2030年）》的通知[EB/OL].（2017-3-5）[2020-2-20]. http://www. shedu. net. cn/-shedu_new/data/shouye/20151229145214_44.html.

朱永新.未来已来,学校将面临转型——关于未来学校的研究综述[EB/OL].2017-3-5 http://fund.cssn.cn/xspj/jgpj/201901/t20190103_4805773.shtml?COL-LCC＝282947953&.

国务院.国务院关于印发《新一代人工智能发展规划的通知》（国发〔2017〕35号)[EB/OL].（2017-3-5）[2020-2-20]. http://www.gov.cn. http://www.shedu.net.cn/shedu_new/data/shouye/20151229145214_44.html.

DeSeCo.The Definition and Selection of Key Competencies：Executive Summary[EB/OL].[2020-2-20]. https://www. pisa. oecd. org/dataoecd/47/61/35070367.pdf.

国家中长期教育改革与发展纲要工作小组办公室.国家中长期教育改革与发展纲要（2010—2020)[Z]. 2010.

上海市教育委员会等 9 部门.关于印发《上海市学前教育三年行动计划（2015—

2017 年)》的通知:附件《上海市学前教育三年行动计划(2015—2017 年)》[Z]. 2015.

上海市教育委员会等 12 部门.关于印发《上海市学前教育三年行动计划(2019—2021 年)》的通知:附件《上海市学前教育三年行动计划(2015—2017 年)》[Z]. 2015.

上海市跨文化基础教育研究中心.中西融合课程与学生跨文化素养培育//占盛丽,丁玲玲.上海市区域教育国际交流:2018 年度情况综述[C].上海:上海市跨文化基础教育研究中心,2020.

后　　记

　　2015 年，黄浦区颁布了《黄浦区推进教育综合改革实验实施计划（试行稿）》，由此进入了全区教育综合改革的推进阶段。区教育局组织各教育单位以申报龙头课题的方式，开展综合改革的实践研究与探索。几年来，在研究与探索的过程中，区域和学校都积累了一些经验，形成了自己的成果，也取得了一定的成效。为了进一步做好研究成果的提炼和推广工作，做好教育综合改革成果总结和经验提炼的相关要求，拟编撰一套《面向现代化的黄浦教育综合改革》丛书，该丛书共分 7 册，本书就是这套丛书的总册。本书主要从教育现代化推进中树立现代教育理念、探索现代育人模式、深化现代技术应用、重构现代学习环境以及创新现代学校办学等方面，阐述"十三五"期间黄浦教育所进行的思考和探索。

　　书稿编写过程中，姚晓红局长亲自策划，拟定各章节主题，提出各章节撰写的具体安排及要求；奚晓晶院长带领区教育学院科研室和编辑部团队对书稿进行了多轮的修改和完善；教育局办公室徐燕雯主任做好与多方的沟通协调；区教育学院正高级教师魏耀发、李峻副院长对书稿提出了详细修改建议；崇明区教育学院正高级教师宋林飞、徐汇区教育学院正高级教师张才龙、市教科院普教所教育政策与舆情研究中心李金钊副主任等，为书稿的完善提出了指导性意见。科研室唐军、吴晓芬、江欣怿、曹婕琼和居晓波老师，编辑部陈必聆主任、饶滨和夏军老师等参与书籍编辑校对工作。在此，对所有参与书稿撰写的教师，对书稿修改给予指导的市、区专家，以及参与书稿校对和编辑工作的老师们一并表示感谢。还要感谢上海教育出版社编辑邹楠及她的同事们为确保本书高质量的出版付出了大量的心血。

　　由于能力有限和时间仓促，书中难免会有一些错误，恳请读者批评指正！